刑事政策研究

藤本 哲也 著

日本比較法研究所
研究叢書
78

中央大学出版部

装幀　道吉　剛

はしがき

　平成時代は、後代の人々によって、現代史に残る法改革期であると呼ばれるであろうが、筆者が専攻する学問分野である刑事法においても、昭和時代とは違った形での立法動向が相次いでいる。児童虐待防止法、配偶者暴力防止法、高齢者虐待防止法等にその例をみるごとく、従来とは違って、法律は家庭問題に介入するようになった。また、被害者保護二法、犯罪被害者等基本法、被害者保護のための刑訴法等改正法等に代表されるように、被害者を保護・支援するための数々の立法がなされ、刑事裁判制度そのものを大きく転換させる裁判員法も施行された。我が国の刑事政策は大きな転換点に立たされていると言っても過言ではないであろう。

　筆者は、こうした国内的な動向に加えて、国際的な動向をも加味しながら、我が国の刑事政策の発展に寄与すべく、刑事政策の各課題に取り組んできた。本書は、そうした筆者の最近の論文を収録した論文集である。特に、本書は、刑務所制度に言及した論文を集めてみた。近代刑務所の起源は、文部科学省科学研究費補助金（90119545）による研究成果の一部であり、その他のものは、2007年度中央大学特定課題研究費による研究成果の一部である。

　本書は、また、2006年に中央大学出版部から刊行された『犯罪学研究』と2008年に刊行された『性犯罪研究』と三部作をなすものである。ぜひ前著を参照して頂きたいと思う。

　本書の成立に当たっては、今回も中央大学出版部の小川砂織さんにご助力頂いた。また、本書の原稿の整理と巻末の索引は、中央大学大学院法学研究科聴講生の秋山千明さんのご助力を得た。記して感謝の意を表したいと思う。

　　2009年10月25日

　　　　　　　　　　　　　　　　　　　　　　　　　　藤　本　哲　也

刑事政策研究

目　　次

は し が き

第Ⅰ部　近代的刑務所の起源

近代的刑務所の起源

1　我が国における議論状況 …………………………………… 3
　　1．アムステルダム起源説　3
　　2．ブライドウェル起源説　7
　　3．小　　括　8
2　貧民の刑務所としてのブライドウェル懲治場 ……………… 9
　　1．新しい刑務所としてのブライドウェル　9
　　2．社会政策の手段としてのブライドウェル懲治場　11
　　3．ブライドウェル懲治場の歴史的意義とその解釈の多様性　12
　　4．ブライドウェル懲治場の社会的機能　15
　　5．歴史的文脈の複雑性と特殊性　18
3　都市施設としてのブライドウェル懲治場
　　（1555年から1575年）………………………………………… 21
　　1．壮健な乞食の矯正施設としての懲治場　21
　　2．16世紀の社会政策　22
　　3．ロンドンのブライドウェル慈善院　24
　　4．ブライドウェル懲治場のもつ意義と問題点　26
　　5．混合施設としてのブライドウェル　31
　　6．悪徳と無規律に対するキャンペーン　35
　　7．ロンドン以外の都市における懲治場　37
4　全国レベルでのブライドウェル懲治場
　　（1575年から1630年）………………………………………… 39
　　1．ブライドウェル懲治場の新たなる展開　39
　　2．ブライドウェル懲治場と治安判事の役割　41
　　3．ブライドウェル懲治場と労働機会創出計画　44

4．ブライドウェル懲治場への収容理由　47
　　5．ブライドウェル懲治場への収容理由の変遷　49
　　6．ブライドウェル懲治場建設の全国的展開　52
　　7．ブライドウェル懲治場の機能の変遷　55

5　ブライドウェル懲治場の統合と分散
　　（1630年から1720年）………………………………………　59
　　1．懲治場に対する無関心の時代　59
　　2．ブライドウェル懲治場の再興　62
　　3．ブライドウェル再興の要因　64
　　4．労役場計画との関連性　67
　　5．道徳改良への情熱の再燃との関係　68
　　6．懲治場収容を根拠づける制定法の発展　71
　　7．ブライドウェル懲治場における刑罰の実験　74
　　8．ブライドウェル懲治場の機能に基づく相違　76

6　刑務所改良期のブライドウェル懲治場
　　（1720年から1800年）………………………………………　79
　　1．懲治場の縮小化と労役場の拡大化　79
　　2．ブライドウェル懲治場の再構成と新たなる立法　81
　　3．ブライドウェル懲治場の変容　83
　　4．新しい刑務所建設の動向　85
　　5．新たな量刑の動向とその影響　87
　　6．18世紀における収容の実態　90

7　ブライドウェル懲治場と貧民の規制
　　（1555年から1800年）………………………………………　92
　　1．ブライドウェル懲治場の機能の減退　92
　　2．ブライドウェル懲治場の数量的問題　95
　　3．ブライドウェル懲治場の果たした役割　97

8　1800年以降のブライドウェル懲治場計画 …………………　100
　　1．ブライドウェル懲治場の最後の歴史　100
　　2．刑務所制度の合理化と統合　101
　　3．ブライドウェル懲治場の終焉　103

9 総括および将来の課題 …………………………………………… 105

第Ⅱ部　現代の刑務所

第1章　我が国のPFI刑務所

1 はじめに ………………………………………………………… 123
2 PFIとは ………………………………………………………… 123
3 諸外国における刑務所PFI事業 ……………………………… 124
　1．アメリカ　127
　2．イギリス　129
　3．フランス　130
　4．ド　イ　ツ　131
　5．韓　　　国　132
　6．カ　ナ　ダ　134
　7．ニュージーランド　135
4 我が国における刑務所PFI事業導入の背景 ………………… 137
　1．過剰収容　137
　2．規制改革　138
　3．行刑改革　139
5 民間に委託する業務の範囲 …………………………………… 139
6 構造改革特区制度の活用 ……………………………………… 141
7 刑務所PFI事業の基本構想 …………………………………… 143
8 先行事例——美祢社会復帰促進センター …………………… 145
　1．選定理由と事業方式　145
　2．美祢社会復帰促進センター整備・運営事業——事業スキーム　146
　3．美祢社会復帰促進センター整備・運営事業——施設構造　148
　4．コンクリート製外壁に代わる保安構造　149
　5．位置情報把握システム　150
　6．生体認証システム　151
　7．教　育　体　制　151

8．刑務作業・職業訓練　*152*
　　9．新しい矯正処遇の実施　*152*
9　我が国の刑務所 PFI 事業の課題 ……………………………… *153*
　　1．官民の役割分担の徹底　*153*
　　2．実効性あるモニタリング体制の確立　*153*
10　お わ り に ………………………………………………………… *154*

第2章　スペインの行刑制度

1　は じ め に ………………………………………………………… *159*
2　拘禁刑の使用 ……………………………………………………… *161*
3　刑務所における生活状況 ………………………………………… *163*
　　1．基幹施設（infrastructure）　*163*
　　2．収容施設（accommodation）　*164*
　　3．健康管理（health care）　*166*
　　4．作　　業（work）　*167*
　　5．外部交通　*168*
　　6．非難すべき処遇（ill treatment）　*168*
　　7．受刑者の法的保護　*170*
4　社 会 復 帰 ………………………………………………………… *171*
　　1．憲法上および法律上の枠組み　*171*
　　2．処遇プログラム　*172*
5　中央政府機関における行刑制度とカタロニア地方における
　　行刑制度の比較 ………………………………………………… *174*
6　開放処遇施設 ……………………………………………………… *176*
7　パロール（仮釈放） ……………………………………………… *180*
8　結果に関する評価 ………………………………………………… *182*
9　研究結果の要約 …………………………………………………… *183*
10　お わ り に ………………………………………………………… *185*

第3章 オーストラリアの民営刑務所

1 はじめに ……………………………………………… *189*
2 民営化の開始 ………………………………………… *190*
3 民営化の定義 ………………………………………… *191*
4 民営化に対する圧力 ………………………………… *193*
5 民営化の危険性 ……………………………………… *194*
6 深刻な欠陥のある民営化の事例 …………………… *195*
7 危険性の回避――ボラロン刑務所とジュニー刑務所 …… *197*
　1．拘禁率と拘禁政策　*197*
8 刑罰の執行と割り当て ……………………………… *199*
　1．説明責任　*200*
　2．二重基準　*203*
9 民営化の恩恵の享受 ………………………………… *205*
　1．過剰収容　*205*
　2．費　用　*205*
　3．プログラム　*207*
10 おわりに ……………………………………………… *208*

第Ⅲ部　最近の刑事政策の新しい動向

第1章 ブレイスウェイトの恥の理論

1 はじめに ……………………………………………… *213*
2 犯罪、恥と再統合 …………………………………… *213*
3 文明化のプロセス …………………………………… *216*
　1．エリアスの文献との邂逅　*216*
　2．宮廷生活の文明的な効果　*218*
　3．国家の形成と恥の概念　*220*
　4．恥と感情構造の変容　*222*
　5．恥と相互依存性　*224*

4　17世紀および18世紀における階級統制としての刑事司法……　226
　　　　1．刑罰の変遷　226
　　　　2．恥の理念の歴史的背景　227
　　　　3．再統合政策と追放政策との争い　230
　　　　4．再統合的な恥辱感と家族　232
　　　　5．再統合的な恥辱感政策　234
　　5　複雑化した都市社会における相互依存性……………………　236
　　　　1．農村と都市の相互依存性　236
　　　　2．近代性と相互依存性　237
　　　　3．役割の分離と再統合的恥辱感　239
　　　　4．ブレイスウェイトの「犯罪、恥と再統合」の論旨　241
　　　　5．ブレイスウェイトの「恥と近代性」の論旨　243
　　6　お わ り に ………………………………………………………　245

第2章　オーストラリアにおける知的障害犯罪者
　　1　は じ め に ………………………………………………………　249
　　2　刑事司法制度における知的障害者の出現率 ………………　250
　　3　研 究 方 法 ………………………………………………………　254
　　4　研 究 結 果 ………………………………………………………　256
　　　　1．特　　　性　256
　　　　2．刑事司法機関の職員とのかかわり合い　260
　　　　3．量　　　刑　262
　　　　4．サ ー ビ ス　264
　　　　5．弁　護　士　267
　　5　考　　　察 ………………………………………………………　267
　　6　お わ り に ………………………………………………………　269

第3章　高齢者虐待に対する修復的司法
　　1　は じ め に ………………………………………………………　273
　　2　修復的司法アプローチ・プロジェクトの概要 ……………　273
　　3　理論的枠組 ………………………………………………………　277

4　高齢者虐待の原因……………………………………………… *278*
　5　正義とは何か…………………………………………………… *280*
　6　修復的司法と高齢者虐待……………………………………… *282*
　　1．真実を話すこと（speaking the truth）　*282*
　　2．癒しと関係性の修復（healing and restoration of relationships）　*283*
　　3．敬　　　意（respect）　*283*
　　4．平等な意見の供給（provision of equal voice）　*283*
　　5．さらなる危害の防止（prevention of future harm）　*284*
　7　プロジェクトの展開…………………………………………… *284*
　　1．安　全　性（safety）　*285*
　　2．尊厳と敬意（dignity and respect）　*285*
　　3．自　主　性（autonomy）　*285*
　　4．情報へのアクセス（access to information）　*285*
　　5．機　密　性（confidentiality）　*286*
　8　共同プロジェクトの範囲と方法……………………………… *286*
　　1．受　　　入（intake）　*287*
　　2．量刑サークル開始前　*287*
　　3．量刑サークル　*289*
　　4．量刑サークル後　*289*
　9　プロジェクトの評価…………………………………………… *291*
　10　将来の課題……………………………………………………… *293*
　11　お わ り に……………………………………………………… *294*

第4章　オーストラリアにおける犯罪予防

　1　は じ め に……………………………………………………… *299*
　2　犯罪予防の概念化……………………………………………… *299*
　3　オーストラリアの犯罪予防政策……………………………… *301*
　4　オーストラリアにおける犯罪予防とポリーシング………… *310*
　5　犯罪予防における学問的な関与……………………………… *318*
　　1．酒場での暴力事犯の削減　*320*

2．早期的介入　*322*
　　3．不法目的侵入の削減と再被害化の防止　*325*
　　4．犯罪予防の費用便益　*332*
6　将来への展望 …………………………………………… *333*

　初 出 一 覧　*339*
　索　　　引　*341*

第Ⅰ部
近代的刑務所の起源

近代的刑務所の起源

1 我が国における議論状況

1．アムステルダム起源説

　我が国の近代的自由刑の起源に関する論争、すなわち、近代的刑務所の出現に関しては、従来、オランダのアムステルダム懲治場にその起源があるとする見解と、英国はロンドンのブライドウェル懲治場にその起源があるとする見解にわかれていた。アムステルダム懲治場にその起源があるとする見解についての本格的論文は、瀧川幸辰の「近代的自由刑の誕生」であろう[1]。瀧川は、この論文を収録したその著書『刑法史の断層面』において、「刑事制度に関する文献に従えば、近代的自由刑は、1600年頃にヨーロッパの都市に建設された懲治場にまで遡るべきであるということは、意見が一致している。ことに懲治場制度の発達に刺激を与えたのはオランダであって、通説はアムステルダムの懲治場を以って最初のものとする。通説に根拠を与えたのはロバート・フォン・ヒッペル（R. v. Hippel）の研究である。筆者の小文は通説の立場に立って、アムステルダムの懲治場に第一順位を認めるものである」と述べている[2]。

　この瀧川の見解に代表されるごとく、アムステルダム懲治場に近代的刑務所の起源をみる見解は、ヒッペルが、ストラスブルクの大学図書館で全くの偶然から発見したといわれる『サン・ラスピニの奇蹟』（*Miracula San Raspini Redivivi, 1612*）という書物と、アムステルダム懲治場の規程をもとにして発表した『自由刑の歴史への寄与』（*Beitrage zur Geschichte der Freiheitsstrafe*）にその基盤を置くものである。

小野坂弘も、「近代的自由刑の発生と展開」という論文において、「ヒッペル説は、根本的な点では、今日でも通説の地位を占めているが、我が国でのヒッペル説の紹介は充分なものではなく、況んや、ヒッペル以後今日までの論争に関する文献は、筆者が探した限りでは、クリークスマン説の紹介のほか見あたらない。ためにヒッペル説は、多くの場合、正しい理解を妨げられているのではなかろうか」とし、ヒッペル説をめぐる諸学説を詳細に検討している。そして、総括の部分において、小野坂自身がヒッペル説に従うかどうかは明言を避けながらも、以下のような興味深い指摘を試みている。すなわち、「『近代的自由刑はアムステルダムに始まる』という文章は、したがって、まず、時間的関係では、ロンドンのブライドウェルを無視したものとして誤っている。又、日本の自由刑制度についての記述中に無限定でこの文章を挿入する事は、ヒッペルがこの文章でハンザ諸都市、もっと広くいってドイツ又はヨーロッパ大陸の『近代的』自由刑の起源を——詳細な跡づけによって——アムステルダムに求めた事を考えれば、やはり誤っているといってよい」[3]。

このように、ロンドンのブライドウェル懲治場が時期的に先行することを認めながらも、ドイツやヨーロッパ大陸諸国の刑務所に対して手本となったのは、アムステルダム懲治場であるとして、近代的刑務所の起源をアムステルダム懲治場に求めるヒッペルの見解を支持する者が、我が国では比較的に多い。たとえば、牧野英一は、『重訂日本刑法上巻』において、「1555年ニ『ロンドン』(Bridewell)ニ設ケラレタル監獄ヲ特ニ其ノ古キモノトシ、1595年及1598年ニ『アムステルダム』ニ設ケラレタルモノヲ以ッテ、其ノ後諸国ノ模範視シタル所トス」と論じている[4]。

正木亮は、『増補新訂 監獄法概要』において、「刑罰に対する応報思想は久しきに亙って各国民の思想に介在して居た。それによって行刑は何れの国に於いても惨忍苛酷なものであった。その状態に対して初めて改善主義の行刑を営んだのが1595年以後に於けるオランダ行刑であった。当時のオランダは宗教的連合国であったので茲に人道主義と改善主義との2つを要件とする行刑制度を建てて之をアムステルダムの監獄に試みることとしたのであった。故に、当

時のオランダ行刑には早くも監獄医、教師及教誨師、作業技師等の職制が設けられて囚人の保健、精神の陶冶及職業指導等が行はれるに至ったのであった」と述べている[5]。

また、安平政吉も、『改正刑法総論』において、「すなわち犯人の教化改善を図らんとする近代的自由刑なるものは、刑罰史上ようやく16世紀において西欧各地の都市に発生した労役場（House of correction）、就中オランダのそれに源を発する。近代的自由刑の生誕をかく16世紀のオランダの監獄制度に認めることは、近くヒッペルの根本的研究によって明確にされた所であるが、最初のかかる施設は1555年に建設されたロンドンのブライドウェル（Bridewell）にこれをみる。が、これは後のオランダ監獄を支配し、そこに一定の発達をみるに至ったがゆえに、一般に近代監獄の起源は1595年のアムステルダム監獄とせられているのである」と記している[6]。

さらに、福田平も『新版　刑法総論（増補）』において、「今日のような自由刑の発生は、近世以来の資本主義の発展にともなう商工業の飛躍的発達による農村の没落および都市におけるプロレタリアの発生という社会的経済的地盤を基礎として激増する犯罪に対し、市民生活の確保と死刑濫用による労働力の減少の回避の必要と人道主義的思想にもとづくものである。したがって、今日の自由刑は、不良少年、売春婦、乞食、浮浪人などの退廃的な都市生活の産物に対する矯正施設としての労役場、懲治場にその起源をもつものである。（最初の近代的自由刑はアムステルダムに1595年に設立された男子懲治場であるといわれている。）このような起源をもつ近代的自由刑は自由の剥奪という意味では、たしかに刑罰であるが、はじめから教育的改善的内容をもつものであった。しかし、労役場、懲治場が『監獄』として用いられるようになると、漸次、自由刑執行の場所と意識されることになり、教育的改善的特色は減退することになった」と解説している[7]。

また、アムステルダム起源説を採る者のなかにも、アムステルダム懲治場を近代的刑務所の起源とみるのではなく、保安処分施設とみる者がある。たとえば、井上正治は、『刑法学総則』において、「近世における自由刑の歴史は、ア

ムステルダム監獄にはじまるといわれている。16世紀末葉、オランダは、英国との植民地競争に破れ、多くの労働者は浮浪人として都市へはき出されるに至った。かようにして氾濫した都市生活の産物たる、浮浪人・乞食・売春婦ひいては不良少年を、収容教育し、秩序ある市民生活に馴致するため、労役場、懲治場が設けられた。即ち、アムステルダムに1595年に設けられた男子懲治場および1597年の女子懲治場がこれである。この施設は、次第に北部ドイツにおいて模範とされ、ヨーロッパ各地に設けられるに至った。此の種の懲治場や労役場は、発生的にみれば、刑罰制度ではなく一種の保安処分であり、著しく教育的改善的であった」と説明している[8]。

また、小野清一郎・朝倉京一は、『ポケット注釈全書 監獄法』において、「近代の自由刑は、16世紀末オランダのアムステルダムに設けられた懲治場に始まるとされている。それは浮浪者や乞食や些細な物を盗んだ犯人などを収容する施設で、別に売春婦などを収容して紡績に従事させる労役場も設けられた。はじめは主に保安的・予防的な施設であったようである。後に、懲治場、労役場は刑罰的な色彩が加わり、さらに刑事施設としての性格が本質的なものとなって、まさに、『監獄』となった。そして、そこに拘禁する自由刑は、17世紀、18世紀の過程において死刑や肉刑の非人道的な刑罰を制限するに役立ち、19世紀に至って、自由刑はまさに刑罰体系の王座を占めるに至ったのである」と述べている[9]。

小川太郎も、『自由刑の展開』において、「とくに、1550年、イギリスは、浮浪者対策として、懲治場 House of Correction を設立することになった。その最初のものがいわゆる、ブライドウェル施設 Bridwell である。……これから数十年を隔てて、オランダにより好都合な状態を得て、この制度は発展していった。1595年、経済的主権がオランダに移った頃、その地の市民的な精神は、『浮浪者を懲戒のため特定期間の労働に従事せしめる』施設を、アムステルダムにつくった。1597年には乞食少女、怠惰少女のための紡績監を設けた。後になって、これらの施設は、自由刑に処せられた者を収容することになり、近代自由刑の誕生の地となったのであるが、はじめはいわば保安処分の場所として発生

したといえる」と論じている[10]。

2．ブライドウェル起源説

一方、近代的刑務所の起源は、ロンドンのブライドウェル懲治場にその起源があるとする見解を採るものとしては、小河滋次郎、市川秀雄、坂田仁等がいる。小河滋次郎は、『監獄学』において、「是ニ於イテ即チ欧州二三ノ国ニ在ツテハ始メテ懲役監ナルモノヲ創設シ恒産定業ナクシテ漂々流浪スルノ徒ヲ収禁シ厳正ナル紀律至難ナル労役ノ下、秩序的生活ニ馴致セシムルノ必要ヲ英国ニ在ツテハ即チ千五百五十年首都倫敦ニ懲役監（House of correction）ヲ建設シ浮浪者、売淫婦及遊惰者ノ徒ヲ集禁シ又ニルンベルヒニ在ツテハ千五百八十八年、病院ヲ改造シテ懲治監トナシ以テ乞食ノ幼者及ヒ遊惰ノ婦女ヲ閉禁スル所トナセリ是等ハ即チ近世所謂自由刑執行ノ場所タル監獄ト略ボ其性質ヲ同フスルモノニシテ此ニ始メテ刑ノ目的トシテ新タニ矯正感化ノ一ヲ加フルニ至リタルノ事実ヲ徴スベク又近世監獄ノ嚆矢トシテ之ヲ見ルヲ得ベシ後チ幾何モナクシテアムステルダムニリウベックニ又ハンブルグニ相続テ懲役監ヲ創設セリ而シテ其目的及ヒ組織ニツイテハ各々多少ノ差異アリト雖モ要スルニ浪々産ナク漂々頼ル所ナキ遊民ヲ懲治矯正シテ終ニ以テ秩序アル良民的生活ニ復帰セシメント欲スルニ至ツテハ即チ一ナリ殊ニ其アムステルダムニ於ケル懲役監ノ如キハ実ニ彼ノ所謂先ズ之レニ恒産ヲ得セシメヨト云フノ原則ニ基テ組織セラレタルモノナルコト瞭然タリ」と述べている[11]。

また、市川秀雄は、「教育刑のメッカあむすてるだむ監獄」において、「受刑者の改善を目的とする自由刑は、ブライドウェルの監獄において行われたのがはじまりといわれている。バーネス（Barnes）がロンドンの監獄ブライドウェルに就いて Mayhew and Binny : The criminal prisons of London 1892 から引用して説明しているところに依ると、今日ブライドウェル監獄が設けられているところは、曽ては St. Bride-Brunnen という名のある鉱泉 penitentiary を不逞の徒輩、法規違反者、健康な乞食者および浮浪者のための矯正所とした、というのである。要するに、ブライドウェル監獄において近代の新しい自由刑の夜明け

が訪れたということで、ここに新しい自由刑の思想のあけぼのがはじまったということになるのである」と記している[12]。

さらに、坂田仁は、ブライドウェル懲治場の生成、発展、そしてその衰退過程を詳細に検証した論文、「英国の懲治場 (House of Correction) について」において、「近代自由刑の発祥の地としてアムステルダムの懲治場 (tukthuis) の名は余りにも有名である。これはヒッペルによって1898年にあきらかにされたものである。アムステルダムの懲治場は、その後欧州諸国に模倣され、自由刑は19世紀にいたってその全盛時代を迎えるのである。しかし、犯罪者の改善を目的とした施設処遇――自由刑――はそれ以前には存在しなかったのか。その問に対する答えは否である。ヒペッルも指摘するように、アムステルダムの懲治場の設立の約40年前1550年代に英国のロンドンに設立されたブライドウェル (Bridewell) とそれにつづいて英国内の各地に設立された懲治場 (House of Correction) に我々は注目しなければならない」と論じている[13]。

3．小　括

以上が、我が国における従来の研究の概観である。これははなはだ僭越なものの言い方であるかもしれないが、筆者が収集することができた文献に関していえば、アムステルダム説の根拠となっているヒッペルの見解を紹介した瀧川幸辰の論文と、それをさらに発展させた小野坂弘の論文、あるいはブライドウェル説の展開を論理的に可能にした坂田仁の論文以外の論文は、当面のところ、学説史的に意義があるものとして限定的に評価すべきであるように筆者には思われる。そして、我が国でこうした議論状況に終始している最大の原因は、そもそもこうした議論の基礎となっている外国の文献そのものが、きわめて少なく、限られているからであろうと思う。幸いにも、筆者は、この度、イギリスのブライドウェル懲治場の成り立ちとその歴史を、1555年から1800年まで追跡している論文に巡り合う機会を得た。筆者が知る限り、ブライドウェル懲治場について書かれた英語の文献は、これのみではないかと思う。この論文は、我が国の近代的刑務所の起源論に一石を投じる貴重な文献であると思うので、

ここにその全貌を紹介し、我が国の議論のさらなる発展の礎としたいと思う。

2 貧民の刑務所としてのブライドウェル懲治場

1．新しい刑務所としてのブライドウェル

　16世紀になって英国で懲治場が創設された社会的背景については、仲里達雄は、その著書『刑務作業の本質についての研究』において、(1)浮浪人等の都市への流入（農村からの流入および寺院からの放出）、(2)勤倹を標榜するカルヴィン主義的倫理思想の普及、(3)重商主義政策と労働需要の増大、(4)人口減少に伴う労働人口の払底等を、特に取り上げて論じ、懲治場の目的は、労働を好まぬ人々の労働力を、社会的に役立てようとするにあったと説明している[14]。

　また、坂田仁は、その著書『犯罪者処遇の思想――懲治場からスウェーデン刑政へ――』において、(1)封建的土地所有関係の近代化、(2)エンクロージャー、(3)封建的家臣団の解体、(4)宗教改革につづく修道院の解体等が、「浮浪」という社会問題を生み出した結果として、浮浪者に対する処遇方法の模索のなかで構想され、制度化されたと述べている[15]。

　しかしながら、そうした要因に加えて重要なことは、16世紀において、英国中央政府および地方政府の権力を掌握した人々は、自分たちが新たな制度を創設し、日々取り組んでいるさまざまな問題が、英国社会における貧困階級の生活様式、生活条件、およびその行動から惹起されたものであると考えていたという点である。一方において、貧民たちの窮状は、たしかに救済を必要としていたのも事実である。しかし、他方において、彼らの罪業と節度のなさ、反抗的な態度と従順でない行為に対しては、規律と統制を施す必要性もあったのである。

　この時期において、政府による制度創設の試みとしてもたらされたものが、新たな種類の刑罰施設、すなわち「ブライドウェル」(bridewell) あるいは「懲治場」(house of correction) と呼ばれるものであったのである。旧来の監獄 (gaol) は、一義的には未決拘禁の場であり、そこには種々の理由で拘禁されたさまざ

まな男女が収容されていた。ある者はそこで裁判を待ち、ある者は刑に処せられるのを待った。また、ある者は罰金の不払いゆえに、そしてまた、ある者は民事訴訟（大半は借金返済に関する訴訟）に関連して拘禁されていた。したがって、旧来の監獄は、今日の拘置所に相当するものであったのである。

しかし、新しい刑務所ブライドウェル懲治場の考え方はまったく異なっていた。ブライドウェル懲治場は、「労働貧民」(labouring poor) 階級の男女で、特に貧民に固有と考えられていた軽微な犯罪、すなわち「怠惰かつ無規律」な種々の行動、許可証のない乞食、浮浪等を行った人々だけを対象としていたのである。こうした人々を収容する刑務所は、単なる拘禁の場ではなく、むしろ処罰と改善の場であるべきだとされたのである。その壁の内側では、囚人たちは、形式的で特に厳格な規律（家庭内の、または職場における）を施されることとされていた。笞で打たれることもあったし、製造業あるいはその他適当な業種の雇用のもとで、「重労働」(hard labour) を課されるべきだとされていたのである。

トーステン・エリクソン (T. Eriksson) によれば、「ブライドウェルは、16名の職員によって管理され、4つの業種のための設備、すなわち、紡織工場、金属加工、および木工の工場、製粉工場、製パン工場をもっていた。売春婦たちは紡織工場で働き、男たちのなかで質の良い者は金属加工および木工の工場に、そして質の悪い者は製粉工場と製パン工場に配置された。2名の収容者は掃除夫の役につけられた。全員がその労働に対して賃銀を支給され、そして食費を支払わされた。この施設は自営のものとして計画されていたのである。業種は徐々に増えていき、1579年の末までには少なくとも25業種が行われていた。1563年には、若い収容者のためにいくつかの分野での技能実習が取り入れられた。（貧しい両親をもつ子どもたちには、ブライドウェルの収容者たちといっしょに、訓練されることの許可さえ与えられたのである！）」との説明がなされている[16]。

ブライドウェル懲治場は、その終焉の年となる、1865年までは、英国の刑務所システムにおいて明確な独自性を保ったが、その年に、旧来の監獄と統合されて、「地方監獄 (local prison)」という新たな範疇が形成され、それで終わりを遂げるのである。それまでの数世紀の間、その利用や管理の方法にはさまざ

な変化があったが、それでもなお、少なくとも19世紀前半までは、創設期にあった特性の多くが維持されたと考えて良いであろうと思う。

本書では、英国のブライドウェル懲治場の歴史を、その創設期から18世紀後半までの約310年間を概観するつもりであるが、説明の便宜上、その歴史を(1)都市施設としてのブライドウェル懲治場（1555年から1575年）、(2)全国レベルでのブライドウェル懲治場（1575年から1630年）、(3)ブライドウェル懲治場の統合と分散（1630年から1720年）、(4)刑務所改良期のブライドウェル懲治場（1720年から1800年）の4期に分けて論じることとしたい。本書での主たる関心事は、ブライドウェル懲治場をその手段とする政策一般、およびそうした政策を実践に移した方法の双方にあるのである。そして、その過程において、近代的刑務所の起源は、歴史的にみる限り、ブライドウェル懲治場にあるということをあきらかにしたいと思う[17]。

2．社会政策の手段としてのブライドウェル懲治場

このことは、今までに考えられてもいなかったようであるが、ブライドウェル懲治場は、しばしば、並外れて野心的で、ユートピア的であるとすらいえる社会政策の一手段であった。社会政策の手段として、ブライドウェル懲治場の創設を推進した人々は、ブライドウェル懲治場の偉大なる可能性を繰り返し主張していたし、あきらかにブライドウェル懲治場の創設が、社会改良を促進すると信じていたのである。そこでは実践と理論が複雑な関係を織りなしていたといえる。ブライドウェル懲治場は、その長い歴史において、ブライドウェル懲治場の推進者たちが望んでいた、「浮浪者のなかで最も取り扱いの困難な者を収容し、これに労働を課し、その怠惰を矯正する」という役割を、果たせないこともしばしばであった。しかし、実践においては、ブライドウェル懲治場は、明確な社会的・刑罰的プロジェクトの一手段として確実に役立ったのである。また、創設者の当初の意図が充分に実現されたとは決していえないかもしれないが、まさにその意図こそが、この施設が一般に認知され長きにわたって使用された、最も重要な条件であったのである。

歴史家たちは、その多くの者が、貧民に対する新たな政策の展開に関するより一般的な研究のなかで、英国のブライドウェル懲治場の初期の歴史を解明することに注意を払ってきた[18]。ヨーロッパ諸国の同種の施設に関しては、より広範な研究が行われており、オーストリア、オランダ、イタリアおよびスペインにおける展開は、近年の刑事法学における主たる研究対象とさえなっているのである[19]。さらにまた、ヨーロッパでの経緯に関する一般的研究も行われており、そのなかでも英国における展開が簡略ではあるが論述されている[20]。しかし、残念なことに、これらの研究には、16世紀後半以降の英国のブライドウェル懲治場に関する綿密で入念な研究は存在しないのである。

3．ブライドウェル懲治場の歴史的意義とその解釈の多様性

われわれがブライドウェル懲治場の歴史に関して、どれほど誤った情報を与えられているかがしばしば指摘されているにもかかわらず、既存の文献では、以下のような2種類の考え方と解釈が主流となっている。

第1に、英国監獄史の研究者は、ブライドウェル懲治場は、短い全盛期の後、急速に衰退したとすることが多く、遅くとも18世紀前半までには、実際上、通常の監獄と何ら区別することができなくなったとする。第2に、彼らは、18世紀後半の監獄改良家たちの批判的な著作を引き合いに出して、ブライドウェル懲治場の運営は不安定かつ劣悪であり、改善的使命が期待されていたなどということは、笑止千万であるなどと口を揃えていうのである。

どのような理由でブライドウェル懲治場が衰退したのかは必ずしもあきらかではない。しかし、ブライドウェル懲治場の衰退は、政府が全般的にその意欲を失ったこと、および18世紀、特に大内乱（1642年から1649年のピューリタン革命期の国王軍と議会軍の武力抗争）以降は、それ以上に、英国内政の特徴とすべき行政能力が衰弱したことの徴表といえるとするのである[21]。

こうした説明は、ブライドウェル懲治場を過小評価するものである。理論と実践の間に横たわる大きな溝を必要以上に意識するあまり、このような施設が州と教区の両方のレベルで、地方の実力者に、一部にはその理念において、ま

た一部にはその実践において、常に訴えてきたものを説明していないからである。また、大内乱（Civil War）後に、政府の意欲が減退したことを誇張するのもたやすいことである。たしかに、17世紀後半および18世紀前半の英国政府には、当初ブライドウェル懲治場を創設に導いたのと同じ種類の創造的努力をする力はなかったかもしれない。しかし、ブライドウェル懲治場が当時の知的備品の一部であったことを考えれば、政府の抱える一般的問題に関心を寄せる人々が、社会改良的プロジェクトを考え出し、ブライドウェル懲治場を使ってそれを促進できるかもしれないと考えたのは、自然なことであったともいえるのである。

ヨーロッパの全般的な研究のなかでは、これよりもより大胆な解釈が示され、より広く受け入れられている。その解釈によれば、ブライドウェル懲治場やそれに類する施設は資本主義的社会政策の手段であり、この政策の目的は、第1には、従順な労働力を創出することに、第2には、その労働力を依存と従属の状態に保つことにあったという解釈である[22]。

ダリオ・メロッシ（D. Melossi）＝マッシモ・パヴァリーニ（M. Pavarini）の共著『監獄と工場——刑務所制度の起源』によれば、「本書は、資本主義的生産様式の発生と近代監獄の起源との関係を立証しようとするものである」とした上で、「資本主義以前の社会では、刑罰の一形態としての監獄は存在しなかった。このことは、資本主義以前の社会になかったのは、監獄制度ではなく、自由の剥奪としての拘禁刑であったということをわれわれが思い出す限り、歴史的な事実であることが理解できるのである。たとえば、封建制度（では）……一定期間継続され、ある後続の苦痛の形態をともなわない単なる自由の剥奪が、自律的で共通の刑罰形態として承認され、規定されたと述べるのは、全くのまちがいだろう。」「封建時代における刑罰のかなり混合的性質——応報および神罰——は、当然監獄によっては、すなわちある量の自由の剥奪によっては実現することができなかったのである。事実、等価物の法則に関する限り、『前もって決定された一片の抽象的自由で犯罪をつぐなわせることができるという観念が生じるためには、社会的富のあらゆる具体的形態が、もっとも抽象的で単純な

形態に、すなわち時間ではかられた人間労働に還元されることが必要であった。』したがって、封建制度のような社会的・経済的システムのもとでは——封建制度のもとでは時間ではかられた人間労働（賃労働といえる）の歴史的発展はまだ不完全であった——応報刑が、交換価値によって決定されたのであるが、犯罪の等価物を時間の剥奪のなかに見いだす状況にはなかったのである」と述べ、ブライドウェル懲治場の目的は、1つは強制労働と規律によって被収容者を矯正すること、もう1つは施設の壁の外において浮浪と怠惰をやめさせること、最後に、労働によって施設自体の自足自給を確保することであったとするのである。そして、この場合の「強制労働」は、労働者階級の抵抗を妨げることをねらいとしたものであり、労働者に最も搾取率の高い条件を受け入れるように強制するものであったと主張するのである[23]。

　ブライドウェル懲治場の目的をこのように説明することで、ブライドウェル懲治場が設立された時間的・地理的プロセスを、少なくとも概括的に捉えるための鍵概念が与えられるということにはなるであろう。たしかにブライドウェル懲治場は、資本主義的社会関係の出現、あるいはその支配力の増大と同時に登場したといえる。ブライドウェル懲治場あるいはその類似施設が最初に登場したのは、イングランド、オランダ、ドイツ北部といった経済的に発展した地域であり、それも主として、早い時期に経済的成熟をみた都市から始まり、数世紀をかけてイタリアやスペイン、さらにはハプスブルク帝国にまで広まっているのである。

　このような説明方法が魅力的にみえるのは、それらが大胆かつ図式的であるからである。すなわち、このように説明すれば、複雑な歴史がわかりやすく整理されて示されることになる。さらには、他の多くの諸国における展開、それも近代初頭のヨーロッパ諸国のみならず、ヨーロッパの勢力下に置かれた一部の植民地におけるその後の展開をも考察し、理解することを可能にするような概念枠組みを、提供しているかのようにみえるからである。資本主義の発展の緒についたばかりの国々では、どこでも雇用者たちが、自らの眼前には新たな好機が待ち受けているという感覚に取りつかれており、ブライドウェル懲治場

のような施設は、扱うのが厄介な人的素材から、賃金に依存する労働力を作り出すという作業に役立つものであることが期待されたのかもしれない。もっとも、拘禁施設に対する関心は、その地域のもつ特色によって異なるため、このような一般論もそれぞれの地域によって異なったものとならざるを得ないことはいうまでもない。そうした意味からは、ブライドウェル懲治場は、標準的な施設類型の英国版に過ぎなかったともいえるのである。

いまさら改めて指摘するまでもなく、このような説明方法は、それぞれ長所と短所をもつものであるが、本書の当面の関心からすれば、英国における刑事施設という文脈において、このようなアプローチの効用と限界について考え、一般的な二、三の観察を付け加えることによって、その論理の妥当性について分析・考察してみたいと思う。

4．ブライドウェル懲治場の社会的機能

第1に、英国のブライドウェル懲治場が、一定の目的に奉仕したことは疑うべくもないが、これらのアプローチが、その一定の目的について、われわれの注意を喚起したことの価値は評価しなければならない。ブライドウェル懲治場の被収容者の多くは、雇用者の命令に反した場合や雇用者に対して行われた「犯罪」、たとえば、不服従、契約中の労働放棄、あるいは商品や原料の「横領」のゆえに収容された者たちである。中世から19紀後半に存在した英国の「主従法」(Master-and-Servant Law) は、公的刑事制裁の脅威をもって、奉公人および被雇用者に対する、雇用者の権威を包括的に補強していたのである。16世紀後半から19世紀後半まで、ブライドウェル懲治場での拘禁は、この種の犯罪を処罰するために最も一般的に用いられた刑事制裁の1つであったことはたしかである。

従来の研究者の多くは、ブライドウェル懲治場がもつこのような機能をほとんど強調することはなかった。むしろ、彼らは、ブライドウェル懲治場を、「浮浪者」を処罰する手段として特徴づける傾向にあった。労働者に規律を施すというブライドウェル懲治場の用途に注意を喚起する説明は、それが従来の研究

者の報告にみられるバイアスを修正するという点において特別な価値を有するのである。

　第2に、これはより一般的な点からではあるが、ブライドウェル懲治場の社会的機能、言い換えれば、より一般的な社会的諸関係という文脈において考察されるべき、社会的活動としてのブライドウェル懲治場の収容に注目するアプローチは、主としてブライドウェル懲治場の行政的側面に注目する、または、行政的側面のみに注目するアプローチよりもはるかに多くの価値を有するのである。あらゆる形態の刑罰は、社会的処理の一形態として研究され得るであろうが、特にブライドウェル懲治場は、あきらかにその社会特有の使命を負っていたという点において、刑罰施設のなかでも特異な存在であることから、この種の研究が必要とされるのである。

　これと関連して、こうした社会的機能を重視するアプローチの第3のメリットは、ブライドウェル懲治場が登場し発展した社会的文脈に存する、歴史上固有の特徴に注意を喚起する点にある。実際、こうしたアプローチを採る人々は、きまって、資本主義が、ブライドウェル懲治場が登場し存続するための原因と文脈を提供したと論じてきた。しかし、ブライドウェル懲治場を特定の社会的文脈に位置づけようとする試みは、こうした論法にそのまま従う必要はない。そうしなくとも、その社会的文脈は、より具体的あるいは正確に特徴づけることができるからである。

　ブライドウェル懲治場を登場させ、そしてそれを存続させた文脈をより正確に説明し、あるいは新たな解釈を提示する原理とは一体何であろうか。考えられるのは、次の2点である。

　第1は、人的用役権（personal servitude）という旧システムが、16世紀にはほとんど完全に、そしてその後においては、完全に、「自由」労働システムに道を明け渡したという事実である。たしかに、旧来の人的用役権のシステムがもつ独特な要素が、「主従法」のなかに残存しているといわれるにしても、この点は、ブライドウェル懲治場が登場する時代背景として、非常に重要なものである。自由労働システムへの移行は、とりわけ役務をめぐる関係を制度的に調整

する方法について変化を伴うものであった。それまで、領主と農奴（bondman or surf）の関係は、「私的な」荘園裁判所（Manorial Court）で調停され、自由人の間の紛争のみを取り扱う国王裁判所（Royal Court）とは区別されていた。しかし、これまでとは違って、自由労働システムへの移行は、主人と奉公人との間の契約関係は、公的領域で処理され、少なくとも可能性としては、通常の国家裁判所で争い得ることとなったのである。義務が「公的」性格を獲得した以上、それを強制するには、公的な刑事制裁が必要であった。ここに、ブライドウェル懲治場が誕生する制度的余地が生まれたのである。

　このようにブライドウェル懲治場が、実際に創設され、人心を捉えたのは、たしかに16世紀以降の社会的諸関係のシステムがもつさまざまな特徴に負うところが大きい。概して、16世紀までに、英国の貧民たちは、人的用役権のもとから解放されはしたが、再定義された形での「役務」は、少なくともその生涯の一定期間において、国民の大部分の者にとっては宿命的でさえあったのである。英国には、古くから、貧民たちが何らかの形態の自耕自給農業をベースに、漁業、鉱業あるいは小規模な製造業といったさまざまな産業を組み合わせて生計を立ててきた地域があった。しかしながら、次第に、地場産業に従事する労働者さえもが、少なくとも被雇用者に似た地位を得るようになったのである。英国のほぼ全域において、貧民と、そしてそれよりも裕福な隣人とは、一方が潜在的な、あるいは現実の奉公人として、また一方が、潜在的な、あるいは現実の主人として対峙することとなった。社会的諸関係の構築において、この基本的対立関係は、特定の個人の地位があいまいであることによっても、人々がその生涯において頻繁に社会的位置を移動することによっても、決してその重要性を失うことはなかったのである[24]。

　こうした社会的背景において、ブライドウェル懲治場の構想は、人々にとってわかりやすく、潜在的に訴えるものをもっていた。ブライドウェル懲治場は、奉公人（servant）階級の罪を正す目的で、特に創設された刑罰施設であった。したがって、ブライドウェル懲治場では、奉公人階級に属する者であって、社会的あるいは道徳的秩序に対して充分な尊敬の念を示さない者は、ブライドウ

ェル懲治場の「所長」(master)(意味深長な名称ではある)の権威に服従させられ、彼らの社会的地位にふさわしい相応の義務を果たすことを強引に思い知らされたのである。

このように、ブライドウェル懲治場における刑罰の理論的根拠が、決して富の源泉としての労働、あるいは本質的に拡大性を備えた生産といった展望に基づいていたわけではないということは注意する必要がある。労働の義務を、単に貧民を区別する目印と考えねばならないということのみが必要であった。同時に、貧民の労働力が国富の第1の源泉として、したがって、国力の供給源として注目を集めるようになったとき、また、できる限り多くの貧民を就労させ、それにより、生産力を増大させることが公的政策の主眼となったとき、ブライドウェル懲治場構想の魅力は、疑いもなく増大したのである。

5．歴史的文脈の複雑性と特殊性

ここまでは、ブライドウェル懲治場が歴史的に特殊な社会的機能、とりわけ労働者に規律を施す機能を有していたとして、その歴史にアプローチするメリットと可能性を強調してきたが、少なくとも、英国の歴史的文脈においては、一連の問題点についても明記しておく必要があろう。

第1は、社会的変化とブライドウェル懲治場の誕生との時期的整合性という問題である。すでにみてきたように、ブライドウェル懲治場は、特に、近代初頭における労働諸関係のシステムの発現と対応させて論じ得る施設である。しかしながら、ブライドウェル懲治場が、このシステムの発現に何ら重要な役割を果たしていないということはあきらかである。なぜならば、ブライドウェル懲治場の登場は、時期的に遅きに失するのである。英国においては、実質的な自由賃金労働者層は、すでに中世後期に存在していた。それゆえに、それを統制する法律とその実際的活動は、少なくとも14世紀までには完全に確立していたのである[25]。したがって、ブライドウェル懲治場は、どちらかといえば、既存の労働諸関係のシステムを支えるために利用されたのである。

16世紀に起こった労働者構成の重要な変化と推移に関する説明のいくつか

は、たしかに、ひとまとめにして論じることができるかもしれない。賃金労働者層の絶対数および人口比における量的推移をもって、この時代の特徴とすることもできよう。さらには、経済的諸分野間において、工業生産の割合を高める方向に、労働力の配分が行われたということもできるであろう。しかし、ブライドウェル懲治場が、主として生産構成における根本的な変化を促進するために創設されたとする仮説は、こうした背景に照らした場合、あきらかにその説得力の一部を失うように思われる。ブライドウェル懲治場が、現実には、少なくとも工業地域と同様、農業地域においても利用されたという事実を考えれば、なおさらのことである。したがって、ブライドウェル懲治場の登場およびその拡張の時期についての説明は、おそらく別の根拠に求めなければならないであろうと思われる。

　しかしながら、ブライドウェル懲治場が、自由賃金労働者の創出において重要な要因とはなっていなかったとしても、近代初頭における自由賃金労働者の拡大に何らの影響も及ぼさなかったのであろうか。当時の雇用者または潜在的雇用者の権力は、労働者に対しては、積極的に役務を提供する契約を交わした者以外にも広く及んでいたことは事実である。一定の状況下においては、雇用者たちは、法律に訴えて、雇用されていない貧民を役務につかせるように強制することも可能であった[26]。ブライドウェル懲治場への収容という威嚇は、事実、この種の命令を強制するためにしばしば用いられたのである。しかも、こうした命令は、限られた特定の目的、すなわち、困難な状況にあっても低賃金を維持するため、あるいは特定の個人を強制して主人の権威に従わせるために発せられるのが通常であった。しかし、このような命令の本来の目的は、労働力の拡大にはなかったし、実際上も、そうした効果がなかったことは、ほとんど確実である。近代初頭の英国における賃金労働力の拡大は、主として、機会構造そのものが変化するなかで、自然の人口増加によってもたらされたのである。

　この時代の特徴として、一方では、かつて貧民に許されていた一定の選択肢（たとえば、土地の直接利用により生計を立てるという選択肢）の制限が挙げられ、他

方では、新たな選択肢、それもある意味で魅力的な選択肢が、特に萌芽期にあった商工業の諸分野において開かれていったことが挙げられる。英国内のほとんどの賃金労働者は、自ら進んでこの道を選んだ。彼らは、それが人並みの生活を営むための、あるいは生活を向上させるための、最も有望な手段だと判断したのである[27]。

最後に、通常の生産諸関係が、英国の社会的諸関係を、より一般的に条件づけていたことは疑いがないが、ブライドウェル懲治場に収容された直接の理由のなかで、生産や雇用の文脈で生じた紛争はほんの一握りでしかないという点は強調されなければならない。施設収容の多くは、別の種類の社会的衝突、たとえば、街路での治安活動（救済システムの境界を維持する試みから、公衆道徳の規制、軽微な犯罪の鎮圧まで）から生じたのである。

こうしたさまざまな種類の統制努力は、しばしば密接に関連し合っている。「怠惰かつ無規律」だと判断された貧民は、あらゆる点で、このような諸規制の要求を満たさないと判断されたであろう。貧民の行動を組織的に規制しようとする人々は、怠惰かつ無規律な徴候の1つを厳格に監視することで、他のすべての問題が解消するであろうと考えていた節があるのである。それでもなお、ブライドウェル懲治場に関するこうした異なった関心の持ち方を、それなりに整理することは可能であるし、それら異なった関心を類別することは、一定の目的を達成する上では、きわめて重要なことである。歴史的にみれば、さまざまな窮状についてのさまざまな種類の不平が、さまざまな人々から持ち込まれ、さまざまな地域で、さまざまな時点で、さまざまな問題が起こったことはたしかである。これら「無規律な」貧民に対する関心の質の多様性と変化は、ブライドウェル懲治場の歴史を形成する上で重要な役割を演じたのである。ブライドウェル懲治場の歴史的文脈を正確に論じるためには、文脈そのものが、このように複雑で特殊であることにも、敏感でなければならないのである。

3 都市施設としてのブライドウェル懲治場
   （1555 年から 1575 年）

1．壮健な乞食の矯正施設としての懲治場

　最初に設置されたブライドウェル懲治場、およびそれに続く 20 年の間に設置されたものは、1 つを除いてすべて都市の施設であり、市政において精力的に活動する人々によって設立されたものである。ブライドウェル懲治場を設立するに際しての彼らの意図は、主に街路での治安維持能力を強化することであり、とりわけ、街路から乞食、宿無し、困窮者を一掃することにあった。当時の記録によれば、16 世紀の英国の都市は、乞食やみすぼらしい浮浪者であふれかえっているというのが、その特徴であったようである。彼らの多くは、不幸が原因で、こうした生活に陥ったと考えられていたが、いわゆる「壮健な乞食 (sturdy beggar)」は、自ら進んでこのような怠惰で寄生的な生活様式を選択しているのではないかと疑われていた。そのため、ブライドウェル懲治場は、当初、主にこうした「壮健な乞食」を矯正するために考案されたのである。

　壮健な乞食は、いくつかの理由で、犯罪と親和性があると考えられた。彼らは好意的にみても迷惑な存在であり、悪くすると、悪病の媒介者として現実に重大な害をもたらす恐れがあると考えられたし、また、施しを乞うことから転じて、脅迫を用いて金品を求めたり、あるいはまさに強盗そのものとさえなり得ると恐れられたのである。彼らの自堕落で放蕩な生活様式は、この他にも犯罪となる根拠を有していたのである。すなわち、彼らは社会秩序のみならず、神聖な秩序をも乱したという理由で、罪を着せられてしかるべき存在であったのである。また、彼らが、巧みに慈善家や小心な者から施しを得ることについては、本来救済されるべき病人、孤児、老人、虚弱者、その他より保護に値する人々に与えられるべき資金が、彼らによって奪い取られているという非難を受けたのである[28]。

　16 世紀における都市の統治者たちは、貧民のより一般的な統治という問題か

ら、壮健な乞食の問題を切り離して考えようとはしなかった。それどころか、貧民救済および統治を目指した旧来の措置に改良を加えるために、きわめて包括的な取り組みを行うという文脈のなかで、いかにして街路から「壮健かつ怠惰」な者を一掃するかという問題に心を砕いていたのが当時の特徴であったのである。「怠惰こそがすべての悪の根源である」とする考え方は、ヘンリー八世からエドワード六世の治世にかけて確立された考えであった。無能力な貧民を救済するための最良の方法は何であるのか、労働能力のある者に対して充分な仕事を確保するためにはどうすればよいのか、そして「無規律」な貧民を統制下に置くための、適切な治安および規律維持のための諸施設を確保するためには、どうすればよいのか、という3点を、16世紀の統治者たちは、総じて、ひとまとめにして考えていたのである。

2．16世紀の社会政策

変化しつつあった社会的状況、統治機構、および知的潮流といった要因は、英国および広くはヨーロッパにおいても、16世紀という時代に対して、旧来からの貧民救済と統治の方法を改良することへの関心を高かめるという特徴を与えたように思われるのである。人口の増加によって、社会的諸問題がおそらく悪化したであろうことはたしかである。地方経済がなお有力であったなかで、多くの者は、あきらかに、自らの生活の場を見いだすことに苦慮していたようである。当時の記録は、乞食と浮浪者が氾濫する様子を物語っているのである[29]。

しかしながら、広範な方面にわたる活発な努力は、また、政府の意欲と能力の拡大をも物語っている。政府は、旧来からの諸政策に生気を吹き込み、旧来からの政策方針を再整理するとともに再検討を加え、その計画を実施する新たな機構を考案しようと努めたのである。当時の人道主義的思想家たちは、建設的な社会活動の必要性を主張し、その青写真を示した。宗教的な熱意もまた、改良の努力を促進したといえる。貧民が規律正しく、神を敬って暮らせるように努力することは、魂の救済を得ようとすることでもあったのである。

16世紀の社会政策について論じる際、近年の歴史家は、主として、その斬新でかつプラグマティックで反動的な性格を強調しがちであるし、あきらかに、この時代の政府の活動がもつ、斬新性、計画性が誇張されていることも、ままあり得るようである。それでもなお、長期的な視点でみるとき、少なくとも英国において、1530年から1630年の1世紀の間は、政府の活動が常になく積極的であり、新たな制度が生み出された時代として位置づけることができるであろうと思う。特に「貧民」に関しては、この傾向が著しいのである[30]。

　中央政府と地方政府がともに、貧民をいかに救済し統治するかという問題に懸命に取り組んでいた。しかしながら、この問題に関して、最も革新的で意欲的な努力がなされたのは、都市においてであった。ここでもう一度、こうした状況を説明するのに適していると思われる一連の諸要因について検討してみることにしよう。

　おそらく、当時の都市は、貧困という問題を抱えて、救貧政策を展開することが、急を要する課題であると認識していたことはたしかである。より大きな都市では、小さな都市よりも深刻な人口増加の問題が起こっていたようである。生活・職業の不安定、病気の蔓延など、貧民たちにとって、都市での生活は苦しいものであった。彼らは大通りで施しを乞い、慈善市や市場に集まった。彼らは、また、身体を休め、暖を取り、何とか暮らしを立てていける機会をみつけては、小さな集落を作った。都市の困窮者や、宿無しの悲惨さとみすぼらしさは、あまりにも目立ち、またその数もきわめて多かった。社会的地位のある、信心深い市民は、都市が発展していくなかで、ますます増加する労働者階級の「無規律」な生活と、すさんだ、神をも畏れぬ享楽ぶりに、嫌悪と警告をもって反応したのである[31]。

　16世紀の英国では、法律は乞食と浮浪者に対しては厳しいものであったと、エリクソンは述べている。

　　「不具者には裁判官から免許が与えられ、特定の地域内での物乞いが許された。しかしそれ以外の乞食たちは、無慈悲にも鞭打たれ、3日間パンと水だけで枷をはめられ、その後は3年間、故郷へ追放されるか、もしくは、

故郷がわからない場合には、ごく最近まで住んでいた土地へ3年間追放されたのである。罪を重ねれば、この刑にさらに片方の耳を切り落とされることが加えられ、罪が3度重なれば、もう一方の耳も切り落とされた。しかしこのように峻厳な方法もそのかいがなかった」[32]。

慢性化した都市の諸問題は、都市にとって本質的な、また都市特有の資源と共存していた。都市には、通常、長年にわたる自治の伝統と、よく発達した行政機構が存在し、それが確立された都市の治安維持システムと共存していたのである。都市の富裕層の財産は、その一部が施しあるいはその他の慈善事業の形で分配され、都市の活動に有望な財政基盤を提供するのが当時の慣習であった。市政において積極的に活動していた人々のなかには、人道主義者の著作に造詣の深い者もいたであろうし、大陸のいくつかの都市における、最近の政府の実績に通じていた者もいたであろうと思われる。したがって、宗教と道徳の両方の領域において、「改良」への熱意は、とりわけ都市において燃え盛ることが多かったのである[33]。

3. ロンドンのブライドウェル慈善院

ロンドンという、当時、英国の都市のなかでも抜きんでた存在であったこの都市は、その首都圏に、英国でも他に類例のない富と多くの人口を抱えていたが、また同時に、最も社会政策に意欲的に取り組んだ都市でもあった。市当局は、一連の「慈善院」(hospital)を建設（場合によっては再建）に力を注いでいたが、それは、さまざまな範疇に属する貧民たちの要求を満たそうとするのが目的であった。英国には古くから慈善院が存在し、巡礼の宿泊所やハンセン病患者や貧民の住居となっていた。16世紀における慈善院の新たな設立に関しての目新しい点は、ロンドン市の場合、それが貧困問題に対して、包括的かつ体系的に戦うための基盤を確立することが目的であった点である[34]。

「ブライドウェル慈善院」（Bridewell Hospital）は、5か所に設置された慈善院の5番目のものである。その名前は、放置されたブライドウェル王宮を利用したことに由来する。それは、ロンドン市外壁のすぐ外に位置し、その場所の不

健康さゆえに使用されなくなっていたが、そのうちに市に慈善院として下賜されたものである。その前に設置された4つの慈善院は、さまざまな種類の困窮者や「無能力」な貧民、すなわち、狂人、病人、老人、不治の病にかかった者、捨て子などを収容する施設であった。「怠惰」な者たちのために5番目の慈善院を建設する決定は、どうやら消去法によってなされたようである。市当局は、1550年代までには、本当に困窮した貧民たちへの救済は満たされたと考えていた。それゆえに、残る浮浪者や乞食は、当然のことながら「壮健かつ怠惰」な者たちであるはずであり、その多くは自らそうなることを望んだ「故意の浮浪者」であると考えたのである[35]。

壮健かつ怠惰な貧民には、どのように対処するのが一番であろうか。従来から、浮浪者は、足枷、投獄、笞打ちなど、さまざまな種類の身体刑を科されてきた。ブライドウェル慈善院においても、旧来の圧政的政策の要素は温存されたが、それらは新しい概念枠組みに統合されることになったのである。この新しい慈善院の被収容者は、彼らの意志に反して拘禁され、また、笞打たれることもあったようである。しかし、彼らは「無規律」な生活から引き離されるように、特別に設計された環境に置かれるのが常であった。ブライドウェル慈善院の院長と、彼の任命を受けた職員の厳重な監督の下で、彼らは、規則正しい、しかも規律を施された生活へと導かれた。彼らは、宗教的規律を遵守することを義務づけられた（慈善院のなかには教会が置かれていた）。彼らは、また、労働に従事させられた。この労働は、それ自体が処罰としての性格を備えていたといえるかもしれない。浮浪者が強情であればあるほど、より過酷な労働が課されていたようである。もちろん、彼らを労働に付することの根拠としては、財政的な側面もあったであろう。被収容者は、慈善院の維持費を自らの労働で賄う必要があったからである。しかしながら、こうした労働体験は、本来的には、教化的効果を意図しているものであった。「働くこと」は、「すべての富、美徳、および誠実さを導く親」であるとして、歓迎されていたからである。この新しい慈善院では、怠惰な貧民が働く習慣を身に付けることが、何よりも肝要であると考えられていたのである[36]。

「壮健かつ怠惰」な者に対する備えは、ブライドウェル懲治場の創設者の心のなかで、最も重要な位置を占めていたものである。しかし、実際には、最初に浮かび上がった慈善院の計画は、もう少し広く考えられていた。元王宮の下賜を求めて枢密院に請願する際、慈善院の提唱者は、ブライドウェル王宮を「就業施設」（house of occupation）として運用するつもりであったようである。請願書では、さまざまな範疇に属する貧民を、まじめに就業させるつもりであることが述べられている。もちろん、この壮大な計画の射程をあまりにも過大視すべきではないかもしれない。その証拠に、この計画案そのものは、ロンドンの労働市場に、新たに労働者を参入させようとするものではなかったからである。むしろ、それは、雇用を求める上できわめて不利な立場にある者を対象としていた。実際、ブライドウェル慈善院の院長は、身体的には労働可能であって、施設収容の維持費として何らかの貢献ができる者に、一種の住居付き雇用を与えようと考えていた節があるのである。しかしながら、実際にふたを開けてみれば、すべてを慈善に依存する、あるいは依存したままになりがちであって、また、より絶望的な者たち、すなわち、市の他の慈善院から来た老人、子供、病人、更生した乞食、あるいは市の裁判所で放免された刑余者たちを、専ら対象とすることを余儀なくさせられることが多かったのである[37]。

4．ブライドウェル懲治場のもつ意義と問題点

ブライドウェル懲治場は刑罰施設としての先駆的試みであるが、同時に、刑罰的側面と非刑罰的側面の双方において、貧民を「就労」させようとした先駆的試みとして捉えるべきであろう。ブライドウェル懲治場以降、このような試みは、比較的ありふれたものとなった。しかしながら、厳密に言って、16世紀より以前に、この種の試みがなされたことがなかったことも事実である。もちろん、貧民を就労させる試みが皆無というわけでは決してないが、これ以前のこうした努力は、通常、既存の労働需要に対する供給に重点を置いたものであった。16世紀におけるこの計画の画期的なところは、仕事のない貧民に対して、新たな労働機会を創出するために、政府が決然とした意志を示したことで

ある。この時代から、政府が、この領域において次第に活動的になっていったことは、政府の意欲と能力の拡大を示す好例といえるかもしれない。たとえ、このブライドウェル懲治場の例では、その意欲が能力をはるかに超えていることが多かったとしてもである。

　貧民を就労させるという努力は、さまざまな形態を取ったようであり、ブライドウェル懲治場の計画は、独特の特異な性格を備えていたようである。当局が、時には、自ら労働力の雇用者となり、貧民が公共の労働に雇われることもままあったようである[38]。あるいはまた、政府は、既存の経済的隙間に貧民を送り込むこと以外、ほとんど何もしなかったということもあったであろう。英国においてすら、浮浪者の一部を鉱山労働者として送り込んでいたという事実もあきらかになっている。他の大陸諸国、たとえば、スペインなどにおいては、そのような方針が、英国よりもはるかに大きな規模で推進されていたのである[39]。労働力を求める雇用者に、単純に貧民を引き渡すという方法は、行政的にも財政的にもはるかに負担が軽くて済むことなので、多くの意味で、最も魅力的なものであった。しかし、適当な機会は、そういつもあるものではなく[40]、当局は多くの場合、財政上および行政上の負担を、ほんの一部だけ軽減させることができたに過ぎなかったのである。すなわち、彼らが、私企業の事業主を説得して、貧民をうまく雇用させることもあったかもしれないが、それは、仕事のための土地と資本が供給され、最終生産品の市場性を高めるよう課税に対する便宜が図られること、あるいはその他の法的保護が図られることを前提としている場合に限られたのである。ブライドウェル懲治場においては、労働の直接的管理という実験や、特別に有利な条件に魅かれた中間起業家に頼るという実験の両方が考えられていた。また、いずれの場合にも、その最終目的は、一般の市場で販売できる商品の生産にあったのである[41]。

　市当局は、どれだけの貧民をどれだけの期間雇用できるかを過大に見積もることが多かったが、それと同時に、特定の種類の貧民、すなわち、単に仕事がないだけでなく、何らかの特別な問題をもつ貧民を、特に対象としていたことは、市当局が、この計画に何らかの限界を感じていたことを表している。ブラ

イドウェル懲治場計画の、他と異なる、決定的な特徴は、困窮者よりも不道徳な者が最優先されたという点である。

ブライドウェル懲治場の創設者たちが抱いていた意図のうちで、不幸にも、明確にされないままで残されたことの1つは、ブライドウェル懲治場の被収容者が、そこで過ごす期間の問題である。彼らの収容期間は、短期間だったのであろうか。すなわち、ショート（short）、シャープ（sharp）、ショック（shock）の3要素に基づいて、刑罰的・再教育的収容を原則としたのであろうか。あるいは、怠惰で自堕落な者たちを、より長い期間就労させ、懲治場を一種の労働コロニーとして運営していこうとする考えが、いくらかでもあったのであろうか。筆者には、後者の可能性が高いように思えるのである。なぜならば、彼らが意図したのは、特定の範疇に属する貧民に、より長期間にわたって仕事を与えることであったに違いないからである。

ゲオルグ・ルッシェ（G. Rusche）＝オットー・キルヒハイマー（O. Kirchheimer）は、この点に関して、「矯正収容所（筆者註──懲治場の意味、以下同じ）が全体として国家経済にとってきわめて貴重なものであったことも亦確かである。その低賃金と、未熟練労働者の養成とは資本主義的生産の台頭に重要な寄与をなしたものである」とした上で、興味深い指摘をしている。

「近代的監獄の初期の形態はかくのごとく生産的矯正収容所（懲治場）と結合していた。在監者の改革ではなくして労働力の合理的利用をその主な目的としていたから、管理者にとっては、在監者を募集する方法如何はさして重要の問題ではなかった。また釈放の問題も重大な関心事ではなかった。青年在監者あるいは新入在監者のばあいについて、拘留期間が該施設あるいはその施設賃借人の必要の度合いを酌んでのみ決定されたということはすでに述べた通りである。その給養と養成に相当な経費をかけた大切な労働者は出来る限り長く引きとどめておかなければならない。それゆえに親族が自発的に委託したものを除くすべての場合においては、拘禁の長短は管理者が独断で決定した。ブランデンブルグの監獄では判決書中に定期刑が記載されていない場合においては若干の在監者は2週間後には釈放

されたのに反し、他の小犯罪人は数年間とどめ置かれたとのことである」[42]。

これが事実であれば、これも、ブライドウェル懲治場が、実際には、その創設者の意図に応えることのできなかった数多くの点の1つということになるであろう。

慈善院としての初期の経験は、ブライドウェル懲治場の計画が、実行可能なものであるという信念を鼓舞したであろうと思われる。事実、たしかに、その後20年の間には、この施設の現状に幻滅を覚える人々が、かつての運営状況を、苦い追憶とともに振り返ることもあったかもしれない。慈善院としてのブライドウェル懲治場の設置を認めた国王の勅許状は、所長に、一連の警察権および司法権を授けていたのである。所長や所長から任命を受けた職員は、「男女を問わず、怠惰なごろつき、居酒屋の常連、乞食、悪名をはせるすべての者」を捕え、判事のもとに連れていく権能を与えられていた。所長は、こうした者たちをブライドウェル懲治場に収容することもあったであろうし、あるいは、適切と思われる他の何らかの方法で、彼らを処罰することもあったであろう。所長たちが、まず、彼らが連行した労働能力ある「浮浪者」を全員懲治場に収容して、街路の浄化に努めるために、この権力を行使したことはあきらかである。そして、その努力は、目に見えて著しい効果を示したようである。当時の市民たちは、ブライドウェル懲治場が資金を有効に活用しているとして、その行動を称えているからである[43]。

しかしながら、「怠惰という不潔な水溜まり」がそう簡単には水をはけるものでないということは、比較的早い時期にあきらかになっていたに違いない。まもなく、乞食、浮浪者たちが、以前のように街路を埋め尽くしているとの非難の声が聞かれるようになったからである。乞食・浮浪者問題がいつまでも解消しないのは、当局の失策であると非難する者もあった。ブライドウェル懲治場における財務運営上の失敗や、そして遂には、所長たちの汚職といった暗い噂さえ聞かれるようになったのである[44]。

しかしながら、当時の慎重な人々は、こうした主張に対して、そうした言説は、問題の規模が過小視され、その性格のいくつかが誤って判断されていると

いう結論を下している。たしかに、その通りであるようにも思われるが、街路から乞食を一掃することは、結局のところできなかった。当時において、その数を維持するための補充源が2つあったからである。第1は、ロンドン市に押し寄せる新たな移住者階級からの補充であった。ロンドンは国中の野心ある者や人を食い物にしようとする者たちを引き寄せる力をもつ、いわば磁石のような存在であったからである。第2は、市内あるいは近郊に定住していた者たちのなかからの補充であった。もちろん、彼らの多くは、比較的最近移住して来た者たちであったことはたしかである。ロンドン市での生活が、安定性がなく不確実であったために、宿無しや困窮者層は、常に新参者によって膨張し続けていたのである。それは、土地を離れた奉公人、破産した主人に解雇された徒弟、急速に広がる近郊の、発展しつつあったが統制があまり行われておらず、したがって、不安定な工業生活の被害者といったような者たちであった。こうした者たちは、およそブライドウェル懲治場の収容能力をはるかに超えて多数存在し、その数は、おそらく、ロンドン市の拡大と並行して増え続けたであろうと思われる[45]。

　当時の厳格な基準ですら、決してすべての「壮健かつ怠惰」な者たちが、不道徳な浮浪者であるとされたわけではない。ブライドウェル懲治場は、浮浪者だけに仕事を供給すべきであると考えられていたわけでは決してなかったがために、「壮健かつ怠惰」な者が、調査の段階で、身を持ち崩した堕落者というよりも、無力な被害者であるということが判明したとしても、それはたいして重要なことでないと考えられたのかもしれないのである。

　しかし、他の多くの点において、ブライドウェル懲治場を推進した者たちは、救済と刑罰との境界線をあいまいにするような提案を行った点において、また、1つの施設のなかで、一方では、単に仕事をもたない者に対処し、他方では、強情な「怠惰かつ無規律」な貧民に対処しようとした点において、楽観的過ぎたようである。実際、ブライドウェル懲治場は、たちどころに、浮浪者のための慈善院であるとの烙印を押されてしまったのである。

　単に不幸な者を、調査の目的というだけで、所長のもとに連れてくることは、

こうした状況のもとでは、むしろ有害でさえあった。それというのも、こうして調査された者の評判が、調査されたことそれ自体によって傷つけられ、それ以降、職に就くことが困難になったからである。このように、ブライドウェル懲治場は、本来それが緩和するはずであった問題を、かえって悪化させる原因ともなったのである[46]。

5. 混合施設としてのブライドウェル

ヨーロッパにおいて、ロンドンだけが、当時「乞食のための慈善院」を設置した都市だったわけではない。こうしたプロジェクトを実際に運営することがどれほど困難であるか、また、少なくとも初期の崇高な理想からすれば、致命的ともいえる失敗を考慮に入れれば、しばしば、この種のプロジェクトが、他所で短命に終わったとしても驚くにはあたらないであろうと思う[47]。ロンドンのブライドウェル懲治場の運命も、数十年にわたって、どちらとも決まらぬ、不安定な状態にあったこともたしかである[48]。それにもかかわらず、ロンドン・ブライドウェル懲治場が生き長らえたのは、当初、そこにあてられた資金が潤沢であったからであり、あるいはまた、所長たちの粘り強さの賜物であり、そしてまた、高所から絶えることなく流し込まれた援助ゆえであったかもしれない。当時、ブライドウェル懲治場運動に、共感を寄せ続ける枢密院議員や議会議員は数多く存在した。しかしながら、ブライドウェル懲治場は、その存続のために、いささかなりとも、環境への適応力を身に付ける必要に迫られたのである。それは、ブライドウェル懲治場の機能に関する、概念の修正である。提唱者たちの過大な期待に応えることに失敗した今となっては、何らかの、もっともらしい役割をみつけて、その存続を正当化する代替策を考え出さなければ、ブライドウェル懲治場は、生き長らえることはできなかったと思われるのである。

事実、ブライドウェル懲治場は、本質的に異なった2つの事業を同時に抱える混合施設として落ち着くこととなった。そうとはいえ、そのどちらにも、創設者の本来の構想との関連を、いくらかは認めることができたのである。1560

年代までに、ブライドウェル懲治場は、その一部を、貧困少年向けの一種の「授産所」(Industrial Training School) としている。数十名の少年たちが、事実上の徒弟といった形で、特別に任命されたブライドウェル懲治場の主人 (master) のもとで奉公することになっていたのである。こうして、救済に値する貧民の一部を就労させるという計画は、部分的に具体化する運びとなった。ロンドン・ブライドウェル懲治場は、20世紀初頭まで、特に工業に重点を置いた学校として存続し続けたのである[49]。

ブライドウェル懲治場の残りの建物は、管理者側の建物 (keepers' side) として区別された。そこは、「怠惰かつ無規律」な者に対する、おそらくは、矯正的刑罰の場として機能したであろうと思われる。ある意味では、ブライドウェル懲治場の「管理者側の建物」は、意に反して繁栄をきわめたといえるかもしれない。たしかに、ブライドウェル懲治場は、定期的に利用されていたし、1560年代までには、毎年400名以上の男女が収容されるようになっていた。そして、その数は、16世紀末までには、2倍に達することになるのである。「管理者側の建物」に収容された者は、拘禁中、就労に付された。その場合の就労の内容は、建物の維持、糸つむぎ、釘の製造、トウモロコシの粉挽き、川砂の浚渫、漆喰用の石灰を焼くこと等であったのである[50]。

ブライドウェル懲治場計画のこの部分も、また、当初の理想をかなえるという意味からは失敗であったとマイナスの評価をするとすれば、その失敗の主な理由は、計画の刑罰的側面があまりにも優勢であったからではないかと思われる。たしかに、ブライドウェル懲治場の提唱者たちは、乞食・浮浪者問題に対して建設的な解決策を提供したいと切望していたようである。しかしながら、実際には、被収容者が常に溢れていたこと自体、首都ロンドンの「無規律」な貧民に対して、ブライドウェル懲治場が与える影響に限界があることを証明していたともいえるのである。ブライドウェル懲治場の提唱者たちが、当初、いかなるものを創出しようと考えていたにせよ、実際に彼らが創出したのは、「刑罰の回転ドア」にしか過ぎなかったのである。1年の収容件数が数百人にも達していたという事実からすれば、被収容者たちが、ブライドウェル懲治場内で、

数週間以上過ごしたとは考えられそうにもない。わずか2、3日留まるだけの者もいたのではなかろうかと推測される。

ところで、実際、どういう者が怠惰かつ無規律な者として、ブライドウェル懲治場に収容されたのであろうか。おそらく、多くは、街路で下品に物乞いをし、あるいは野宿をしていて連行された者たちであったであろう。16世紀後半には、「浮浪者」としてブライドウェル懲治場に収容される者（おそらく、彼らは、ロンドン市外からやってきた者であろうが）の比率は、増加の一途を辿った。こうした者たちは、ブライドウェル懲治場でしばらく過ごした後、郷里へ帰るように命令されたのである。ブライドウェル懲治場に再び収容されることへの恐怖によって、彼らがロンドンに戻ってくるのを抑止するように、その役割が期待されたことであろう。困窮した貧民の窮状緩和には失敗したものの、こうしてブライドウェル懲治場は、ロンドン市民の生活の平静維持に、いくらかでも貢献することができたのである。

ブライドウェル懲治場への「浮浪」以外の収容理由は、非常に多様であった。ブライドウェル懲治場創設の主要な推進力となったのは、街路から乞食を一掃するという切なる願いであったのであるが、実際のところ、被収容者がすべて困窮者や失業者であったわけではない。おそらく、ほとんど開設のその瞬間から、ブライドウェル懲治場は、事実上、ロンドン市の貧民が行うさまざまな軽微な犯罪を処罰するための、一般的な矯正刑務所として機能したのではないかと思われる。市内に住む貧民たちは、公衆道徳に反したという理由で、あるいは、治安を妨害したという理由で、あるいはまた、軽微な窃盗や職場での犯罪ゆえに収容されたのである。16世紀後半に書かれたブライドウェル懲治場の裁判所記録に列挙された収容理由には、売春（特に開設当初）、姦通、重婚、神への不敬、サイコロ賭博、飲酒癖、名誉毀損、主人のもとからの逃亡等が挙げられている。ブライドウェル懲治場被収容者のほとんどは、貧民階級の者であったが、「貧困」そのものが、必ずしも所長のもとに召喚されてきた者すべての属性であったわけではない。資産家であっても、「女郎買いの罪」で出頭を命ぜられる者もいたのである[51]。

ブライドウェル懲治場を、多様な形態の「怠惰かつ無規律」な行動を処罰するために用いること、そしてまた、ブライドウェル懲治場が、当初予定されていた、単なる壮健な乞食の受け入れ場所でないことは、その後、かずかずの議論を引き起こす原因となった。同時にまた、世間の反応は、あきらかに、ブライドウェル懲治場の役割を、予期しない形で拡張することを助長したのである。強情で怠惰な乞食は、その悪しき素質によって無規律な道へと走ったのだと信じられていた。他の乱暴で反抗的かつ自堕落な行動形態も、同様の素質から生じていると考えられていた。したがって、強情で怠惰な乞食をブライドウェル懲治場へ収容することが、適切な処方箋であるとするならば、同様の性格的欠陥によって犯罪に陥った者を矯正することにおいても、ブライドウェル懲治場は、等しい効果をもたらすかもしれないと考えられたのである。

　同様の点を、少し違った方法で指摘するとするならば、ブライドウェル懲治場では、壮健な乞食をもって、潜在的原形 (archetype)、すなわち、広く一般から非難を受けるような特性を備え、それが特に集約された形で表れる人物、として考えていたのである。しかし、個々の壮健な乞食について、その人格的特徴を厳密に調べてみれば、場合によっては、こうした原形に基づいた厄介者とは異なった側面に直面することがあるかもしれないと、16世紀の英国人が、もし認識していたとするならば、それと同様の意味において、本来、壮健な乞食の姿によって呼び覚まされる恐怖と不安は、その原形的な悪しき特質が、飲酒癖のある労働者、怠惰で反抗的な徒弟、罰当たりな行為や賭博に走る職人、貞操の軽い奉公人のうちに、それぞれ認められた場合に、同じように呼び覚まされることになりやすいと認識していたはずである。怠惰な乞食という存在が広くみられるようになったことによって刺激された恐怖と嫌悪の念は、何らかの行動を引き起こす原因となったのである。実際、着手された改良主義的・社会的プロジェクトが、貧民の生活および文化の諸側面に対する、より一般的な攻撃へと拡大していくのは、ほとんど必然的な流れであったといえるのである。

6．悪徳と無規律に対するキャンペーン

　さて、ここで、ブライドウェル懲治場の設立に関連した、悪徳と無規律に対するキャンペーンについて、少し触れておくことにしよう。その創設から10年の間、所長とその職員は、ブライドウェル懲治場での処遇に適すると思われる者を積極的に集めようとした。売春その他の性的不道徳は、格好のターゲットであった。所長のもとに連れてこられた者を説得して、彼らに仲間の名を挙げさせることができた場合には、その仲間もまた召喚されたのである。このように、ブライドウェル懲治場は、都市におけるある種の治安活動を増強する運動と密接に関係していたといえる。いや、ある意味では、その支柱であったとさえいえるのである[52]。

　しかしながら、ブライドウェル懲治場の長期的展望にとって決定的だったのは、市政府が旧来から採っている、方法と手段との関係であった。その目的からして、ブライドウェル懲治場は、恒久的な施設となるはずのものであった。なぜならば、ブライドウェル懲治場は、特定のキャンペーンのための単なる刑罰的武器であるだけでなく、従来の刑事制裁に、重要な、ある意味では魅力的とさえもいえる、さらなる手段を付け加えるものであったからである。すなわち、ブライドウェル懲治場は、古くから認められ、起訴されることが多かった軽微な犯罪を処罰するにふさわしい、新たな刑罰的選択肢であったのである。ブライドウェル懲治場に送られた者たちが行った犯罪の大半のもの、いや、おそらく、そのすべてのものが、以前には他の裁判所で起訴されたか、あるいは他の方法において処罰を受ける類のものであったのである。市裁判所は、浮浪、不服従、乱暴、身持ちの悪い生活者に対して、罰金、笞打ち、短期の投獄等をもって処罰する慣行があり、また一方、教会裁判所は、私通、名誉毀損、不敬等を、公開の贖罪（public penance）によって処罰し、最終的制裁として、放逐および投獄を残していたのである。こうした犯罪の起訴は、しばしば治安官、教区委員といった下級官吏によってなされた。しかしまた、不満を抱く隣人や怒れる主人、または傷害を負った配偶者など、広く市民によって告訴がなされた

り、少なくともその手はずが整えられることも、少なからずあったのである[53]。

　ブライドウェル懲治場の被収容者の多くは、実際には、彼らの処罰を切に望む人々が、ブライドウェル懲治場への収容を、彼らに科されるべき最良の刑罰であると考えたがために、他の刑罰ルートから回されてきた人々であったのである。市裁判所判事も、ブライドウェル懲治場を、効果的な新しい刑罰手段であると考えていた。日常の裁判業務のなかで、厳格な監督下での重労働に従事させることにより、得るところが多いであろうと思われた男女が、彼らのもとに来たときには、躊躇することなく、それらの者をブライドウェル懲治場の所長のもとへと送ったのである。長期的にみれば、ブライドウェル懲治場の所長の準司法的な権力が攻撃されるにつれて、一般の裁判所の委託によって、ブライドウェル懲治場に収容するのが、通常のコースとなった。ブライドウェル懲治場は、乞食と浮浪者の蔓延に対する効果的な解決策とはならなかったかもしれないが、刑罰としてであれば、他の刑罰手段と併存していればよく、また効果の点では、他にひけを取ることは決してなかったのである[54]。

　それでは、なぜ、ブライドウェル懲治場が議論の的になるのであろうか。それは一部には、以前であれば他の方法で扱われた犯罪に対して、まさにブライドウェル懲治場が新たな扱い方を示したことが理由であるように思われる。ブライドウェル懲治場の所長は、他の機関、とりわけ、教会裁判所の仕事であるはずの領域を侵犯したという非難に、たびたびさらされることとなった。特に、壮健な乞食の問題に対して、ブライドウェル懲治場が、何ら最終的な解決策を提示できないことがあきらかになるにつれて、積極的な統制は実際には過酷であるとか、貧民の軽微な犯罪を矯正するのに、このような厳格さは最良とはいえない、といった主張が、可能となったのである[55]。

　概して、ブライドウェル懲治場が、貧困労働者階級の者たちの物乞い、無規律な生活、不服従、軽微な窃盗を罰するために利用される点については、ほとんど議論の対象にはならなかった。問題となるのは、それが道徳に対する犯罪の処罰に用いられることに対してであり、とりわけ、その犯罪者が、地位のある市民層の出身であった場合である。当時、問題となったのは、この種の事件

であった。公衆道徳の番人として、俗人がどの程度まで活動すべきなのであろうか。「罪」(sin) と社会的・法的秩序に対する犯罪とは区別があるのか、ないのか。これら二者の間の境界を無視するのは、ピューリタン的特徴に過ぎず、すべての者が、姦通者を、浮浪者と軽微な窃盗犯と同列に置くべきであると考えていたわけではなかったのである[56]。

　当然のことながら、社会的地位のある者に咎めだてを行うとき、ブライドウェル懲治場の所長は、常に、それ以上のトラブルを招くこととなった。社会的地位のある者は、貧しい浮浪者と比べて、抵抗や仕返しがしやすい立場にあったからである。所長たちは、その関心を無規律な貧民にのみ向けている限りでは、かなり自由に振る舞うことができた。しかし、社会的秩序を強化する側から、それに挑戦する側に回ったとき、彼らは、訴訟によって迎えられることとなったのである[57]。社会的エリートに属する人々が、彼らの統制努力によって必然的に引き起こされる嵐に立ち向かうだけの宗教的使命感を感じている場合には、ブライドウェル懲治場は、貧しい浮浪者と同様、時として、不道徳な金持ちに対して天罰を与えるものとして機能することもできたであろう。しかし長期的には、道徳改良計画によって社会の向上を図ることの困難さから、ブライドウェル懲治場は、ほとんど貧民の監獄としてのみ機能することとなったのである。

7. ロンドン以外の都市における懲治場

　16世紀には、英国内において、規模の点でロンドンに匹敵する都市は存在しなかった。しかし、程度こそ違え、他の諸都市の統治エリートも、また、ロンドンの統治エリートと同様の問題に直面していたのである。一部には、このような問題に取り組む試みとして、一部には、疑いもなくロンドンの例という刺激に対する反応として、16世紀後半には、地方の諸都市は、彼らの街に、種々の新たな慈善院を設置したのである。したがって、そのうちのいくつかのものが、ブライドウェル懲治場に倣ったものであると認められるとしても、何ら不思議なことではない。ブライドウェル懲治場に類似した施設は、1562年にはオ

ックスフォードに、1564年にはソールズベリに、1565年までにはノリッジに、そしてグロスターには1569年までに、イプスウィッチにも1569年に、16世紀末までには、その他、少なくとも9か所の都市および町において、設置されているのである[58]。

ロンドンにおける慈善院と同様、地方の新しい慈善院は、通常、貧民を救済し統治するという任務に、体系的に取り組もうとする文脈のなかで創設された。ブライドウェルに倣った慈善院は、ロンドンのブライドウェル懲治場が当初担うべきだとされた役割と、まさに同じ役割を果たすべきだとされたのである。たとえば、ソールズベリで施設を設けることが命令されたのは、「労働能力があるにもかかわらず、街路でぶらぶらと物乞いする者を廃絶するため、怠惰な者を収容して就労させる」ためであった[59]。

地方において貧民を就労させようとする試みのいくつかは、不安定な状態に置かれていたものと想像される。この頃から「労役場」（workhouse）が、英国の多くの都市で、その特色となりつつあった。労役場は、失敗を重ね、姿を消しては、また、再建されるということを繰り返していた。労役場においては、老人や若年者も作業に就かされていたようである。場合によっては、貧民に材料を配給して、在宅作業を行わせることもあった。しかし、こうした施設は、管理に負担がかかるのみならず、その提唱者が最初に期待したほどには、貧困の問題が表立って現れないように、それを一掃し、解消する能力を持たないことが、あきらかになっていったのである[60]。

さらに、ロンドンと同様、おそらく地方においても、ブライドウェル懲治場計画の刑罰的側面と労働機会を創出するという2つの側面を両立させることは、きわめて困難であるということがわかってきたようである。両者は、同一の建物のなかに併設されることもあったが、それぞれが、むしろ異なった論理にしたがって動こうとしていた。労役場は、貧民救済システムの担い手として運営され、「刑事労役場」（penal workhouse）は、既存の刑罰システムの分野に傾斜していき、遂には、軽微な犯罪により有罪判決を下された犯罪者に対して、本質的には、刑罰としての短期拘禁を科す刑務所となったのである。

4 全国レベルでのブライドウェル懲治場
（1575年から1630年）

1．ブライドウェル懲治場の新たなる展開

　16世紀後半に、一連の都市におけるブライドウェル懲治場を創出したことで、英国はこの道の先駆者として高く評価されている。しかし、実際には、すでに述べたように、他のヨーロッパ諸都市も、また、この時代に、乞食のための慈善院（Beggars' Hospital）の設置を試みていたのである。16世紀において、英国の都市におけるエリートたちは、当時のヨーロッパ諸都市に共通であった問題と直面して、一連の物質的、行政的、および知的諸資源をもって対処したというのが現実である。そしてまた、こうした諸資源は、同様に、多くの都市エリートたちにとって共通の財産であった。英国の都市における試みの特徴として、他とあきらかに異なっている点は、少なくともそのいくつかが、17世紀あるいはそれ以降まで存続したということである。大陸で設置された同様の施設は、概して短命に終わった。16世紀も末になって、ようやく、大陸に設置されたこの種の施設で、以後、長く存続するものが現れた。その最初の施設が1596年のアムステルダム懲治場（木挽き場）（Amsterdam Rasphuis）である[61]。
　たとえば、エリクソンは、「アムステルダムの懲治場が1つの模範となって、他の地域、特にオランダ国内のみならずヨーロッパ諸国においても、間もなく同じような施設が設けられた。外国からも多くの参観者が、この注目すべき監獄を訪れている。いうまでもなく、この懲治場は怠惰を重大な罪とみなすカルヴィン主義の考え方に支えられていた。ルターもまた物乞いを罰すべき犯罪とみなしていたのである。したがって、この考え方はヨーロッパのプロテスタント諸国、たとえばドイツのブレーメン、ニュールンベルグ、ダンツィッヒ、リューベック、ハンブルグや、スイスのベルン、バーゼルなどに移植されていった」と述べている[62]。ちなみに、アムステルダムの男子のための懲治場は、その後刑務所として使用されていたが、1890年に取り壊されている。

ところで、英国のブライドウェル懲治場の歴史において、特徴的であるにもかかわらず、あまり指摘されていない点は、主に地方のために創られたブライドウェル懲治場のネットワークが早期に確立されて、都市の「刑事慈善院」(Penal Hospital)を補充していたということである。16世紀末までには、少なくとも英国諸州の4分の1が、自前のブライドウェル懲治場を設置し（2つ以上設置した州も存在した）、1630年までには、ブライドウェル懲治場のネットワークは、英国全土に行き渡っていたのである。

　他の諸国においては、都市部における展開が、市外にまで拡大されたのは、はるかに後のことであった。たとえば、オランダの地方において、類似の施設が急速に設置されるようになったのは、17世紀後半になってからのことであったが、これは、英国の地方におけるブライドウェル懲治場の設置の第一波に、およそ80年遅れるものである。フランスでは、都市部においてすら、17世紀後半になって、ようやく、乞食と浮浪者のための慈善院が設置されるようになったのであり、農村地域一般にその制度が確立したのは、1730年代になってからのことである[63]。

　単なる施設の合計数が意味をもつかどうかには疑問の余地もあろうが、英国のブライドウェル懲治場は、地方においても、都市におけると同様に、数多く設置されたということも明記されるべきであろう。ピーター・シュピーレンバーグ (P. Spierenburg) は、オランダの公文書を「徹底的に」調査した結果に基づき、オランダ共和国内には、ブライドウェル懲治場類似の施設が、19か所しか設置されなかったと報告している。ドイツには、18世紀後半に、44か所の同様の施設が存在していたということである[64]。英国では、1630年までに、州のブライドウェル懲治場だけで、約70か所以上に設置され、都市や町にはそれ以外に、十数か所の施設が設置されていたといわれる。18世紀後半頃には、英国全土のブライドウェル懲治場は約170か所を数え、その半数以上が州の施設であったとのことである。

　このように、英国において、「地方」のブライドウェル懲治場（この用語は略称で、州のブライドウェル懲治場の建物が、通常、市場開設都市 (market town) に建て

られたことに由来する）は、早期に、そして比較的密集して広がっていった。これは、一部には、英国政府の特殊な性格によって、また一部には、英国社会政策のより一般的な性格によって可能となり、また、実際、積極的に推進されたのである。しかしながら、英国社会および経済の特徴のみを挙げるだけでは、英国の特異性を適切に説明することはできないであろう。なぜならば、第1に、英国社会はきわめて多様な地方経済の寄せ集めであったからである。しかし、それにもかかわらず、ブライドウェル懲治場はどこにでも現れ、地方の要求の差異に応じて、異なった機能を併せもつことで応えていたのである。第2に、英国の社会的・経済的編成が、政府対応の独自性を説明できるほどに、欧州大陸のどこと比較しても異なっていたかどうかはあきらかでない。この点の解明は、今後の課題であろうと思う。

2．ブライドウェル懲治場と治安判事の役割

英国の地方および都市の用に供されるブライドウェル懲治場の創設を可能ならしめ、おそらく、実際に積極的にその推進力となったのは、治安判事（Justice of the Peace）と呼ばれる人々であった。彼らは、英国政府における官吏機構において重要な位置を占めていた。治安判事たちは、上からの命令に非常に敏感だったので、中央政府からもたらされる新しい理念や政策を、地方に伝えるチャンネルとして機能した。彼らは、どんな意欲的な政策であっても、望みさえすれば実行できる（実際に、いつもそうしていたわけではないが）権力と資源を備えていた。また、ブライドウェル懲治場が役立つであろう思われる種類の問題に深く関与していたため、ブライドウェル懲治場を、魅力的な施設であると考えるようになっていたのである。

都市や町において、ブライドウェル懲治場は、当初、都市自治政府という概念枠組みのなかで創設された。そのため、ロンドン・ブライドウェル懲治場は、国王の勅許状によって創設され運営されたのである。ロンドンにおいても、また、他の都市においても、都市の警察および司法という正規のルートを通って、多数の被収容者たちがブライドウェル懲治場に送り込まれた。それとまったく

同様の制度的概念枠組みは、州には存在していなかったが、ブライドウェル懲治場をはめ込むことのできる概念枠組みが1つだけあった。それは、この体制下では、治安判事が決定的な役割を担っていたということである。州のブライドウェル懲治場を設置し、その運営を監督する責任を、議会の承認によって託されていたのは、囚人を施設に送る責務を担っていた治安判事だったのである。

治安判事は、州政府において彼らの権力を行使したが、それは、四季裁判所 (Quarter Sessions) の法廷においては集団的な形で、そして法廷外では個別的な形で行われた。16世紀を通じて、四季裁判所に集まる治安判事は、制定法によって、徐々に幅広い行政上の権利を得たのである。

治安判事の命令によって賦課された地方税は、州のブライドウェル懲治場を開設するための財政的基盤となった。彼らは、ブライドウェル懲治場の開設およびその設備の資金を賄うために、税額を上げる権限（最初は1576年法によって）を得ていた。また、所長たちの年俸も、地方税から賄われた。治安判事は、ブライドウェル懲治場の開設を計画するのみでなく、所長を任命し、通常、その運営を監督する責任を担っていたのである[65]。

治安判事にブライドウェル懲治場の建設を命じた制定法は、16世紀における立法の1つの潮流であった。議会は、それを通じて、英国地方政府の向上、改善、強化を図ったのである。実際には、議会の指示に対する治安判事の対応は、非常に不完全なものであった。それでも、制定法は、少なくとも新たな理念の源泉であり、治安判事が、彼らの管轄地域における行政において、新たにイニシアティブを取るための原動力であったのである。「巡回裁判所判事」(circuit judge) は、1年ないし半年に一度、州を訪れる際、治安判事の活動の範囲と特質を調査する機会があった[66]。後にあきらかにするごとく、中央政府が、ブライドウェル懲治場計画を積極的に推進するという決定を下せば、治安判事が、なかなか行動を起こさない場合でも、この裁量的な監督システムを通して、その開設に着手するよう強制することができたのである。

14世紀にその役職が設置されて以来、治安判事の業務の多くは、労働貧民の規制に関する事項であった。彼らは、労働者を規制する一定の権限を有してい

た。すなわち、彼らは、主従間の争いを仲裁する権限を与えられており、また、軽微な犯罪を即決で処罰することもできたのである。そして、これら軽微な犯罪は、すべてとまではいわないまでも、その多くが、密猟などのように、特に貧民による犯罪とされていた。治安判事の扱う犯罪の多くは、当然のこととして、浮浪、あるいは就業の拒否などの貧民の犯罪であった。彼らは、これら全犯罪領域にかかわって活動し、低いコストで、広範な司法サービスを提供したのである。このことは、旧来からこうした問題にかかわってきた荘園裁判所、「ハンドレッド裁判所」(Hundred Court) という古いシステムの役割を奪い、これら裁判所の衰退の一因とさえなったのである[67]。

　ブライドウェル懲治場を設置することは、治安判事にしてみれば、まったく面倒なことであり、それゆえ、おそらくは歓迎されない仕事であったであろう。彼らが、議会の行動開始の勧告に応えるまでに時間がかかったとしても不思議ではない。しかし、一定の側面においては、ブライドウェル懲治場の計画は、彼ら治安判事にアピールするようにできていたことも事実である。なぜならば、いったん、ブライドウェル懲治場が設置されれば、治安判事は、旧来から彼らが規律を施すこととされてきた軽微な犯罪を取り扱う際に、自由になる選択肢の幅が、以前よりも広がることになるからである。さらに、監獄がいまだシェリフの監督下にあった当時、明確かつ排他的に、自らの統制下に置かれた一定の種類の施設を手に入れることは、きわめて都合のよいことでもあったからである。

　一般によく知られているように、英国は、近代初頭の諸国家のなかで、16世紀中に、公的基金による全国的な救貧制度を確立した唯一の国であるが、この制度は、一定の都市で始まった仕組みが全国にまで広まったものであった。英国内政のこの特徴も、また、一部には、中央で考案された政策を、英国の隅々にまで行き渡らせる意欲と能力をもつ、治安判事という名の政府職員の存在がもたらした効果であったことはたしかである。もっとも、彼らが行動するのは、その政策があまり負担にならず、また、それが、純粋に地方のニーズに応えるためのものであると思える場合に限られていたのである。しかしながら、「救貧

法」(Poor Law) も、また、英国の地方におけるブライドウェルのネットワークが、初期に、どのような展開をみせたのかということを考察するにあたって、独自の重要な文脈を提示するものである。治安判事に対してブライドウェル懲治場の設置命令が初めて下されたのは、貧民の効果的な救済と、統治に関する包括的な一連の提案とともにであった。さらに、実際のところ、州のブライドウェル懲治場が長く果たしてきた機能は、救貧制度の境界線を維持するという機能であった。すなわち、不必要な支出が生じる恐れがある行動、また実際、納税者に不必要と思われるような支出を生じさせる行動を取っている者に対して、その誤りを認識させることであったのである。救貧制度の境界線維持は、ブライドウェル懲治場が関与した、新たなる法執行活動の1つだったのである。

3. ブライドウェル懲治場と労働機会創出計画

都市におけると同様、州においても、ブライドウェル懲治場の直接の起源となったプロジェクトは、決して充分に実現されることはなかった。英国諸州におけるブライドウェル懲治場の設置を最初に命じた立法は、全国的規模で貧民を救済して統治する、旧来の方策を体系化し向上させようとする、16世紀にみられた一連の諸法の1つであったのである。

それより4年早く、「1572年法」は、無能力な貧民救済のための地方税を、強制的に賦課していた。「1576年法」は、「浮浪者」の処罰についての以前の措置を修正し、仕事をもたない貧民を就労させるための、大掛かりで詳細な計画を定めていた。すなわち、自治都市および治安判事の指示による選択された市場開設都市は、それぞれが原材料、つまり「羊毛、麻、亜麻、鉄、その他の原料」の貯蔵を確保すべきであるとされたのである。こうした貯蔵品担当の任務には、「徴税官および貧民管理官」(Collectors and Governors of the Poor) が任命された。そして、こうした作業によっても、生計を維持できない者のみが、公的基金による救済の適格者とされたのである[68]。

1576年法が、かつて一定の都市で試みられた労働機会創出計画と同種の計画を、全国的に展開しようとする試みを示すものであったことはあきらかである。

この法律の特徴で興味深い点は、それが製造業における雇用を強調した点であった。実際、それ以前の立法である「職人規制法」(Statute of Artificers) は、治安判事が、適当な年齢および身分の者たちに、農業への就労を強制する権限を有することを確認したものであった。救済計画の主な対象者層であった児童、老人、虚弱者、要保護児を抱えた未亡人といった人々は、必ずしも、こうした作業には適しておらず、それゆえ、「1576年救貧法」は、製造業での労働機会の確保を強調したのかもしれない。しかし、この計画は、おそらくまた、当時、製造業のもつ並外れて大きな可能性に対する認識の高まりを反映するものであったのであろう。工業が新たな雇用を創出することは、当時すでにあきらかであった。安価な労働力を欲していた起業家たちは、自らの資本を人口稠密で貧しい地域に投入し、進んで労働力を供給する労働者を得ることができたのである。おそらく、当局も、また、自分自身が起業家としての働きができるかもしれないと考えることは、きわめて当然なことであったと思われるのである[69]。

この当時、仕事の供給を受けるべき地方の貧民を、すべて労役場に収容すべきであるという提案はなされていなかった。しかし、入念に管理された特定の施設だけが果たせる一定の機能があると考えられていた。地方のブライドウェル懲治場あるいは「懲治場」が取り上げられたのは、この関連においてである。「懲治場」は、公的貯蔵品関連の労働を拒否し、物乞いやこそ泥をしてまわる者たちを拘禁して、重労働に服させるための施設であり、同時に、仕事はするものの、自分に託された原材料を横領したり、損傷を加えたりする者たちも、また、収容の対象としていた。他の地域で「浮浪者」として捕えられ、故郷に送り返された者たちも、この施設での監督のもとに、労働に服するものとされていたのである。

都市のブライドウェル懲治場が、このような懲治場の提案のモデルとなったことは疑いのないところである。それというのも、議会における議論が、「ブライドウェル懲治場」を全国に設置することの是非に集中しているからである。少なくとも、この法案に責任を負う委員の1人であり、ノリッジ市の元市長であったジョン・オールドリッジ (John Aldrich) は、都市のブライドウェル懲治

場の役割を定義づけた経験、しかも、その運営を直接に監督した経験の持ち主であったのである[70]。

この労働機会創出計画に対する反応は必ずしも芳しくはなかったが、そのことは、この計画があまりにも大掛かりすぎたことを示している。この計画には、相当な行政的主導力が行使される必要があったし、努力を求められた人々は、彼らの努力がもたらす利益について、懐疑的であったのではないかと思われる。実際、都市同様、地方の文脈においても、この頃から、仕事をもたない貧民の少なくとも一部を就労させようとする、発作的ともいえる試みは、彼らの労働力に対する明確な需要が存在しない場合においてもみられたのである。しかし、こうした努力のほとんどは、規模もささやかで、貧民救済への貢献度も当然のことながら小さかった。行政上の支出は、多くの小規模製造業の雇用につきものである小額の労働報酬を、いともたやすく飲み込んでしまったのである[71]。

州のブライドウェル懲治場は、本来、こうした労働機会創出計画に従わない者を強制することを意図していた。しかし、その計画がほとんど空文化していたにもかかわらず、ブライドウェル懲治場は登場したのである。法案の通過以前に、ノーフォークのアークルに「改善院」(house of reformation) という興味深い名称を授けられた施設がすでに設置されていた。それからまもなく、ハンプシャー、ウィルトシャー、コーンウォールに、ブライドウェル懲治場が設置され、続いて、サフォーク、ベッドフォードシャー、エセックス、ケント、グロスターシャー、デボン、ヨークシャーにも設置された。バークシャー、サマーセット、ランカシャー、チェシャーにも設置の是非が検討されたが、実行に移されたかどうかは不明である。また、現在、記録が残っていない他の州においても、同様の議論がおそらくあったであろうと思われる。1600年頃までに、少なくとも英国諸州の4分の1、あるいは、おそらくそれ以上の場所において、ブライドウェル懲治場が設置されたであろうと思われるのである[72]。

この施設は、都市と同様、州においても広く行き渡り、期待されていた役割を必ずしも果たしたわけではないが、浮浪者対策と何らかの関連がある人にとっては、有用であると考える機能を果たしていたことはたしかである。都市と

同様、州においても、また、ブライドウェル懲治場は、以下に述べるような2種類の需要があった結果として、役に立つ施設であると思われ、それなりの機能を果たしていたと考えるべきであろう。その第1は、治安判事の一部が、こうした施設を創設することを歓迎したからである。治安判事は、社会的・道徳的規律を強化する上において、ブライドウェル懲治場が、中心的な役割を担い得ると期待していたのである。このため、アークルでは、ブライドウェル懲治場の設置の決定に関連して、治安判事の定期総会が、近隣の社会的・道徳的状況を調査するという計画さえ存在していたようである[73]。同様に、サフォークのベリの治安判事がブライドウェル懲治場を開設した際には、彼らは、田園地域を巡回して浮浪者を一掃する「外務官」(Foreign Officers) という組織を、合わせて制度化しているのである[74]。第2に、ブライドウェル懲治場は、また、治安判事や公衆の各階層から、広範かつ長期にわたって支持されてきたが、それは「無規律」な貧民が早くから認識されていたという事実もさることながら、「無規律」な貧民の多くが、起訴される形態の各種犯罪を行ったとされた場合に、彼らに対する刑罰として受け入れやすいという事情があったからである。

4. ブライドウェル懲治場への収容理由

16世紀後半に、どのような理由に基づいて、人々が州のブライドウェル懲治場に収容されたかということを示す直接的な記録は存在しない。しかし、17世紀初頭の間接的な記録から推測すれば、ブライドウェル懲治場への収容理由となった犯罪は、都市におけるのと同様、性犯罪から、浮浪、就労義務違反、軽微な窃盗に至る、あらゆる犯罪であったと仮定することができる。17世紀前半の立法は、ブライドウェル懲治場を、教区が負担している救貧のための支出を増加させるおそれのある行動、たとえば、私生児の出産、家族の遺棄のおそれなどを、処罰するために用いることを認めていた。これらに関する立法がなされる前ですら、こうした犯罪に対する刑事制裁として、ブライドウェル懲治場が利用されていたことも充分に考えられるのである。「1576年法」は、公営の製造業での就労機会を拒む者を、ブライドウェル懲治場へ収容することを明

文で認めていた。実際のところは、ブライドウェル懲治場は、農業の場での就労を拒否する者を処罰するために用いられるほうが多かったようである。農業に従事させることは、地方レベルで救貧法を執行する者たちが、反抗的な若者を強制する際において、実際上重要な施策として選択した経済的役割の1つであったのである。「職人規制法」は、治安判事に、仕事を拒む者を「監督保護」するために、施設へ収容する権限を与えていた。ブライドウェル懲治場への収容は、監獄や幽閉場所での単なる拘禁に代わる、魅力的な、誰をも納得させるほどの、好適な手段を提供するものであったのである。

都市および地方のブライドウェル懲治場の被収容者の行った犯罪の範囲は、ほとんど似通ったものであったであろうが、17世紀、18世紀の記録によると、処罰された犯罪類型の比率は、都市と州ではかなり異なるものがある。このことは、それ以前においても、同様であったと思われる。たしかに、浮浪は、都市でも地方でも、収容理由として多数を占めるものであった。しかし、起訴がなされた事情、および起訴された者がどのような種類の者たちであったかに関しては、両者の文脈において、必ずしも同様ではなかったのである。地方の「浮浪者」は、たいていは、純粋に地域を徘徊する者たちであったであろうし、彼らは、日常的な街路の治安活動において捕えられる、単なる貧しい移住者とは異なった者であったであろうと推測される。また、救貧法に規定された犯罪、木材・猟獣等の天然資源の窃取、就労義務違反等が、都市環境よりも地方に多かったこともたしかである。一方、他の道徳的、公共的秩序に対する犯罪は、地方においては、都市に比べて、はるかに少ないものであったことには、注意しなければならないであろう。

こうした相違は、一部には、都市と地方との間の、行動形態および社会的緊張の性格の差異を反映するものであるとも考えられる。しかし、他の要素も、また、こうした収容パターンの相違をもたらす要因となったに違いないのである。たとえば、都市と地方における街路の治安活動の性格的差異である。都市においては、その性質上、比較的厳重な治安活動がなされていた。それは、街路での無規律な行為を防ぐことに、特に重点が置かれたものであった。その結

果、都市では、無規律とされる街路犯罪、とりわけ売春が、収容の理由として顕著なものとなっていたのである。対照的に、地方では、治安活動は比較的緩やかに行われていた。現場での権限は、主として治安職にあった。彼らは請求があり次第、浮浪者や犯罪容疑者を逮捕するものとされていた。そして、その請求は、救貧法の行政にあたった「貧民監督官」(Overseer of the Poor) から、また、地主、雇用者等によってなされたのである。地主や雇用者たちは、その性格上、財産の保護、奉公人・被雇用者に規律を施すことをとりわけ強く望んでいた。都市においては、治安判事もブライドウェル懲治場も、比較的アクセスのしやすいものであったのである。その結果、貧民たちですら、近隣の住人、配偶者、その子どもたちに規律を施すために、ブライドウェル懲治場を利用したのである。

5. ブライドウェル懲治場への収容理由の変遷

しかし、地方では、治安判事のもとを訪ねるのに1日の大半を要することが多かった。さらに、治安職は、犯罪者を、ほぼ1日がかりで、特に農村部では、10マイルあるいは15マイルも離れた、ブライドウェル懲治場に連れて行かなければならなかったのである。こうした事情から、州のブライドウェル懲治場は、どちらかといえば、従属関係を強いるためにのみ用いられるようになったのである。

「1576年法」は、懲治場への収容は、「徴税官および貧民管理官」の依頼によってなされるべきであると定めていた。これはあきらかに、彼らが、ブライドウェル懲治場の所長と同様の権力と責務を手にすることを企図したものであった。実際には、この役職は概して実体のないものであり、通常、収容は治安判事の命令によってなされていたようである。彼らは申し立てのみをもとに判決を下したのである。収容の前になされた聴聞は、実におざなりな性格のものであった。それは、正式な裁判の形式など、まったく具備したものではなかったのである。それでもやはり、申し立てられた犯罪に関する詳細な調査、すなわち、事の真相をあきらかにしようとする試みがあったことはいうまでもない。

浮浪者であるとして連行されてきた者で、その身分を証明できた者もあったであろうし、自堕落な生活様式および就労拒否ゆえに訴えられた者で、改善の約束を条件に釈放された者もあったであろう。実際のところ、ブライドウェル懲治場への収容という恐怖によって威嚇して、貧民に服従を約束させることが、おそらくは、治安判事の権限行使の主眼であったのではないかと思われる。「1576年法」は、収容は、何回かの「警告」の後になされるべきであるとしているのである。ブライドウェル懲治場への収容という威嚇は、手遅れになる前に改善するための命令を、実効力あるものとして担保したのである。

　ブライドウェル懲治場の創設を認める法律を起草した者たちは、ブライドウェル懲治場が、実際に、こうした形で利用されることになるであろうとは、はっきり認識していたわけではなかった。たしかに、法律は、実際に収容の根拠となるすべての理由を明示していたわけではない。しかしながら、収容を決定する治安判事たちが、その手続の明確な法的根拠が存在しないことによって、それほど困っていた様子はないようである。治安判事たちが、貧民に対する無制限の権能を有すると信じていたとまではいえないであろうが、彼らが、通常、自身の権限を、非常に広範に捉えていたことはたしかである。むしろ重要なのは、とりわけ、古くから法律に反するとされてきた行為によって告発された者に対して、裁判手続を行う場合など、治安判事たちは、犯罪者を施設に収容するのは、完全に正当な行為であると考えていたであろうが、しかし、その施設は、実のところは、怠惰で始末に負えない貧民を処罰するために、特に造られたものであったという点である。

　治安判事が、彼らのもつ権力を、このように自由に解釈し得たのは、次のような2つの要因によるものと思われる。第1は、巡回裁判所判事の態度である。彼らは、懲治場の使用にかかわるはっきりとした権限が制定法によってあきらかにされていない地域においても、しばしばその使用を強く勧めることが多かった。たとえば、1618年に、ランカシャーの治安判事は、当地を訪れた巡回裁判所判事から、「労働者規制法」(Statute of Labourers) が遵守されているかどうかを調査し、自堕落あるいは怠惰な奉公人を、ブライドウェル懲治場に送るべ

く取り計らうように指示を受けているのである。

　治安判事のハンドブックも、また、治安裁判所の自由な解釈を奨励するものであった。たとえば、マイケル・ダルトン（M. Dalton）が 17 世紀に著した『カウントレーの司法』(The Countrey Justice) は、治安判事に「浪費的貧民」（無能力あるいは身体的欠陥による貧民と一時的貧民の反対概念）を懲治場に収容するように奨励している。ダルトンは、浪費的貧民として以下の 5 種類のものを挙げているのである。

　(1)　奔放な浪費家、遊興、飲酒で浪費する者。
　(2)　堕落した者。たとえば、売春婦、こそ泥。
　(3)　怠惰。すなわち、労働を拒否する者。
　(4)　意図的に仕事に損害を与えたり、横領したりする者。
　(5)　定職も、定住地ももたない浮浪者。

　そして、ダルトンは、根拠法についての記述はないが、以上の者すべてに懲治場が最適であると述べているのである[75]。

　しかし、法的根拠が論議されることもままあった。コーク（E. Coke）は、彼の『イングランド法提要』(*Second Part of the Institutes of the Laws of England*) において、「治安判事は、協議会において、16 世紀の立法のもとに、労働能力ある貧民で、労働を拒む者は、浮浪者として故郷に送り帰される代わりに、法に則して懲治場に送られ、彼が生計を立てる合法的な手段をもたない場合には、収容されないことに決定している」と述べており、コーク自身、治安判事は、可能な限り、「1610 年法」にのっとって、訴訟手続をなすべきであると勧告している。

　この法律は、懲治場の増設が主張される状況のなかで、懲治場を、「浮浪者や他の怠惰な浮浪者、あるいは無規律な者たちを鎮圧し罰する」場として設立されたものであると、特徴づけていた。そして、この文言は、これらの者を収容する根拠として解釈されたのである。コークによれば、生計を立てていく合法的な手段を有していた場合ですら、貧民は、「無規律」であるとして、この法律のもとに収容されたということである[76]。「1610 年法」は、次の世紀において

も、なお、治安判事の訴訟手続における法的基盤の確立を望む者にとって、恰好の拠り所となったのである[77]。

6．ブライドウェル懲治場建設の全国的展開

　州のブライドウェル懲治場は、17世紀初頭においても、なお、新たに開設され続けた。このような施設の設立を命ずる治安判事の権限は、「1597年法」によって確認され、その後、すぐに、シュロプシャーに懲治場が開設された。国のはずれのサセックスと、その反対にあるウエストモーランドは、ともに1700年代に、ブライドウェル懲治場を設置した。すでに、ブライドウェル懲治場を1か所もっていた州も、新たに施設を増設したのである。デボンとノーフォークは、16世紀末までに、各々4、5か所のブライドウェル懲治場をもつに至った。エセックスにおいては、1598年に、州全域に、23のブライドウェル懲治場を設置するという計画がもたれていたのである。ウィルトシャーでは、1600年に、州全域のハンドレッドに、ブライドウェル懲治場を開設するという同様の計画があったようである[78]。

　ブライドウェル懲治場を急増させようとする計画を、治安判事が集団となって開始することがあったが、彼らの目的が、貧民のうちの「怠惰と無規律」を鎮圧するための、最も効果的な制度を確立する点にあったことはあきらかである。しかし、それ以外にも、州の特定地域で活躍する治安判事や、地域の住民で、地方的なニーズゆえにブライドウェル懲治場を身近に置きたいと願う者からも、増設の要請は起こったのである。四季裁判所に集まった治安判事たちは、州の設置状況を概観して、時には、はっきりと、ブライドウェル懲治場の急増はもはや行き過ぎであると判断している。1612年において、ケントの治安判事は、この州のブライドウェル懲治場は2か所で充分だと判断しているし、ハートフォードシャーでは、1624年に、大陪審が、1州に9か所のブライドウェル懲治場は多過ぎると決議している。彼らも、また、2か所が適当であると考えたのである[79]。

　それぞれの州によって関心の持ち方も、設置状況もまちまちであり、はっき

りとしたパターンといったものは見あたらない。おそらく、ノーフォーク、エセックス、デボンといった産業都市地域の諸州は、とりわけ早い段階で開設を始め、出費を惜しまなかった地域であろうと思う。また、産業都市地域の諸州は、とりわけ、人口の多い地域でもあったのである。一方、17世紀半ばには、グロスターシャー初のブライドウェル懲治場が、テュークスベリーに設立されている。タバコ栽培の開始以前は、この地は、これといって産業のない貧しい農業地域であったのである[80]。また、いわゆる「ピューリタン」が、ブライドウェル懲治場の設置の促進をとりわけ強く望んだということも考えられる。特に、ピューリタンの多い地域であるウエストサフォークにおいて、他所よりも多くのブライドウェル懲治場が設けられたというのは、興味深いことである。ピューリタンたちは、彼らなりの流儀でこの仕事を追求しはしたが、彼らのみが、貧民に規律を施すことを望んだというわけではないのである。概して、ブライドウェル懲治場設置の目的は多様であり、そのために、地域的多様性のはっきりとしたパターンを見いだすことは不可能である。ブライドウェル懲治場の設置の遅れた地域があったとしても、それは、こういう施設が役に立たないとの判断がなされたわけではなく、単に経費が足りなかったとか、治安判事たちが、適当な建設地について同意に達し得なかった、といったような理由が往々にしてあるのである。

　そのままにしておいたところで、おそらくどの州の治安判事も、早晩、ブライドウェル懲治場の設置にこぎつけたことであろうと思われる。しかし、1610年代に、中央政府は、彼らに、足並を揃えて、他の州に続くように命令した。1610年の「議会制定法」(Act of Parliament) は、1611年の聖ミカエル祭までに、ブライドウェル懲治場を備えていない州の治安判事は、5ポンドの罰金に処するとして、彼らを脅したのである。この法律は、道徳的および社会的な規律を促進する計画に関与した経歴をもつ議会の議員たちが、作成したもののようである。あきらかに、この法律にしたがって行動に移った州もあったが、しかし、この法律の厳格な執行は、ひたすら行政機関の協力にかかっていたのである。1615年以後、国王が内政の活性化により積極的な関心を抱き始めると、協力の

きざしが現れてきた。国王自ら、治安判事が巡回裁判に出る前に、彼の訪れるすべての州に、その州のブライドウェル懲治場が設置されているよう保証することを迫ったのである。1618年に、ランカシャーの治安判事が、速やかに州のブライドウェル懲治場を設置しなければ罰金を払うよう迫られていたことは良く知られていたが、こうした威嚇が存在したことは、他州においても同様であった。チェシャーの治安判事は、長らくブライドウェル懲治場の設置を検討していたが、1615年に、遂に行動に移した。ミドルセックスの治安判事も、同年、行動を開始している。1617年には、スタッフォードに懲治場が開設され、ノースライディングの治安判事は、翌年、続いて、開設を決意している。ランカシャーでは、プレストン懲治場が1620年に開設され、ダラムの治安判事は、1623年に、少し遅れて行動に移っているのである[81]。

　記録が完全に残っていないため、どの時点で、英国全州が、各々のブライドウェル懲治場を備えるようになったのか、正確に述べることはできないが、1625年のジェームズ一世の死去まで遅れをとった地域があったとしても、たぶん、1630年から1631年には、足並を揃えたであろうと思われる。1630年に出された勅令書は、王室委員によって調査された条項のなかで、各州内の懲治場の有無を詳細に書き記し、少なくとも、各州のブライドウェル懲治場のうち1か所を監獄に付設し、監獄に拘禁中の囚人に作業を課し得るようにすべきであるとの勧告がなされている[82]。いくつもの州がこの条項にしたがって行動したという記録が残っている。遠隔の地であるウエルスのアングルシーにおいても、結局のところは、17世紀中に姿を消すとはいえ、1630年から1631年において、治安判事らが、ブライドウェル懲治場の設置を決意する姿がみられたのである[83]。英国のどの州も、この号令から逃れることができなかったと考えるのが妥当であろう。この時期までに、記録の現在残っているすべての州において、少なくとも各1か所のブライドウェル懲治場が確実に設置されているからである。

7. ブライドウェル懲治場の機能の変遷

　懲治場は、この時代を通じても、主として貧民に規律を施すための手段とみなされ続けたが、このブライドウェルという計画の純粋に抑圧的な側面は、それが当初創設された頃に比べて、17世紀初頭においてのほうがより強調された感がある。チェシャーの治安判事は、非常に強くこの点を強調し、1630年に、新しいブライドウェル懲治場を、人々を「押さえつけて服従させる」ために建設する、と語っている[84]。このように、現実問題として、抑圧というのは、ブライドウェル懲治場設置の目的のうちで、常に重要な位置を占めていたのである。

　ブライドウェル懲治場が、具体的に貧民を労働に駆り立てる機能を有するという点は、17世紀においては、施設設置の目的を語る際には、16世紀におけるのと比べて、強調されなくなっていた。しかし、現実には、ブライドウェル懲治場は、職業につくことを拒む者、より一般的には「怠惰な浮浪者」を罰するために利用されたのであり、労働の強制は、ブライドウェル懲治場制度の一部を占めるものと考えられ続けたのである。

　「1610年法」は、懲治場に収容中の浮浪者や怠惰な者は、収容中は、ただ「彼らの労働と作業量に見合った手当て」の他は、州による支給を受ける権利をもたないことを定めている。州は、通常、監獄に収容中の囚人に与えられていたものに相当する程度の手当てさえも支給せず、懲治場の被収容者が生活していけない場合には、彼の居住する教区の保護を受けるべきであるとしていたのである。

　治安判事、巡回裁判所判事、議会の議員、その他政策決定に関与する者は、実際、ブライドウェル懲治場によっては、その地域に定住している貧民の浮浪性も、「怠惰かつ無規律な行動」も除去できないことは、充分すぎるほど理解していた。しかし、かつての黄金期にあっては、ブライドウェル懲治場にはそうした効果があったのだと考えるのが普通であった。ジェームズ一世は、「首席裁判官ポファムの頃を思い出したまえ、彼の故郷であるサマセットシャーのどこ

にも、あたりを徘徊する乞食の姿など見あたりはしなかった」と述べている[85]。エドワード・コーク卿の言葉を借りれば、「治安判事や他の役人が、熱意があり勤勉であった間は、イングランドのどこにも浮浪者の姿など見あたりはしなかった。しかし、彼らが、生ぬるく小心になったとき、浮浪者たちが再び群れ始めたのである」[86]。「法律は正しい。問題は、常に、その執行の不備から生じるのである」として、内政の活性化を図るのは、初期スチュアート時代以来の常套手段であったことは、いまさら指摘するまでもないであろう。

　刑罰手段としての懲治場を設立した後、その懲治場の他の利用方法を模索する試みが、いくつか検討されている。1615年頃から、巡回裁判所判事は、重罪のうち、程度の軽い罪において有罪判決を下された者を懲治場に送るようになったとの記録が、いくつか残っている[87]。

　こうしたことは、判事が、旧来から、軽微な窃盗をどう処罰するかということについての裁量権をもっていたために可能であったのであるが、その一方、エリザベス時代の立法は、「聖職者の特権」が認められた重罪犯に対する刑は1年の投獄となる、としていたのである。新しい刑事手続が、この時期において試みられたということは、きわめて興味深いことである。それというのも、同年には、有罪判決を下された犯罪者のアメリカ植民地への流刑が開始されているからである[88]。

　あきらかに、高位にある者たちは、従来の刑罰に何らかの不満を抱いており、したがって、新しい刑罰手段は、試みる価値のあるものと考えられていたのである。しかし、実際のところは、新たな刑罰に付された者はごく少数にしか過ぎなかった。上述のような刑罰実務の推移は、あきらかに過酷さの度合を増す方向に、あるいは少なくとも、犯罪者の生活へのより劇的な介入を意図して進められたものであったといえよう。それというのも、以前であったらば、同じ犯罪をした者は、せいぜい苔で打たれるか、あるいは親指を烙かれる程度で済んだであろうからである。

　議会においては、別の方向での懲治場の活用方法が提案された。1612年には、議会で、軽微な窃盗をした者を、裁判開始を待つ間、監獄に収容するのは

好ましくないとの主張がなされ、代わりに、次のような提案がなされた。すなわち、彼らは、2人の判事による略式の裁判を受けることとし、判事は、彼らに苔打ちの刑、足伽の刑、あるいは地方懲治場への送致を命ずることができるとするものである。また、彼らは、窃盗を働いた者に対して被害を弁償すべきであるとの提案もなされたが、この提案は、受け入れられなかった[89]。同年、治安判事に、飲酒癖者や無規律な者を懲治場に送る権限が与えられるべき、との提案がなされた。この提案は論議の的となった。なぜならば、それでは、しかるべき人物の子弟や地位の高い者に対しても適用がなされるかもしれない、との主張がなされたからである[90]。1627年には、それでも無許可で居酒屋を経営した者（ジェントリーがおよそ対象とならないクラスの者たち）で、3度目に有罪判決を下された者は、1か月以下の期間、ブライドウェル懲治場へ収容されることが立法化されたのである。

　さまざまな理由で、犯罪者が収容されたこうした建物は、その規模においても設計においても控え目なものであった。治安判事は、そう選択した場合には、新しい建物の建築のために税額を上げることができたし、本来、そのために建てられたブライドウェル懲治場も少なからず存在した。しかし、大方のブライドウェル懲治場は、その目的のために、既存の建物を借りることとなったようであり、そのうちの多くは、僧院解体によって本来の役割を失った古い教会所有の建物であった。典型的なブライドウェル懲治場は、囚人のために2棟、すなわち、男性用に1棟、女性用に1棟を備えており、作業場を備えたブライドウェル懲治場もいくつかあったようである。

　一定期間に収容された被収容者の数はそう多くはなかった。ノーフォークにあった2か所のブライドウェル懲治場（全部で5か所あった）における、1620年代から1630年代までの収容件数のリストが、大部分欠けてはいるが残っている。このリストによると、1か月間の収容件数は、2ないし32人の間を推移しており、月平均の数値は、記録による限りでは、1622年から1638年の間で、両ブライドウェル懲治場で15人となっている[91]。この数値は、1630年代の初頭の勅令書によって規制活動の厳格さが強められた時期を含むため、全体を代

表するものとはみなし得ないほど高いものであるかもしれない。被収容者のなかには、四季裁判所の聴聞を待つために収容されている者もあったが、他の者は、おそらく数日間から数週間、収容されるのみであった。被収容者たちに対して、実際、どの程度就労措置が取られていたのかを示す記録は、ごく部分的にしか残っていない。しかしながら、ブライドウェル懲治場が産業の中心地であったとは、あまり考えられそうにないのである。たしかに、年齢や身分、過去の経歴や健康状態もさまざまな少数の被収容者が、短期間、たいして熱意のないブライドウェル懲治場の所長のもとにあるとき、進取的な企業としての活躍を期待することは無理であったであろうし、所長たちには、他にもっと考えるべきことがあったに違いないのである。そうとはいえ、ほとんどのブライドウェル懲治場は、その創設のときに、織物業のさまざまな準備段階に用いられる作業用具、たとえば、麻や亜麻を打つ槌や打ち台、梳き櫛、毛羽立て機、紡ぎ車、糸より機等を備えていた。多くの被収容者たちは、以前にこうした作業に従事した経験があったかもしれないし、しかも、もし割り当てられた作業のノルマをこなさねば食事が与えられないとすれば、彼らは、本気で仕事に取りかかったことであろうと思う。何らの就労措置もとらないようなブライドウェル懲治場もあったかもしれないが、不規則で職能も均質でなく、たいした利益を上げ得ないものであったにせよ、多くのブライドウェル懲治場においては、何らかの作業が行われていたと考えるのが現実的であろう。ブライドウェル懲治場の所長は、通常、給与を支給されていた。下限はケンブリッジの年2ポンドから、上限はヨークシャーのウエストライディングにおける年60ポンド（使用人の賃金や、被収容者の作業用備品、その他の支出を考慮して、1638年には、年80ポンドに上げられている）まで、といった具合である。給与は、実際のところ、彼らの努力に対して支払われたというよりも、単に、ブライドウェル懲治場の運営のコストに対する分担金といった性格のものであったのである。

　ブライドウェル懲治場の運営は、常にフルタイムの仕事を要するわけではなく、多くの所長は、他に副業をもっていたようである。すべてというわけではないが、製造業者もいたし、小農もおり、州の監獄の長を兼ねる者もいた。よ

り小規模なブライドウェル懲治場のなかには、家族経営で運営されていたものもあり、そうした場合は、家内奉公人が、監獄のスタッフを兼ねていた。規模の大きいところでは、専門のスタッフが雇われていたことはいうまでもない。

所長（keeper）や管理者（governor）といった単語が、時として懲治場の管理の任にあたる者を示すために用いられ、呼称は、それぞれの地域でまちまちであった。しかしながら、一般的な名称は主人（master）であり、この言葉の使い方は重要である。ブライドウェル懲治場の所長は、奇妙な言い方ではあるが、小企業主であった。彼らは、被収容者たちに対して、獄吏あるいは主人としての役割を兼ね備える者であった。少なくとも、債務を背負って囚人となった者の何人かに対しては、監獄の所長は、守衛であると同時に、従僕であるという、少々混乱した関係に立たされた。つまり、彼らは、囚人（大部分の者は、彼らと地位が同等か、それ以上の者であった）が、金銭を支払う見返りに、彼らが、鍵と錠前で拘禁した者の必要品を用意したからである。ブライドウェル懲治場の所長と被収容者の関係も、同じく混乱したものであったが、もっとも、この場合は、社会的、制度的に特殊な地位と権力関係が相互に補強し合うものであった。被収容者に対するブライドウェル懲治場の所長の権威は、刑法によって支えられ、所長は、また、被収容者に対して、主人あるいは家長としての位置を占めたからである。被収容者は、収容費を自ら賄う義務を有した囚人であると同時に、奉公人であるという、服従的な役割を担ったのである。

5 ブライドウェル懲治場の統合と分散
（1630年から1720年）

1．懲治場に対する無関心の時代

1630年から1690年の間に、州のブライドウェル懲治場の開設のペースは、かなり弱まっていったようである。記録が不足していることを考慮に入れたとしても、1630年頃までは、少なくとも年に1か所の割合で、州のブライドウェル懲治場は開設されていた。記録に残る限りでは、その後の60年間では、わず

か4年に1か所の割合でしか、新設が試みられていないのである。もっとも、実際の割合は、もう少し高いものであったかもしれない。そして、同時期に、ほぼ同数のブライドウェル懲治場が廃止されているのである。そのうち4か所はデボンにあったものであり、そこでは、州の治安判事が、エクセターにある大規模な懲治場に、彼らの努力のすべてを傾けるという決定を下している。

　それでも、ブライドウェル懲治場が、少なくとも維持され続けたことは、やはり強調されなければなるまい。大内乱（Civil War）の時代を経て、中央政府が、地方の行政実務に対して、以前と比べ、かなり消極的な監督をするようになった時代に至っても、懲治場は存続し続けたのである。このことは、必ずしも、ブライドウェル懲治場という存在に対して、熱烈な支持が続いていたということを意味するわけではない。懲治場は、その維持のために、比較的努力を必要としない性質のものであった。その管理は、主に所長に任されていたし、彼らの賃金は、州の予算における重要な項目ではあったが、著しく目立った支出であったわけではなかった。懲治場が、治安判事の無関心にもかかわらず存続し続けたのは、それなりの理由があったのである。

　しかし、17世紀の中期および後期を、ブライドウェル懲治場に対して無関心な時代であると決めつけることは、適当ではないであろう。小地主、小作農、小売業者、親方、製造業者といった、教区の有力者であり、また、地方や市場開設都市において、大量の労働者を雇用していた者たちは、この頃までに、懲治場を、有用で必要不可欠である規律を施すための手段として考えるようになっていたからである。すなわち、彼らは、懲治場を、日常生活で必要とする、一連の諸権威に力を与える、刑事制裁の1つであると考えていたのである。彼らは、率先して、「怠惰かつ無規律」な者たちを、次々に懲治場へ送り込んでいる。地方のブライドウェル懲治場の閉鎖が提案されると、彼らは積極的に抵抗したようである。

　1667年には、ヨークシャーのノース・ライディングの治安判事は、リッチモンドにあったブライドウェル懲治場を閉鎖している。それは、ライディングの中心にあるサースクのほうが便利な立地条件であるとの理由によるものであっ

た。しかし、それから10年のうちに、リッチモンドの住民から、地域の怠惰な浮浪者が、ブライドウェル懲治場の閉鎖以前より、ずっと増加したとの苦情がなされ、サースクの新しいブライドウェル懲治場を補う形で、かつてあったブライドウェル懲治場が再開されることになっているのである[92]。

この時代に、ブライドウェル懲治場が新設されたということは、かつてそうであったように、ブライドウェル懲治場の原理に対する信頼が続いていたことを示すものである。すなわち、それが、特定の社会的諸問題に立ち向かう際の有望な手段を提供するものであるという、変わらぬ信念が存在したのである。大内乱の間に、チェシャーのナントウイッチのブライドウェル懲治場は廃止されるに至った。1660年代の初頭に、この街の貧民のために、労役場が設置された。その資金は、貧民のための基金から一部調達されたものであった。それから数年のうちに、ナントウイッチの住民は、浮浪者が増え、地方の貧民が「困窮し、数も多く、重荷であり」、「尊大」になりつつあり、なかには犯罪に走り、遂には死刑に処せられた者もあるとして、治安判事に、この労役場の一部をブライドウェル懲治場として利用するように申し出ているのである[93]。

デボンの治安判事は、1670年代に、州の中心部を離れた懲治場を閉鎖する決定を下した。しかし、これは、ブライドウェル懲治場の原理に対する幻滅を示すものではなく、変わらぬ関心を示すものであった。ロンドンで商人として財を築いたデボン出身者が、貧民を就労させるために多額の遺産を残したのである。デボンの治安判事たちは、この資金を、中央の「州労役場」(County Workhouse)に投ずることを決定した。そこには、従来からブライドウェル懲治場に送られてきたような者たちばかりでなく、起訴されるべき軽微な犯罪をなし、裁判の開始を待つ者も収容されることになっていた。デボン州の監獄が、ある家族によって世襲的に管理されていたという事実も、治安判事がこの計画に関心をもつ一因となったのかもしれない。議会制定法によって、デボンの治安判事たちの手続の正当性が認められた。この法律は、他の州の治安判事たちも利用する可能性のある、活動のための法的枠組みを定めたものであった。しかし、実際には、他の州が、この選択肢を取った様子はみられないのである[94]。

2．ブライドウェル懲治場の再興

　1690年から1720年の間に、ブライドウェル懲治場の原理に対する変わらぬ関心は、より劇的な形を取った。この30年の間に、少なくとも17か所に、ブライドウェル懲治場が新設された。この数値は、それ以前の60年間に設置された数の約2倍にあたる。1630年以後に開設された、他のブライドウェル懲治場と同様、これらは（例外を1つ除いて）すでにそれが設置されていた州に、新たに増設されたものであった。たとえば、ウォリックシャーは、1690年には、2か所のブライドウェル懲治場が設置されており、1720年に至るまでに、2か所を増設している。エセックスのブライドウェル懲治場は、3か所であったものが、30年の間に、5か所に増えているのである。

　こうした新たな施設の開設の多くは、あきらかに、州の特定地域に住む住民の要請に刺激されたものであった。彼らは、もしブライドウェル懲治場が都合よく手の届くところにあれば、その地域の貧民を、より良く統制下に置くことが可能である、と考えたのである。いくつかの事例においては、ブライドウェル懲治場の設置を要請する者たちは、地方税のみで費用のすべてを負担するとさえ約束したのであった。新設がなされた施設の地理的分布の状況には、あきらかなパターンがいくつかある。発展途上にあった都市、あるいは産業地域には、著しく多数のブライドウェル懲治場が新設されているのである。そのうちのあるものは、拡張を続ける都市の郊外に建てられた。こうした都市郊外のより貧しい地域は、従来の市政府の手が届かないところであったからであろう。また、あるものは「地方産業」の栄えた地域に、あるいは、自治機構をもたない大きな「村」の中心部にある、工業生産地域に新設された。こうしたすべてのケースにおいてみられるのは、変化する社会的・経済的情勢に対処する政府の能力の伸長である。新しいブライドウェル懲治場は、キングズウッド・フォレストの炭鉱地域の近く、ブリストルの北側に1か所、バーミンガム郊外に2か所、エセックス北部の織物業地域に1か所、ダービーシャーの織物業および鉛鉱地域に1か所、ケントの造船所の都市であるデットフォードに1か所とい

った具合に、新設された。こうした地域は、世紀転換期の、戦争という平坦ではない道のりのなかで、好況と不況の時期を繰り返し経験したところである。そして、こうした繁栄と衰退の両者が、こうした地域の歩んでいく道のりに、新たな問題をもたらしたことはいうまでもない。

　新たなブライドウェル懲治場の設置を求める者たちは、たびたび、そうした要請の理由とするところを詳細に述べている。たとえば、バーミンガム地域の請願書では、地域内の貧民の増加という、お決まりの文句が述べられている。デットフォードでは、造船所区域の多くの失業した貧民のために、ブライドウェル懲治場は必要であると論じられた。ブリストル北部では、浮浪者が問題として取り上げられ、ノーサンバーランドのモーペスでは、浮浪者の横柄な振舞いから住民を救う必要性が語られている。ブライドウェル懲治場が手近に立て直されるならば、比較的人口過剰な地域に、新しい製造業を導入するのは、それなりの努力のかいがあることだといったような提案もなされた。たとえば、ダービーシャーのタイズウェルの場合がそうである。一方では、こんな主張もなされた。ノーサンバーランドに新しいブライドウェル懲治場を建設するのならば、モーペスより、むしろヘクサムのほうが適当である。つまり、ヘクサムは、「多くの貧民が集まる、穀物生産州」であるばかりでなく、製造業もすでに充分に確立されている。それゆえに、無規律な貧民を容易に雇用することができるであろうというのが、その理由である[95]。

　この時期に、新たにブライドウェル懲治場を開設したのは、都市および産業地域のみであったわけではない。主として農業地域の需要に応える市場開設都市にも、ブライドウェル懲治場は建設されたのである。すなわち、グロスターシャーのウインチコム、ケントのアッシュフォード、サフォークのウッドブリッジ、ケンブリッジシャーのリントン、ノーサンプトンシャーのアウンドル、オックスフォードシャーのテーム、バッキンガムシャーのバッキンガム、においてである[96]。

　こうして新設されたもののうちのいくつかは、おそらく、既存の施設が有効に機能していない多くの地域に、ブライドウェル懲治場を創ろうと企図された

ものであったと思われる。そして、こうしたなかには、発展途上にある市場開設都市として、貧困からの圧力を経験していた地域もあったであろう。貧民救済に費やされる支出が、全般に上昇傾向を示すかにみえ、費用の急上昇がみられる年があるような場合、臨時的に、救済に頼って生活をする貧民を多く抱える都市は、どこも、危機感を覚えたかもしれないし、都市の統治者たちの関心は、貧困という問題に向けられたかもしれない。しかし、概して、こうした市場開設都市は、工業地域に比べると、認知された問題やニーズに対する活発な対応を、必ずしもみせたとは限らないのである。

3. ブライドウェル再興の要因

この時代に、ブライドウェル懲治場設立の大きな波が起こったのはなぜであろうか。貧民の生活に影響を及ぼす特定の状況と、貧民と雇用者階級の関係を挙げることで、およその答えは出てくるであろう。1680年代は、おおむね繁栄の時代であった。1690年代および18世紀の初頭は、均質ではない成長の時代であった。長期にわたる戦争は、ある地域には富をもたらし、他の地域には圧迫をもたらした。そして、それはまた、あらゆる経済活動に、不確実性という悪影響を投げかけたのである。1690年代には、交易の大規模な断絶、ほとんど破滅的ともいえる軍事支出、改鋳による混乱、度重なる凶作による大きな被害等が起こった[97]。この時期においては、全体としての人口の増加は、遅々たるものであった。それは、17世紀初頭に比べて、ずっと穏やかな歩調を示している。奉公人や労働者一般に規律を施すこと、および賃金を低いままに凍結しておくことの困難さは、17世紀の後期および18世紀の初頭という時代背景においては、一貫して存在した変わらぬ不安であったのである。戦争中に、青年男子の労働人口のかなりの部分が動員されたことも、こうした緊張の増加に関連していたことは疑いないであろう[98]。そして、そうした事情を考慮すれば、既存の州でブライドウェル懲治場が有効に機能しておらず、しかも、次第に人口が増加していった地域が、懲治場という、貧民に規律を施すための慣行的機構となっていたものを備える時期が来たと、なぜ考えたかを理解することは、た

いして難しいことではないように、筆者には思われる。

しかしながら、これで問題が解決されたわけではない。なぜ、当時の貧民問題に対処するのに、ブライドウェル懲治場の新設が、適当な対応策であると考えられたのであろうか。そのことを理解するためには、旧来からあったさまざまな対応策のなかから、この施設に対して寄せられた信頼の源泉はどこにあったか、その広く行き渡っている信頼の諸側面を、さらに詳しく考察しなければならないであろうと思う。

それについて、ここで特に強調するに値するのは、次の2点である。第1は、貧民を就労させることに対する関心の継続、そして、おそらくはその復活についてである。そうした関心は、とりわけ製造業においては、彼らを就労させる点に置かれており、それは、雇用者たちの労働力を熱望する声とはかかわりのないものである。第2は、道徳改良への情熱の再燃である。こうした運動を推進するのに、刑法は、最も有望な手段の1つとして好まれたのである。

すでにみてきたように、必要とあらば公的資本を費やしてでも貧民を就労させようという強い思いは、16世紀中期以来の、英国における社会・経済思想および実践においての、変わらぬテーマであった。17世紀の後期には、こうしたプロジェクトの利点と重要性が、活字の形で、ますます強く主張されるようになったのである。事実、かなりの数の小冊子が刊行されたが、これは以前には例のないことであった。そのなかでは、国家の繁栄を導く方法と手段とが考察され、検討されたのである。とりわけ、考察の対象となったのは、いかにすれば、オランダの成功を超えてとはいわないまでも、少なくとも、それに匹敵する成果を得られるか、ということであった。当時、称賛された、数々のオランダ国内政策のなかでも、労役場で貧民を就労させ、「刑事労役場」(penal workhouse)において怠惰な者を処罰するという試みが、頻繁に取り上げられた。おそらく、こうした問題に対するオランダの優れた試みは、英国内の同種の試みに対して、それがあまりにも活気に乏しく、欠陥のあるものであるとの評価を下す基準となったのであろうと思われる[99]。

ブライドウェル懲治場の新設と同様、多くの労役場の設立という形で、こう

した一般論は、地方において具現化した。地方レベルでなされた、こうした計画の、直接の、また、実際の要因となったのは、救貧税がもたらす圧力であった。16世紀後半および17世紀前半のエリザベス時代の立法によって設定された綱領に従い、最初に確立された公的基金による貧民救済制度は、17世紀後半までには、地方政府の実務において、確固とした位置を占めるようになっていたのである。救貧税額の上下は、それを通じて、地方のエリートたちが、貧民たちの状況の変化を常に察知する、一手段となっていたのである。

しかしながら、救貧制度は、それ自体が推進力をもったものであったようである。17世紀を通じて、必ずしも強硬な態度を取っていなかった救貧法執行官たちに対する、下からの要求という圧力は、救済総額の増加をもたらしたのであった[100]。救貧費支出の上昇を懸念する納税者たちは、被救済貧民を就労させるという計画は、少なくとも、支出を抑え、おそらくは、それを引き下げる見込のある方法でもあると考えたのかもしれない。1710年代からは、都市や教区の労役場を設置しようとする動機は、通常、貧民たちが救済の対象となろうとすることへの抑止効果としての期待であったようである。そうはいえ、17世紀末から1810年に至る間においては、貧民を就労させることによってもたらされる財政的な節約、あるいは、より漠然とした社会的利益が、より強調されたようである。

この時期に、おそらく数多くの都市において労役場が新設され、あるいは再開された。最も大掛かりで、有名な労役場は、いくつかの大都市や町において、地方議会制定法のもとに設立されたのである。こうした議会による労役場計画は、特に英国南西部、西部、東部に集中していた。ロンドンにおいては、当初、世紀半ばに試みられた大規模な労役場計画が、再び着手されることとなった。そして、労役場に収容されるのは、ほとんどが児童であったのである。しかも、そこでは、彼らを就労させる真剣な試みがなされた。ブリストルでは、労役場において支払われた高賃金のために、町中の労働コストが引き上げられることになったくらいである[101]。

4. 労役場計画との関連性

　ブライドウェル懲治場の設立は、時には総合的な労役場計画と非常に密接に関連したものであった。この時期に新しく設けられたブライドウェル懲治場のなかには、既存の労役場に付設されたものもいくつかあった。ナントウィッチの例は、すでに述べたが、同様のケースはアッシュフォードにも、エセックスのウィザムにも存在した。オックスフォードシャーのテームにあったブライドウェル懲治場は、やがて労役場に転用されていったようである。バーミンガムでは、当初ブライドウェル懲治場の設置に賛成した者のなかには、その後、その意見を撤回して、代わりに労役場の設立を主張する者もあった[102]。労役場とブライドウェル懲治場は、同一の問題に対して、二者択一のアプローチを示すものであると考えられたのかもしれない。あるいは、ブライドウェル懲治場というものが、労役場にとって必須の付属施設であると考えられたのであろう。ブライドウェル懲治場の威嚇力を頭上に掲げることで、地域の貧民たちは、仕事に駆り立てられるかもしれず、一方、他の地域から来た浮浪者たちは、追い払われることになるかもしれないのである。労役場設立を認めたいくつもの都市や町の議会制定法は、通常、さらに懲治場を開設し、適当と認めた場合は、そこに無規律な貧民および浮浪者を収容する権限をも、その統治者に付与するものであった。議会制定法によって建設された労役場のうち、少なくとも初期のものは、法律に基づいて、乞食や浮浪者に対しては刑罰的収容をなしたのである。もっとも、その際に、地方の統治者の有する警察的権限の正確な範囲については、法律的には、幾ばくかの疑問が存在していたようである[103]。

　地方の労役場計画によって引き起こされた熱狂は、何人かの議会議員を力づけ、救貧法全体の修正を検討させることとなった。彼らは、州あるいはそれより下の行政区域の用に供せられる労役場は、改良後の体制においては、より大きな役割を果たすであろうと考えたのである。州のブライドウェル懲治場が最初に設立された16世紀の計画におけると同様、より大規模な労働機会創出計画において、州の懲治場は、反抗的な怠惰な者たちを強制して、正しい行為に導

くという役割を果たすであろうとの提案がなされたのであった。

しかしながら、多くの議員たちは、こうした野心的な計画が、果たして実行可能なものであるかどうかについては、かなり懐疑的であった。彼らは、怠惰な者たちに強制を加えるということには意義がある、という点には同意したかもしれない。しかし、貧民を就労させることは、市場の状況に敏感な個人企業家たちによってこそ、最もうまく成し遂げられる仕事であると、感じていたかもしれないのである。立法の提案は、繰り返し失敗を重ねることとなり、遂には、すべての努力は放棄されたのである[104]。

事実、雇用者たちのなかには、貧民に対して、現行法によって与えられた以上に広範な強制的権力を得ることに関心を注ぐ者もあった。グロスターシャーの議会議員であり、同州議会の議長であったサー・リチャード・コックス (Sir Richard Cockes) は、彼の議会日誌において、次のように記している。「ある識者たちが、奴隷としてであったならば、英国内のすべての貧民を養うであろうに、というのを耳にした」と。

アメリカ大陸における奴隷制の経験が、何人かの英国内の雇用者に、こうした計画への関心を抱かせる一因となったのかもしれない。コックス自身は、こうした言葉に耳を貸さなかったことはいうまでもない。彼は、「もし万が一、こうした主張に道理があったとしても、そしてまた、それがそうであるならば、そのようなことをいう者たちは、同様な方法において、貧民たちが自活していく道を示してくれても良さそうなものである」と述べている。

5．道徳改良への情熱の再燃との関係

17世紀末および18世紀初頭の道徳改良への関心は、「風俗改良」(reformation of manners) のための、全国的な一大キャンペーンに結実することとなった[105]。主にこのキャンペーンの支柱となったのは、小規模な商人とその他の者たちであった。彼らは、従来、政府の機構において、低い地位に置かれていた者たちであった。しかし、この時代、彼らの努力は、例外的に、上からの積極的支持を受けたのである。1690年代に、国王、とりわけ女王は、道徳改良運動に祝福

を捧げた。教会裁判所の権力の衰退に心を悩ます多くの主教、英国国教会牧師も、また、このキャンペーンを支持した。非国教徒たちも同様であった。彼らは、国教会から、道徳律施行の責務を、自らのもとに取り戻せるのを歓迎したのである。17世紀末および18世紀初頭には、多くの州の議会において、道徳および秩序に反する軽微な犯罪に対して、厳格な法の執行をするようにという主張がなされた。この主張は、重大な犯罪は、悪の種が放置されたままとなった場合にのみ花開くのだ、という理由に基づくものであった。多くの都市や町において、道徳犯罪の告発を奨励するための、特別の協会が設立された。協会によって首尾良く起訴された者たちの多くは、ブライドウェル懲治場に収容されたのである[106]。

この種の道徳的な法執行への熱烈な支持は、次のような考えを生じさせるのに役立ったに違いない。すなわち、軽微な犯罪で有罪となった者を「矯正」するために、特別に考案された刑務所を設置することは、社会福祉のために有益な貢献をもたらすものである、という考えである。ダービーシャーにおいては、この関係はとりわけ単純なものであった。ダービーシャーの治安判事は、公開法廷において、悪徳と不道徳を禁ずる一連の国王布告の1つを耳にすると、すぐさま州北西部に懲治場を増設することを決定したのである。

この時代に行われたブライドウェル懲治場への収容は、依然として、その大部分がエリザベス時代およびジェームズ一世時代の法に基づいたものであった。これら一連の法律は、一般的に規定されたものであり、また緩やかに解釈されるのが常であった。現在残っているウエストミンスターのブライドウェル懲治場の収容「記録簿」によると、収容された男女は1か月に40から50人の割合であり、女子は、男子の2倍以上も頻繁に収容されていた。被収容者のほとんどは、街路犯罪によるものであったようである。収容が行われる理由には、共通して、「怠惰かつ無規律」あるいは「淫ら、怠惰かつ無規律」な行動、「夜間の徘徊」「こそ泥」といったものが含まれていた。あるおしゃべりな被収容経験者によると、そこには、夜間に売春宿と疑われる家から、夜警によって捕えられてきた者、金細工師のショーケースをこじ開けようとして捕えられた者、

国王の家臣に毒舌を浴びせた者、火事場泥棒をした者、風紀を乱すような宿屋を経営し近隣の者に迷惑をかけた者、貧乏な洗濯女の部屋から亜麻布を盗んだ者、一束のソーセージをこそ泥した者たちが、収容されていたということである。わずかではあるが、職場からの逃亡、雇用者に対する侮辱・暴行、雇用者の物を盗んだために収容された者もいた。大部分の者の収容期間は、わずか数日間であった。1688年の秋に、ウェストミンスターのブライドウェル懲治場に収容されていた153人のうち、1週間を超えてブライドウェル懲治場に収容されていた者はわずか55名であり、1か月間収容された者はわずか5名であったという[107]。

サフォークの治安判事、デブリュー・エドガー（D. Edgar）は、主に農村部で活躍した人物であるが、18世紀初頭の14年間にわたる活動期間に、ブライドウェル懲治場に収容した約66人について、その詳細な記録をノートに書き留めている。この記録によっても、ほとんどの収容が、エリザベス時代およびジェームズ一世時代の立法に基づいてなされていることがあきらかである。66人は、ほぼ同数の男女から構成されている。そのうちの4分の1は、怠惰あるいは就労拒否等によって、さらに4分の1は、労働放棄や雇用者に対する侮辱・乱暴等によって収容された者たちであった。わずかではあるが、私生児を生んだ者、家族を扶養しきれなかった者、こそ泥、婚姻外性交渉をした者等が収容されている。

当時、こうした収容の適法性については、再審を請求することが可能であった。手続は、罪を問われた者のために、人身保護令状（Habeas Corpus）を入手するという方法である。その場合、令状を発行する高等法院（High Court）は、事件の真相を聴聞し、収容が法に基づいたものであるかどうかの決定を下したのである。こうした救済方法は、貧民や教育を受けていない者、有力者を知り合いにもたない者に利するところはあまりなく、この方法で再審に付されるのは、ごく少数のものであるに過ぎないと予想されるかもしれない。しかしながら、注目すべきことに、「不道徳」で「怠惰」で「無規律」な貧民のかかわった訴訟で、高等法院において取り上げられたものも、数多くあったのである。こ

うした訴訟の背景には、社会の上層あるいは中層階級に属する者の間での、何らかの争いが、当然多く含まれていたであろう。それにも増して興味深いことは、この時代において、すでに、少なくとも大都市においては、浮浪者や売春婦の事件でも手懸ける弁護士がいたという事実である[108]。

　略式手続に基づく収容に関する再審は、17世紀末から、ますます頻繁に行われるようになったといわれている。この時代、裁判所は、略式の聴聞におけるデュープロセスの諸要素を維持することを保証するように、一貫して努力していた。証人は、宣誓をしなければならず、被告人は、その訴訟において、少なくとも証人と対決し、自らの抗弁を申し述べる機会を与えられなければならなかったのである[109]。

　おおむね、高等法院は、エリザベス時代およびジェームズ一世時代の立法を、広く解釈することに好意的な態度を示していた。そうとはいえ、収容を決定する治安判事が、法律の文言のなかにはっきりとあてはまるような収容理由に言及せず、さらなる審理によっても、収容が実際に正当であるとあきらかにならなかった場合には、高等法院は、収容を撤回するものとしていた。たとえば、1700年に、裁判長ホルト卿は、女性は、その「ふしだら」が証明されたならば、当然にブライドウェル懲治場に収容されるであろうが、単に売春宿で見つかったからというだけでは、それは収容のための充分な理由とはならない、との判決を下している[110]。

6. 懲治場収容を根拠づける制定法の発展

　1721年に、裁判所は、怠惰かつ無規律な行動で告発された農場の奉公人について、ブライドウェル懲治場に収容する理由が充分ではないという判断を下している。主人に脱穀を命じられたのにそれを拒み、指示を無視して馬に大麦・燕麦を与え、叱責されると、契約した週の仕事も終えずに怒って仕事を放棄したという証拠があるにもかかわらずである。なぜ裁判所が、この場合に、労働者の側に立ったのかは、まったくあきらかではない。判例集によると、単なる生意気さ（sauciness）は、収容の充分な理由とはならないということであった。

しかし、人々が日常的に収容される理由となった、雇用者に対する犯罪が、その性格において、それほど異なっていたかどうかは、あきらかではない[111]。

依然として、収容の大多数は、非常に一般的に規定されたエリザベス時代およびジェームズ一世時代の立法に基づくものであった。しかし、17世紀末から18世紀初頭には、その範囲が、より詳細に規定された犯罪によって捕えられた者たちを、ブライドウェル懲治場に収容することを認める、一群の制定法の発展がみられたのである。この種の法律で最初のものは、1625年法であった。これは、無許可で居酒屋を経営し、3度目に有罪となった者は、ブライドウェル懲治場に収容されることを定めたものである。さらに、この種の法律が、空位期間 (Interregnum)[112] および17世紀末、そして18世紀に成立した。空位期間の立法においては、行商人、バラッド歌い、卑俗な売春業者（男女を問わず）、風紀を乱す宿屋の主人、財産・手職・家業をもたないのに贅沢な暮らしをする者は、皆、労働によって、彼らの暮らしを立てさせるために、懲治場に送られるとの規定がなされていた。同様の結末は、債権者に対して財産を不正に隠匿した者、公の場での説教を妨害した者、決闘を仕向けさせるような言動を発した者、以上の者で罰金を支払えない者たちにも、待ち受けていたのである[113]。

さらに、こうした立法は、王政復古の後にも現れた。17世紀後期の立法では、密猟、木材の窃盗、綿の横領やクェーカー教徒の集会への出席によって有罪とされた者たちを収容し、重労働を課することが定められた。18世紀の立法には、多数の、そして細かく規定された犯罪が付け加えられた。タバコ詐欺に加担した奉公人や労働者、過剰な労賃を要求した仕立屋、クラブに加入した羊毛梳き、先にブッシェル枡で計らずに石炭を袋に入れた石炭商の奉公人等は、いずれも2週間から3か月の懲治場収容の刑を科し得るものであった。また、通常、重労働を伴う懲治場への収容は、さまざまな密猟、就労義務違反を犯し、罰金を払おうとしない、あるいは払えない者に対する刑罰としても規定されていた。

空位期間の立法が、主として、道徳犯罪に焦点をあてていたのに対し、その後、労働にかかわる犯罪や軽微な形態の不法占有に対し、より注意が向けられ

たという点は、注目に値する。しかし、これが議会の議員たちの関心の変化について、何かしらの事実を物語るものであるとしても、立法の動向は、法執行の在り方と、それほど密接に関連していたわけではないという点も、また、強調しておかなければならないであろう。すなわち、当時、売春を具体的に違法であると明示した法律は、法令集には一切なかったにもかかわらず、18世紀においては、売春は、最も多く処罰され続けた犯罪であったのである[114]。

　こうした新しい法律が、懲治場の用いられる範囲を著しく拡張したかどうかはあきらかではない。そのほとんどは、おそらく、合法的行動と違法行動との境界を明確にし、犯罪者の訴追を促進し、おそらくは、それを奨励することを主たる目的として成立したものであり、刑罰法規の範囲を急激に拡大し、刑事制裁の性格を変化させるといった視点は、持ち合わせていなかったであろうと思われるのである。

　しかしながら、実際には、これらの立法は、いくつかの点で、ブライドウェル懲治場への収容の性格を、変化させる方向に働いたように思われる。第1に、こうした立法は、高等法院でもまた育んでいた考え、すなわち、ブライドウェル懲治場への収容は、何らかの法的手続を経て立証された、具体的に証明された起訴手続によってなされるべきであるという理念を、さらに促進したのである。ここでは、人々は、刑事法に基づく「有罪判決」ということを前提としていたようであるが、この言葉は、エリザベス時代およびジェームズ一世時代の立法に基づく収容においては、ほとんど用いられていなかった言葉であるという点は、注目に値するであろう。第2に、これと関連して強調される点は、人々の関心が、犯罪者の性格全般から、犯罪者が行った特定の悪行へと移行したということである。第3に、制定法は、定期の量刑という概念をもたらした。それまで、ブライドウェル懲治場への収容は、ほとんどが不定期で、人々は治安判事の裁量にしたがって収容されていたのである。現実には、定期の量刑は、通常、数週間から数か月にわたるのに対して、不定期での収容は、しばしばわずか数日間であったがために、定期の量刑は、必ずしも犯罪者の利益にはならなかったのである。

7．ブライドウェル懲治場における刑罰の実験

　この時代になされたブライドウェル懲治場の利用方法に関する最も急進的な試みは、「1706 年法」に始まるものである。1706 年に至るまでは、ブライドウェル懲治場の被収容者の大多数は、11 人ないし 12 人の治安判事によって収容決定がなされていたのである。彼らは、陪審審理を行うには、取るに足りないとみなした軽微な犯罪に対して、即決で判決を下した。もちろん、収容決定のすべてが、このように処理されていたわけではない。「浮浪者」や「怠惰かつ無規律」な者で、四季裁判所や巡回裁判所から、懲治場に送られた者もたしかに存在した。彼らは、もしかしたら、そこに、他の嫌疑で出廷したのかもしれない。また、すでに述べたように、17 世紀初頭以来、陪審審理において窃盗の罪で有罪とされた者で、ブライドウェル懲治場への収容を宣告された者もあった。しかし、17 世紀においては、こうしたルートから収容された者はごく少数にしか過ぎなかったのである。「重大な」犯罪に対する代替的刑事制裁を模索する試みの渦中において成立した 1706 年法は、四季裁判所や巡回裁判所において、単純な重罪として有罪判決を下された者に、 6 か月から 2 年間のブライドウェル懲治場への収容を認めたのである[115]。

　1706 年法は、こうした刑の言い渡しを、単に法律で認めたのみであるから、必ずしも、量刑実務には影響がなかったはずである。しかしながら、実際には、高等法院の判事たちは、この法律の原理に賛意を示し、ブライドウェル懲治場のより広範な利用方法を、進んで試みようとしたのであった。続く 11 年の間に、巡回裁判所において、重罪として有罪となった者のうちの、かなりの人数の者が、ブライドウェル懲治場への収容を言い渡されている。たとえば、ロンドンとミドルセックスの監獄送致裁判 (Sessions of Gaol Delivery) において、1707 年から 1718 年の間に、500 人以上の重罪人が収容され、重労働を課されている。これは、財産犯で有罪判決を受けた者の約 20％を占めるものである。この時代の終わりまでに、大都市のブライドウェル懲治場に収容される重罪人の割合は減少したが、刑期の平均は上昇している。1715 年から 1718 年の間に、ブ

ライドウェル懲治場に収容されたロンドンの重罪人のうち、86％が、長期である2年間の収容を言い渡された者たちであったのである。

　この注目すべき刑罰における実験は、重大な犯罪の処罰において、重労働を課すことへの関心が充分に確立されていたことを背景として行われたのであった。犯罪者に対するこうした試みの効果、あるいは、犯罪者の労働が国家の繁栄にもたらす貢献の度合いといった点において、有罪者を就労させることの利点がしばしば語られたのである。すでに述べたように、こうした計画に関する検討も実際の試みも、ともに大内乱以前に存在していた。1640年代から1650年代には、刑罰において、重労働をさらに広い範囲で用いることは、思弁好きな法律改良家たちが好む計画であったのである。17世紀後半には、重罪人のアメリカ植民地への流刑、あるいは国内での公共労働への雇用を認めるとする提案が、議会において繰り返し検討され、そのたびに不首尾に終わっていたのである[116]。

　多くの要因が結びついた結果として、17世紀初頭の10年間において、ブライドウェル懲治場の刑罰的役割の拡張についての関心がもたらされることとなった。戦争、貨幣改鋳、1690年代の凶作等によって引き起こされた、社会的・経済的混乱は、名誉革命後の政治的緊張と不確実性を背景に、犯罪への恐怖を増大させた。また、植民地との交易の断絶によって、流刑という選択の道は塞がれた。軽微な犯罪に対して厳罰をもって臨むこと、および貧民を就労させることによって得られるであろうさまざまな利益への当時の熱烈な支持は、少なくとも、より軽微な犯罪者を、重労働に就かせることへの関心を喚起する結果となった。1706年法によって具現化した計画は、1704年に、議会において最初に審議され、翌年、翌々年と討議が繰り返された。1706年法の成立は、犯罪活動のレベルに関する当時の社会的不安の程度を示す指標であった。何か新しい試みがなされなければならないとする思潮のあった大都市地域においては、とりわけそうであった。そしてまた、同時にそれは、ブライドウェル懲治場が、依然として、実際に特有な改善能力を有する施設であるとみなされていたことを示す何よりの証拠でもあったのである[117]。

この刑罰における実験は、あきらかに、ブライドウェル懲治場の所長に対して厳しく、歓迎しがたい要求を求めるものであった。彼らにとっては、通常の負担の上に、厳重な警備の必要な者たちが付け加えられることとなったからである。すなわち、重罪人は、おそらく通常は鎖に繋ぎ止めて置かれたであろう。概して、州の治安判事たちは、所長を助けて、新たな負担に対処させようとする努力を、ほとんど行わなかったのである。1、2の例においては、建物が拡張されるか、あるいは所長の給与が上げられた。しかし、たいていの場合、その運営は、所長たちの努力に任されたままとなっていたのである。誰もが不満をもらさずに、この努力を要する仕事を引き受けたわけではない。1718年に、ミドルセックスのブライドウェル懲治場の所長は、次のような不服を申し立てている。すなわち、「ミドルセックスのブライドウェル懲治場では、32人の重罪人を収容しているにもかかわらず、所長の賃金は、2年も滞ったままである。それゆえ、食べていくためには、利子付きの金を借りるしかない」と。また、レジングにあるバークシャーのブライドウェル懲治場の所長も、同様に、重罪人を取り扱うことの出費による窮状を訴えている。

8．ブライドウェル懲治場の機能に基づく相違

　1718年の議会制定法は、単純窃盗で有罪となった者に対して7年の流刑を言い渡すことを認めた。この法律の直接的な効果は、重労働を言い渡される者の数の急激な減少となって表れた。続く半世紀の間には、重大な犯罪によって有罪判決を言い渡された者のうち、ブライドウェル懲治場への収容を言い渡された者は、ごくわずかに過ぎなかった。こうした政策の転換は、おそらく一部には、ヨーロッパ戦争の終結により、新たな機会が開かれたことを反映したものであろうと思う。しかし、それはまた、ブライドウェル懲治場での実験の成果に対する不満をも反映していたに違いないのである。ブライドウェル懲治場の管理運営を監督する立場にあった者たちは、管理運営上の諸問題に対処することに、いかなる熱情も熱意も傾けなかったのである。さらには、ブライドウェル懲治場の犯罪者の改善に対する成功率は、あきらかに限られたものであった。

すなわち、大都市部のブライドウェル懲治場で重労働を課された者の5%から10%は、その後舞い戻ってきて、さらなる刑期を務めるか、あるいは最終的に絞首刑に処されるかであった。1714年には、戦争の終結によって、兵役解除後に通常みられる、急激な犯罪訴追の増加が起こった。高いレベルの起訴件数が、1720年代に至るまで続いたのである。こうした状況下にあって、権力者たちは、犯罪者を地域社会から永続的に排除する手段を考え出すことの重要性を、感じていたのである[118]。

ある意味では、この時代のブライドウェル懲治場の被収容者は、みな同じ種類の者たちであった。大多数は、自らの労働力、あるいは機知に依存して生計を立てていた者たちであった。18世紀には、比較的重大な犯罪によって収容される者の比率が非常に高くなったとはいえ、実際には、こうした犯罪者のうちの多くは、少額の財産を盗んだ者にすぎなかった。最も重大な犯罪、すなわち、殺人、強盗等で有罪となった者は、通常、ブライドウェル懲治場には送られなかったのである。ブライドウェル懲治場は、依然として、本質的には矯正可能と思われる者を収容する刑務所、すなわち「矯正所」(house of correction)であり続けたのである。しかしながら、人々がブライドウェル懲治場に収容された公的な理由、および、彼らがブライドウェル懲治場に収容されていた期間は、あきらかに多種多様であった。

ここでは何も、あらゆる種類の被収容者が、すべてのブライドウェル懲治場にいたであろうといっているのではない。被収容者の特徴に関しては、それぞれのブライドウェル懲治場でかなり異なっていたのである。こうした相違は、一部には、それぞれのブライドウェル懲治場が対象とする、対象者層の性格の差異によってもたらされたものであった。すなわち、地方と都市のブライドウェル懲治場への収容の相違については、すでに指摘しておいたごとくである。この図式は、この頃には、さらに純化されていたであろうと思われる。他の相違点は、それぞれの都市や州の小規模な「刑務所制度」において、ブライドウェル懲治場が果たした、異なった機能からもたらされたものであろう。2か所以上のブライドウェル懲治場を所有する州においては、1か所が州の中心的な

懲治場であった。それは、おそらくカウンティ・タウンに位置し、周辺地域から送られてきた「怠惰かつ無規律」な者と同じく、四季裁判所、巡回裁判所から送致された者をも収容するものであったであろうと思う。そして、他方のブライドウェル懲治場は、補助的な性格を有し、遠隔地のためのより限定された役割を担い、地方の治安判事によって収容された浮浪者や、怠惰かつ無規律な者のみを扱うものであったのである。州は、それぞれ、独自の方法で、ブライドウェル懲治場に収容者を配分した。少なくとも18世紀の中頃までには、エセックスの治安判事は、チェルムスフォードの中心的懲治場に、すべての浮浪者を集めるという政策を採るようになっていた。そこでは、彼らの氏素性が、州の浮浪者名簿に照らして確認され、1人の治安判事によって彼らの処置が決定されていたのである。

　何人かの四季裁判所の裁判を待つ者たちが、ブライドウェル懲治場に収容された州もあった。少なくとも、監獄の置かれた都市において、四季裁判所がそう何度も開かれない州にとっては、こうした政策は魅力のあるものであった。裁判に出廷するために連れ出すだけでよいのであれば、囚人たちを州内を何マイルも移送して監獄に収容する必要などどこにもないであろう。サマーセットのブライドウェル懲治場が、17世紀に、こうした未決勾留のために用いられていたことを示す記録がいくつか存在するのである[119]。

　一部では、機能上の相違を反映した形で、ブライドウェル懲治場の規模や性格はそれぞれに異なっていた。州の中心的なブライドウェル懲治場や、大都市のブライドウェル懲治場は、多数の被収容者のいる活発な施設であったに違いない。そこでは、一時に何十人もの収容者を抱え、新入者は絶えることなく、彼らの世話をする専門の職員チームも備わっていたはずである。これとは対照的に、州の小さなブライドウェル懲治場は、被収容者のいるときには、パートタイムの所長として働く人物が、自分の庭に設置している小屋同然のような施設であったかもしれない。しかし、ちっぽけで、ほとんど利用されないようなブライドウェル懲治場があったという事実が、取りも直さず、ブライドウェル懲治場の制度全般の衰退を示すというわけでもないのである。むしろ、こうし

たマージナルな施設の存在こそが、ブライドウェル懲治場を手の届くところに置きたいという、地方の要求の強さを証明するものであったともいえるのである。たとえ、収容件数が、その設立、あるいはその存続を正当化するには足りないような場合においてすら、そうであったといえるであろう。

6 刑務所改良期のブライドウェル懲治場
（1720年から1800年）

1. 懲治場の縮小化と労役場の拡大化

1720年から18世紀末に至る間のブライドウェル懲治場の総数は、あまり増加しなかったようである。かえって、わずかながら減少していたかもしれない。それ以前の時期に新設されたブライドウェル懲治場のなかには、2、3年で閉鎖されたものもあった。1740年から1742年の間には、ブライドウェル懲治場が立て続けに閉鎖された。州の補助的なブライドウェル懲治場が、サフォーク、サマセット、シュロツプシャー、ダービーシャー、スタフォードシャーで閉鎖された。バーミンガム地方に17世紀末までに設置されたブライドウェル懲治場はすべて閉鎖された。こうして閉鎖されたものを一部相殺する形で、新設された施設もわずかながらあった。すなわち、ロンドンの郊外、ブリストルの南に繁栄したポーツマスの港、造船所のすぐ近くのゴスポートに、羊毛生産の中心地として急速に発展し急速に没落した町である、ノーサンプトンシャーのケタリングに、ノーサンバーランド炭田近くのヘクサムに、アイルランド人浮浪者の流刑中継地点であったチェシャーのネストンに、である。2、3のブライドウェル懲治場は移転している。グロスタシャーの熱心な刑務所改良家たちは、1780年代に、3か所の州のブライドウェル懲治場を閉鎖し、隣接地域に新たな施設を建設している[120]。

ブライドウェル懲治場の制度が、その拡大を停止したということは、単に州の治安判事が、地域のブライドウェル懲治場はすでに充分に実在していると考えたということに過ぎないのかもしれない。地方の住民たちは、彼らの居住す

る地域の補助的なブライドウェル懲治場の設置に関しては、その費用をすべて負担しようとしていた。そうとはいえ、たいていの場合、コストが直ちに州税に跳ね返ってくるということは、経験によってあきらかになっていたのである。ブライドウェル懲治場がより多く設置されたことで、たしかに、被収容者数はより増加したことであろうと思う。すなわち、ブライドウェル懲治場は、結果として、その近隣の者たちに非常に多く利用されたのである[121]。しかし、課税の任にあった治安判事は、そのコストを考慮しなければならなかったことはいうまでもない。

　しかし、次のようなことも、また考えられる。この頃までに、ブライドウェル懲治場は、貧民によってもたらされる、ある種の問題への対応策としての魅力を、いくぶん失ったのかもしれないということである。怠惰で無規律な貧民に正しい行動をとらせることができるかもしれないといったような漠然とした期待は、おそらく、次第に、懲治場よりも労役場に向けられていったのであろうと思う。教区の労役場の価値は、1720年代から1730年代にかけて、大いに喧伝された。そしてこの間に、非常に多くの労役場が設置されたのである。1735年までには、英国の市場開設都市で、労役場を設置していないところはほとんどなくなったといってよいであろう。また、地方の工業地域においても、労役場は非常に多く存在したのである[122]。

　この時代、労役場体制の提唱者たちは、その抑止的側面を強調した。労役場が、唯一の代替策であるのなら、怠惰な貧民は、労働に駆り立てられなければならないと主張したのである。1723年の「労役場法」(Workhouse Act of 1723) によって、教区の役員が、労役場に入ろうとしない救済志願者に対して、救済を拒否する権限が与えられた。この時代の新しい労役場のいくつかは、ブライドウェル懲治場とよく似た刑罰的機能を、より明確に果たしていたのかもしれないのである。「保護者委員会」(Boards of Guardians) に、教区や町の労役場を管理することを認めたいくつかの地方立法は、保護者委員に対して、浮浪者、乞食、怠惰かつ無規律な貧民を、強制的に収容して働かせる権限を与えた。もっとも、こうした抑圧的権力が、実際に用いられたかどうかは定かではない[123]。

しかしながら、ブライドウェル懲治場が、視界から完全に抜け落ちてしまったとするのは、まったくの誤りである。救貧法改正および救貧法行政適正化のための大計画を提唱する者たちは、ブライドウェル懲治場を、貧民の救済および規制のための制度全般のなかでも、有用かつ際立った役割を果たすものであると、依然として、みなし続けていた。そしてその後も、こうした大きな改良の努力は、繰り返し浮上した。1730年代と1750年代に、そして、18世紀末の数十年を通じて、それは繰り返し現われては消えていったのである。はからずも、これらの時期は、急激な救貧税の上昇によって、貧民問題が緊急のものとして捉えられたときであったのである[124]。

2．ブライドウェル懲治場の再構成と新たなる立法

この時代の、ブライドウェル懲治場の創設および管理運営に関する新たな立法は、常に、貧民の処置に関する編成を再考し再構成しようとする、一般的な試みという文脈において起草されたものであり、より狭い刑罰的文脈においてなされたものではなかったのである。たとえば、「1782年法」は、ブライドウェル懲治場の管理運営における、改良の達成を意図したものであり、あきらかに、それは、当時の刑務所改良に対する関心の高まりから、大きな影響を受けたものであった。しかし、この法律を下院に提案し、それを推進したのは、アメリカ独立戦争の勃発による、囚人に対する流刑制度の中断によってもたらされた、さまざまな問題と格闘していた者たちではないのである。それを行ったのは、トーマス・ギルバート（T. Gilbert）であり、彼は、救貧法の改良に情熱のすべてを傾け、また、同じ会期中に、労役場の設立に関連する法律の通過を確実にした人物であったのである[125]。

皮肉なことに、1740年から1742年の数年の間に訪れた、ブライドウェル懲治場閉鎖の最大の波は、ブライドウェル懲治場を利用して、貧民を秩序に従わせることを促進しようとした立法に対する反応の現れであった。「1740年浮浪者規制法」（Vagrancy Act of 1740）の規定は、浮浪により逮捕された者は、彼らの出身の教区へと直接送り返される代わりに、沿道のブライドウェル懲治場から、

ブライドウェル懲治場へと引き渡され、ブライドウェル懲治場ごとに苔打たれ、数日間の重労働に就くこととなっていた。実際には、こうした規定により、かえって費用がかかることに驚き、交通量の多い街道がある州では、手放しても構わないブライドウェル懲治場のすべてを、急いで閉鎖している。その後、1744年の立法により、この法律の当該規定は廃止されることになった。そして、その後、閉鎖されたブライドウェル懲治場のうち、再開されたのはわずか2か所のみであったのである[126]。

ビアトリス・ウェブ（Beatrice Webb）＝シドニー・ウェブ（Sidney Webb）が、ブライドウェル懲治場と監獄は、その歴史の後期になると、実際上、区別のつかないものになったと後に繰り返し述べているのは、18世紀を特に念頭においてのことなのである[127]。18世紀において、ブライドウェル懲治場と監獄が、特定の諸側面において一体化したというのは事実である。もっとも、以下に述べるように、この過程は、監獄がブライドウェルの特徴のいくつかを引き受けたということを意味するものである。しかしながら、理論においても、実際においても、この時代にブライドウェル懲治場の独自性が完全に失われてしまったと断言することはできないのではないかと思う。

1720年には、監獄とブライドウェル懲治場の一体化をさらに推し進める法律が成立した。この法律の主な目的は、1700年に始まる立法を継続するということであった。この法律は、新しい監獄を建設するための課税を行う権限を、州の治安判事に与える（実際には、彼らがすでに懲治場に対して有していたと同様な権限を監獄についても与える）というものであった。下院での提案に力を得て、この法案には、「浮浪者、軽微な犯罪で起訴された他の犯罪者」で、裁判開始を待つ者、あるいは保証人を得ることのできなかった者を、適当であると思料される場合には、監獄か懲治場のいずれかに収容する権限を、治安判事に与えるという条項が加えられた。すでに論じておいたごとく、いくつかの州では、以前から、ブライドウェル懲治場を、犯罪者の身柄の拘束のためにのみに用いてきた。しかし、現実には、こうした実務は、あきらかに非合法であるとみなされていた。この新しい法律は、特定の州においてのみ、以前から行われていた方

法で、ブライドウェル懲治場を用いる権限を、英国全土の治安判事に与えるものであったのである。

　この法律が、それぞれのブライドウェル懲治場に対して、非常に異なる影響を与えたことは疑いがない。そのなかには、「怠惰かつ無規律」な者、および他の略式で収容された者だけを、変わらず拘禁し続けたブライドウェル懲治場もあったが、裁判を待つ者の割合が急速に被収容者の大きな部分を占めるようになり、他を圧倒するほどにまでなったブライドウェル懲治場もあったのである。重大な犯罪の処罰に流刑を用いることに賛同的であった当時の風潮が、既存の監獄の収容能力に負担を与えたことはたしかである。それというのも、流刑者は、しばしば、出航を待って、6か月以上も監獄で過ごすことがあったからである。こうした状況の下で、単に裁判を待つだけの者を、監獄以外の施設に収容する施策は、特に歓迎されたに違いないのである。

　ウエストミンスターとミドルセックスのブライドウェル懲治場における収容の動向には、1720年法以降のある種の変化が写し出されている。1720年には、ウエストミンスターのブライドウェル懲治場にも、ミドルセックスのブライドウェル懲治場にも、裁判を待つ者は1人も収容されていなかった。ところが、1720年代末までに、ミドルセックスのブライドウェル懲治場には、こうした被収容者がわずかにみられるようになった。ウエストミンスターのブライドウェル懲治場においては、このときすでに、被収容者の3分の1が、この種の犯罪者であったのである。1760年代と1770年代までには、裁判を待つ者の数は、両ブライドウェル懲治場被収容者の4分の1以上を数えるようになった。裁判を待つ者は、略式で収容された者と比べて、はるかに長く収容されていたため、その数は、常に被収容者人口のかなりの部分を占めていたのである。

3．ブライドウェル懲治場の変容

　「1720年法」によって、ブライドウェル懲治場は、さまざまな点において、そして、予想もつかなかったような点においても影響を受けた。身柄拘束のための収容の急激な増加が、他の種類の収容を減少させる一因となった例もある。

ウエストミンスターにおいても、ミドルセックスにおいても、「怠惰かつ無規律」な犯罪により収容された者の絶対数が、18世紀中に減少したということは注目に値することである。他方、こうした展開の真の原因は、別のところにもあったかもしれない。すなわち、風俗の改善に対する情熱の衰退が、告訴を強行する意志の減退をもたらしたのかもしれないのである。また、大都市の行政的な努力が、むしろ、速やかに「浮浪者」を都市の外へと追放することに向けられていくようになったのかもしれないのである。

　身柄拘束のための収容の増加が、ブライドウェル懲治場が他の目的のために利用されることを、それほど減少させるものではなかったにしても、それでもなお、ブライドウェル体制に何らかの変化をもたらしたことはたしかである。裁判を待つために収容された者たちは、重労働を課されなかったからである。それでも、自らの収容費を稼ぐために働く者もあった。偶然にではあるが、1740年代に、エセックスのブライドウェル懲治場において発生した窃盗に関する記録から、穀倉から小麦を盗んだ罪により、裁判を待つために収容され、ブライドウェル懲治場への収容期間の間、ウーステッド製の布を織って過ごした者がいたことを知ることができる。しかし、18世紀の中期から後期にかけて、州は、監獄に対する囚人の衣食のための手当支給の慣行と同様に、次第に、ブライドウェル懲治場に対しても、裁判を待つ者の収容のための手当を支給するようになっていったのである。

　裁判を待つ者を拘禁するためにブライドウェル懲治場を利用することは、四季裁判所に集まる治安判事と、ブライドウェル懲治場とを、緊密に結び付ける一因ともなった。ブライドウェル懲治場の所長は、裁判を待っていた者を、裁判所に連れて行き、そしておそらくは、新たに判決を下された者を連れ戻したであろうと思う。彼らは、必然的に、治安判事と接触するようになったのである。ブライドウェル懲治場の所長に、さまざまな働きを要求するようになるにつれて、治安判事も、また、ブライドウェル懲治場の管理運営上の諸問題に次第にかかわっていったと思われる。所長たちにしてみれば、より高い給与を要求し、あるいは裁判所への行き返りの費用を含む諸経費の増額を要求するとい

う、自らの関心を押し出す絶好の機会であったと思われるからである。さらには、施設の修理、建物の増築の費用等をも要求した場合もあったであろうと思う。

多くの所長の給与が、1720年代から1730年代にかけて増額となった。その後、約30年間、給与額に変化はなかった。もっとも、所長たちは、それでも必要経費として、多額の手当を得ていたかもしれない。1760年代半ばから、給与額は、再び変化し始めるのである。

1720年代には、いくつかの州で、ブライドウェル懲治場に新たな拡張がみられた。ウイルトシャーとハンプシャーの治安判事は、自らを称して、ブライドウェル懲治場に「新しい刑務所」を建設する者、と語っている。これは、おそらく、彼らの活動と1720年法との直接的なつながりを示すものであったと考えられる。わずかではあるが、ブライドウェル懲治場の建設活動は、続く数十年の間、続けられたのである。1720年から1760年の間に、少なくとも14の州で、ブライドウェル懲治場の再建、増築、大掛かりな修理が行われた。1770年代には、監獄と同様、ブライドウェル懲治場の建設が新たになされている。それらは、かつてないほどの規模で、かつてないほど、刑務所設計の細部にまで注意を払って造られている。しかし、こうした展開は、それ以前の半世紀にわたる、断続的な、しかし根気強い活動という背景に照らして考えられなければならないであろう。

4. 新しい刑務所建設の動向

刑務所行政における変化の時期も、その動態も、ブライドウェル懲治場と監獄とでは、若干異なっている。しかし、概して18世紀には、両者の支出の増大をもたらすような、また、刑務所行政に、治安判事のより緊密な関与をもたらすような動きがみられたのである。1760年代後半から1770年代初頭にかけて、刑務所管理の問題に対する関心が高まった。歴史家が、きまって、「刑務所改良への関心の曙光のとき」とするのは、まさにこのときである。18世紀後期の数十年における、刑務所改良への関心の突然の高まりの原因は、ここで探求する

にはあまりにも複雑かつ多様な問題である。したがって、ここでは、受刑者の健康および道徳心の双方に対する拘禁の影響が強い関心の対象となった、というだけに留めておきたいと思う。刑務所建築と、理想的な刑務所体制の本質とは、ともに、当時、話題となったのである。治安判事は、州刑務所運営の監督のために、常設の委員会を設置し、新たな刑務所の建設に、前例のないほどの金額を費やしたのである[128]。

　刑務所建設の活動は、まず、南東部に集中した。1770年代には、南東部のいくつかの州に監獄が再建された。1770年代初頭には、新たなブライドウェル懲治場が、ハートフォードシャー、ケント、サリー、エセックスに建設され、ミドルセックスのブライドウェル懲治場は、事実上再建された。マンチェスターにおいても、ブライドウェル懲治場が新設された。1780年代には、さらに、エセックス、サセックス、ランカシャーにおいて、ブライドウェル懲治場が新設された。ミドルセックスは、まったく新しいブライドウェル懲治場を建設した。再建の波は、バークシャー、ハンプシャー、ノーフォーク、サフォーク、ウォリックシャー、ウエストモーランドにも広がった。1770年代には、これに費やされた金額は、約1,000から3,000ポンドの範囲であった。1780年代には、いくつかの州では、7,000から8,000ポンドもの金額を費やすようになっている。ランカシャーのプレストンに建てられた新たなブライドウェル懲治場は、総費用12,000ポンドを超えているのである。

　新しい刑務所建設の費用が増加した要因の1つは、囚人が静かに考え、懺悔するように、また、悪風感染のおそれを少なくするために、囚人を分離して収容することが強調されたということである。独居房は、しばしば、囚人たちの夜間の就寝のために用意された。共同の作業室が、個々の作業房に取って代わられ、あるいは、囚人たちが、自分の舎房で作業をするよう命じられた例もいくつかあった。労働自体は、道徳的規律を施す手段として、依然として、価値のあるものではあった。しかし、改良後の刑罰体制においては、労働自体は、相対的に、さほど重要な位置を占めなかったのである[129]。

5．新たな量刑の動向とその影響

　刑務所行政に対する新たな関心のいくつかは、「重大な」犯罪の処罰のために、拘禁刑を利用することについての関心の復活に刺激されたものであった。単純な重罪人の処罰に拘禁刑を科することは、1718年以後はほとんど廃止され、代わりに流刑が科されるようになっていた。それから数十年というもの、重罪人のブライドウェル懲治場収容を認める立法は依然として有効ではあったが、ごくわずかの重罪人のみが懲治場への収容を宣告されたのであった。しかし、充分に効果的に犯罪を抑止するとは思われない流刑に対する不満の高まりは、1760年代から1770年代の初頭にかけて、拘禁刑に対する関心の再興を促したのである。1772年以後、巡回裁判所判事は、一定の重罪で有罪となった者に、きまって懲治場収容の宣告を下すようになったのである[130]。

　アメリカ植民地との戦争の勃発によって、一時的に流刑は中断され、変化の速度は早められることになった。量刑実務の展開が、詳細な研究の対象となっている唯一の州であるサリーにおいては、1765年から1772年の間に、重罪として有罪判決を下された者のうち、わずか10％の者が拘禁刑を宣告されたのみであった。1773年から1775年には、重罪人の31％が拘禁刑を言い渡され、その数値は、1776年から1782年には、47％になった。この時期に初めてみられたこの高い水準は、1780年代後半の流刑の復活（新たな流刑地であるオーストラリアへの流刑）にもかかわらず、18世紀末に至るまで維持されることになるのである[131]。

　量刑に関する立法上の枠組みは、この時代、いくつかの点で変化を遂げた。「1776年法」は、以前であれば流刑に処されたであろう者を、テムズ河浚渫の重労働か、あるいは、3年から10年の懲治場での重労働に処することと規定している。1779年の「懲治監法」（Penitentiary Act of 1779）によって、収容の長期および短期が短縮され、長期は5年と定められた。また、新たに「懲治監」が完成するまでの間（実際には、建設されることはなかったが）、刑の執行は懲治場においてなされることとなった。実際には、18世紀末に、新たに監獄を建設した

いくつかの州は、それをブライドウェル懲治場と監獄の集合施設として建てたのである。このような施設においては、監獄と懲治場との伝統的な境界線は不鮮明なものとなった。どちらの施設に収容を言い渡されても、彼らは、重労働に付されたのである[132]。

　以上に述べたことから考えれば、ウェブ夫妻の集中化の説明に適合する事実が、あきらかに存在するようである。それでも、なお、この図式には、もう1つの側面が存在することに注意しなければならない。われわれが、ここまで辿ってきた展開は、どのブライドウェル懲治場にも等しく作用したわけではないということを強調しなければならない。多くの重罪人を処罰する場として用いられるようになったブライドウェル懲治場も、存在したのである。しかし、新たな量刑の動向から、比較的影響を受けなかったブライドウェル懲治場も存在した。2か所以上にブライドウェル懲治場を設置していた州においては、1か所は、実質上、州の懲治監として利用され、他は、伝統的な方法で運営され機能し続けたのである。たとえば、エセックスのチェルムスフォードの監獄に隣接していた、州の中心的な懲治場は、18世紀末に再建され、一連の独居房を備えたものであった。しかし、バーキングにあった州のブライドウェル懲治場は、17世紀以来、ブライドウェル懲治場として用いられてきた小さな木造の建物であり、一部は、所長の居室にあてられ、小さな2部屋が、男女の囚人にあてがわれていたに過ぎなかったのである。囚人は、主として、救貧法に規定された犯罪をした者、木材あるいは食料を対象とした軽微な窃盗を行い罪に問われた者、ロンドンの街路上で捕えられた浮浪者や、その他の怪しげな人物であった[133]。

　新しいブライドウェル懲治場のすべてが、主として、あるいは、わずかであれ、重罪人処罰のために用いられたというわけではない。たとえば、グロスターシャーにおいては、重罪人として有罪判決を下された者たちは、州の監獄の「懲治監」として使用される部分に収容された。しかしながら、その他4か所に新設されたブライドウェル懲治場のうち、重罪の嫌疑を受けた者や裁判を待つ者を多数収容していたのは、ブリストルの郊外にあったもののみであった。そ

して、そこにおいてすら、これらの者たちは、収容記録中に優位を占める数ではなかったのである。1790 年代から 1810 年代までの、この州の懲治監以外のブライドウェル懲治場への収容理由を、重要度の順に列挙すると、以下のようになる。

(1) 労働契約違反（17 年間で 659 件）
(2) 浮浪（529 件）
(3) 軽微な窃盗（おそらく主に木材）（516 件）
(4) 重罪の嫌疑（429 件、大半はブリストル）
(5) 未決勾留（299 件、大半はブリストル）
(6) 私生児の出産（277 件）
(7) 家族を遺棄して教区に負担を負わせた（182 件）
(8) 毛織物工場での犯罪（176 件）
(9) 軍隊からの脱走（160 件）
(10) 狩猟法違反（99 件）
(11) 無許可酒類販売（15 件）
(12) 冒瀆的発言（12 件）[134]

他の州のブライドウェル懲治場において、このような収容理由がまったく同様の比率で示されるとは考えられない。事実、グロスターシャーの各ブライドウェル懲治場の間においてさえも、相違はあった。すなわち、ブリストル郊外のブライドウェル懲治場においては、極端に多数の浮浪者や、私生児を出産した者が収容された記録があるが、一方、毛織物工場における犯罪によって収容された者のほとんどすべては、織物地域の中心部にある、ホースレーのブライドウェル懲治場に収容されていたのである。冒瀆的発言、無許可酒類販売による収容は、すべての者が同じブライドウェル懲治場に収容されている。おそらくこれは、地方の治安判事小法廷（Petty Sessions）に集まる治安判事たちが、それらの犯罪に特別の関心を抱いていたことを示すものであろうと思う。しかしながら、おおむね、18 世紀末に、これらグロスターシャーのブライドウェル懲治場においてみられた犯罪者の分布範囲は、この世紀を通じて、他のほとんど

のブライドウェル懲治場においても同様にみられたものかもしれないのである。

6．18世紀における収容の実態

　17世紀の収容実態と18世紀の収容の実態との間には、明白な継続性が存在したようである。どちらの世紀においても、浮浪、救貧法に規定された犯罪、雇用制度に関連した犯罪が多数を占めていた。17世紀後期の立法のもとに、特に収容を課し得る犯罪とされた森林窃盗、狩猟法違反による収容は、18世紀においては、おそらく17世紀にも増して一般的であった。産業社会での雇用という文脈において生ずる犯罪、たとえば、横領、同時に2人以上の主人のもとで働くこと、仕事を仕上げずにおくこと等による収容は、産業社会での雇用の増加とともに、18世紀には、次第に多数を占めるようになったのである。残念ながら、17世紀と18世紀における、産業地域における実態を直接比較することはできない。なぜならば、17世紀のブライドウェル懲治場の記録が存在しないからである。しかし、17世紀の収容のパターンが、18世紀の収容パターンと著しく異なったものであったと考え得る明白な法的根拠はほとんど存在しない。18世紀の多くの拘禁は、16世紀末の職人規制法によって展開された、法的枠組みのなかで、依然として行われていたのである。

　18世紀における都市のブライドウェル懲治場の収容記録には、17世紀の実態との間にかなりの継続性があったことが示されている。ロンドンのブライドウェル懲治場においては、女性被収容者の数は、依然として男性のそれをはるかにしのぐものであった。1759年に「クラーケンウェル（ミドルセックス）懲治場に、無規律ゆえに送致された者の、完全雇用を目的とした計画」を作成した、ジェイコブ・イリーブ（J. Ilive）は、女性の圧倒的多数を当然であると考え、重労働を課される者のうち、男性は、6分の1から4分の1にすぎないとの前提のもとに、麻打ちによって得られるであろう利益を算定している[135]。すでにみたように、こうした収容のパターンは、街路での犯罪、とりわけ売春に照準をあてた治安活動システムと結び付いていたのである。

　ジョン・ハワード（J. Howard）も、その著書『監獄事情』において、次のよ

うな見聞を披露している。

「ロンドン懲治場では男女囚の舎房が全く分隔されている。1階の男囚房は囚人が麻打をする昼間居房で、そこから2段下ると風通しの悪い夜間居房がある。筆者の最近の訪問の際には上下の監房に階段が設けられ、囚人の使用に供せられていた。この昼間居房も夜間居房も、最近1つの窓が塞がれた。女囚房は1階に囚人の麻打をする昼間居房があり、2、3段上ると夜間居房が2つある」。

「囚人は麻の製造人の仕事に使われ、この製造人は囚人作業の収益と獄内の住宅と20ポンドの俸給を受けている。何時行っても囚人は働いていたが、最近訪問した時は粗麻（船材の間に塡める物）の精選を行っていた。作業時間は食事時を除き、冬期は午前8時から午後4時まで、夏は午前6時から午後6時までである。囚人給与は請負で1日1人当り8ペンスの……契約になっている」。

「懲治場には公開礼拝堂があって、日曜日には囚人が出席しなくてはならないことになっている。堂内では囚人男女は互いに分隔され、他の会衆からも分離されている。此の所の講堂および法廷の壁には他の慈善施設と同様に莫大な額の寄附金および遺贈金の表が掲げてある。此の費額を以ってするならば、充分もっと庭の整備をし、又嘗ては一室に玉石混淆で拘禁された犯罪少年や懲治少年等に対して現在改良整備されているように、もっと囚人分隔を確保する為の作業場および舎房の増設をする事に依って此の懲治場をより広々とした居心地よきものになし得たであろうにと思われる」と[136]。

同様の「都市的」なパターンは、1760年代に、ランカシャーのソルフォード・ハンドレッドの管轄であったブライドウェル懲治場の全収容中、マンチェスター教区からの収容に注目した場合にも認められる。「怠惰かつ無規律」な行動、つまり、本質的には街路での犯罪による収容のほとんどすべてのものは、マンチェスター教区からのものであった。そしてそこは、まさにブライドウェル懲治場があった地域なのである。就労義務違反による収容の大多数も、また、

マンチェスターとソルフォードからのものであった。このハンドレッドの他の教区は、私生児の出産、他の家族扶養に関連する犯罪によって、四季裁判所の裁判を待つ者たちを収容したのである。狩猟法違反、森林窃盗（英国北部ではあまり一般的でなかった）は、それより少数であった。

貧民の軽微な犯罪を処罰するために、ブライドウェル懲治場が、依然として利用され続けたことに注目するにしても、継続性のみを強調するのは問題があろう。疑いもなく、世紀単位、10年単位、1年単位で、状況、関心の所在、戦略、選択肢、そして資源が変化するにつれて、ブライドウェル懲治場の用いられ方には、常に推移や変化が起こったと考えるのが常識的であろう。こうした変化のいくつかについては、今後の研究によって究明される必要があろうし、本書において試みた以上に、はるかに正確かつ詳細な図式が示されることが期待される。しかし、長期的にみれば、2世紀以上にわたるブライドウェル懲治場の利用において、その継続性は、少なくとも、そのすべての変化と同程度に、克明に目にすることができるのである。

7 ブライドウェル懲治場と貧民の規制
（1555年から1800年）

1. ブライドウェル懲治場の機能の減退

ブライドウェル懲治場の最も熱烈な支持者たちは、ブライドウェル懲治場が、大きな社会的変革をもたらす能力と機能を有するものであるという信念を、一貫して示そうと試みた。ブライドウェル懲治場は、怠惰な貧民を労働に駆り立て、乞食や浮浪者を抑圧し、生産の増大をもたらすはずのものであった。またそれは、さらに進んで、貧民の道徳性を改善し、真っ当な者が更生不可能な「非行」に陥るのを防ぐはずのものでもあったのである。その場合において、「非行」というのは、犯罪生活へと危険な一歩を踏み出すことを意味したのである。

実際のところ、ブライドウェル懲治場が果たすことを迫られた使命を成し遂げ得る刑罰施設など、あろうはずもなかった。社会的状況、社会的圧力、社会

的機会、さらには広く行き渡った文化的パターン、これらのものは、ブライドウェル懲治場が鎮圧することとされた行動形態を、常に再創出し増幅さえしたのである。ブライドウェル懲治場は、近代英国における日常生活において最も普遍的であった問題と軋轢の数々を解決するという使命を課されていたことは、たしかである。結局のところは、生活および労働様式の大幅な変化によって、こうした「社会問題」のうちの重要課題として長く存在してきた諸々の項目を、多少なりとも削除することができたのである。それはまた、必然的に、社会葛藤の典型的な形態および原因を変化させることによって達成されたともいえるであろう。

　治安活動や刑罰制度は、もちろん行動を修正することはできるであろうが、生活様式を変えることはできないであろう。治安活動や刑罰制度は、ある種の活動に対する代価をつり上げることによって、複数の活動の間での選択に直面している者の、損得勘定に影響を及ぼすことはできるかもしれない。しかしながら、ブライドウェル懲治場は、その特徴として、必然的に、いかなる治安維持機構の許容量をも超過して負担をかけるような、非常に広く行き渡っている行動形態を対象としていたのである。さらに、ブライドウェル懲治場が典型的に用いられたのは、許される行動形態と許されない行動形態との境界線が、著しく不明瞭な文脈においてであった。慈善による救済を求める者も多くいた。誰が「壮健な乞食」と判断されるべき者であったのか。路上を歩く多くの貧民のうち、誰が「浮浪者」とみなされたのか。不法な就労拒否を構成するものとは一体何であったのか。どのような状況下において、奉公人は、犯罪的に怠惰で、反抗的であるとされたのであろうか。過剰な労賃とは、どのようなものであったのか。田舎で薪をあさる行為は、どの時点で森林窃盗を構成したのか。どのくらい居酒屋で飲み騒ぎ異性と交際すると、淫ら、怠惰、無規律であるとの判断が下されたのであろうか。こういう事例において問題となった多くのボーダーライン上の行為は、個別具体的な協議の対象となった。さらにそうした評価は、地域社会における各構成要素間の権力のバランスが変化するにつれ、時と場所によって変化したに違いないのである。貧民たちにとって、こうした

事態に直面した場面、どうすれば処罰され、どうすれば処罰されないのかを予測することは、しばしば困難であったに違いない。

　われわれは、ブライドウェル懲治場が、統制制度として無意味であったことを示す、有力な事例を挙げることができる。ブライドウェル懲治場は、実行不可能な使命を課されていたというのみではない。ブライドウェル懲治場は、また、多くの貧民たちの生活に関与するにはその数があまりに少なく、その収容能力はあまりにも限られたものであり、さらに、その運営はあまりにも杜撰なものであったといえよう。すでに述べたごとく、記録に残る限りでは、ブライドウェル懲治場の被収容者は、通常、そこで短期間を過ごすのみであった。被収容者は、たぶん就労させられたであろうが、しかし、典型的なブライドウェル懲治場での経験は、強力で、労働を奨励する規律にさらされるものではなかったようである。所長たちは、ブライドウェル懲治場において、秩序ある規律的な環境を維持しようとして、最大限に真剣でかつ持続的な努力を続けてきた（おそらく上層部からの圧力のもとにであろうが）。しかし、そうした彼らにしたところで、被収容者とある程度の協調関係を保つためには、必然的に、数々の妥協や譲歩をしなければならなかったのである。

　当時、識者たちは、しばしば、多少の悔いとともに、ブライドウェル懲治場は、監獄と同じく、改善すると同様に腐敗をももたらすものであったと述べている[137]。理論の上では、ブライドウェル懲治場の被収容者は、自らの過去を悔い、自らの生活様式の誤りを自覚し、多少は不承不承であれ、自らの行動を改める必要を認識しつつ、収容期間を過ごすはずであった。おそらく、こうした感情を覚え、そのように決意した者もあったであろう。すなわち、ここでは、庶民とエリート間の道徳的価値観の隔たりを、あまりにも誇張すべきではない。しかし、敵意や忍従も、また、全面的ではないにしても、被収容者の収容に対する反応に、しばしば影響を与えたに違いないのである。さらに、近代初頭の施設においては、単に被収容者に衣食を与え、暖を取らせることすらも容易なことではなかった。このような今まで経験したことのない不快な環境を乗り切るという努力を要する仕事は、被収容者たちにとって、通常、多大な時間、努

力、精神的エネルギーを必要とするだけでなく、彼ら相互の結束をも強めるものともなったのである。そして、この結末は、彼らの価値観と関心事に基づいたものであり、施設の公式の道徳的綱領を完全に転覆させるとはいわないまでも、それを混乱させるものであった。施設は、被収容者間の交通を認容した割合だけ、彼らをまた堕落させたのである。すなわち、これが、この問題に関心を寄せた当時の者たちが辿り着いた一般的な結論であったのである。それゆえ、18世紀末から19世紀初頭において、いくつかの改良された施設が独居拘禁を強調したのは、このためである。しかしそれは、現実には、被収容者たちが、逆境にありながら仲間と結束するという、きわめて儚く、最も捕えにくいチャンスを手に入れようとしたものであり、また、彼らにはそれができるのだということを証明するためのものであったのである[138]。

2．ブライドウェル懲治場の数量的問題

ブライドウェル懲治場への収容による改善的効果は、当時において、きわめて疑わしいというだけでなく、おそらく、収容された者の数も、かなり少数であったであろうと思われる。当時のブライドウェル懲治場の収容件数を、全国的規模で集計するという試みは、1770年代になされたのみである。1775年に、議会は、地方の救貧法行政に関する広範な調査を行っている。その調査のなかで、各地の都市および州は、過去3年間に、その地域のブライドウェル懲治場に何人の「浮浪者」を収容したかを報告することを求められた。その結果、1772年には2,905人、1773年には3,199人、1774年には3,469人という数値が報告されている[139]。残念ながら、この集計は不完全であり（最も被収容者の多いブライドウェル懲治場がこの数値に含まれていない）、また、解釈も困難である。すなわち、何よりもまず、議会が、どのような者を「浮浪者」とみなそうとしたのかがあきらかではない。また、報告者が、それぞれ違った意味に質問を解釈したという形跡も、いくらか認められるのである。この各集計年度中の、「怠惰かつ無規律」な行動、あるいは他の略式で収容される犯罪による収容件数を、より実際的に算定を行おうとすれば、少なくともこの数値を2倍にすべきではない

かと思う。単に、裁判を待つための収容、重罪人の収容（もっとも、これは1770年代前半にはそれほど多くはなかった）を含めたブライドウェル懲治場の収容件数の総計は、おそらくは、実数の3倍から4倍程度であったであろうと思われる。

これより150年前には、裁判を待つため、あるいは重罪人を処罰するための収容が、このときよりも低レベルの傾向にあったことはほぼ確実である。その一方で、種々の怠惰かつ無規律な行動による収容は、相対的により頻繁であった。たしかに、前章で検討した17世紀初頭のノーフォークのブライドウェル懲治場への収容件数は、18世紀を基準とした場合には、いくぶんか多数であったようにも思える。もっとも、残念ながら、同じブライドウェル懲治場の18世紀の記録は残っていないのである。17世紀において、軽微な犯罪が、収容件数中により高い割合を占めたことは、地方政府のために注ぎ込まれた例外的ともいえる強い精力と熱意の結果であったのかもしれない。また一面には、それは、中央政府による内政の活性化という圧力の結果であったのかもしれないのである[140]。起訴されるべき犯罪の実際の起訴の割合は、その後の150年間に比べ、17世紀初頭のほうが高率であった[141]。略式手続に付される道徳的・社会的犯罪の起訴の割合は、時代の風潮から影響を受けやすかったからである。

以上のような諸点をかなり大幅に見積ったとしても、それでもやはり、これまで考察してきたいかなる時代においても、収容件数が驚くほど高いレベルに達することはないのである。ブライドウェル懲治場が特に関係していたさまざまな軽微な犯罪による収容は、どれほど多く見積っても、年間人口1,000人あたり1人、あるいは2、3人程度の割合になることは、間違いないようである。平均的な教区からの収容件数をみる場合にも、同様の結果が、より明瞭に示されるであろう。近代初頭の英国においては、平均的な教区の住民数は、わずか200ないし300人であった。平均的な教区では、おそらく2、3年に1人くらいの割合で、軽微な犯罪をした住民をブライドウェル懲治場に送ったであろうと試算される。1年に2人以上も、そのような者がいたとは、とうてい考えられないのである。

これはきわめて珍しいことではあるが、18世紀中期のホルステッドのエセッ

クス・ブライドウェル懲治場に関する完全な記録が残っており、この記録は、こうした図式に適合するようである。このブライドウェル懲治場の管轄区域にあるほとんどの教区が、1750年代の10年間に少なくとも1人を、ブライドウェル懲治場に送っている。その一方で、近隣の人口1,000ないし2,000人の工業地域でのある教区のうち、最も人口の多い教区のみが、年間1人の割合で、ブライドウェル懲治場に被収容対象者を送っているのである。

3．ブライドウェル懲治場の果たした役割

このように、多くの事項を検討すると、あきらかに、近代初頭の英国庶民に対するブライドウェル懲治場の影響は、非常にささやかなものであったという考えに傾く。しかし、ブライドウェル懲治場の影響を、過小評価することには、慎重でなければならない。ブライドウェル懲治場を創設した者たちは、ブライドウェル懲治場が、被収容者に対する恩恵となるような効果をもつことを望んだのであった。しかし、あきらかに、彼らは、また、ブライドウェル懲治場が、被収容者以外の者たちに対しても、何らかの非常に強力な効果を与えることも期待したのである。多くの場合、「無規律」な貧民を秩序に従わせ従順な者とするには、ブライドウェル懲治場への収容という恐怖のみで充分であったと考えられるからである。

実際には、身分も地位もある人々にとって、これらすべてを思いのままにするのに、ブライドウェル懲治場が利用できる状態にあったというだけで、充分ではなかったことはあきらかである。しかしながら、刑事制裁として、ブライドウェル懲治場を利用できるということは、自分たちの奉公人、あるいは被雇用者、貧しい隣人、教区の貧民たちの管理に取り組んでいた地方のエリート、雇用者、地方政府の官吏の権力を強めたかもしれないのである。ブライドウェル懲治場は、英国の社会一般、あるいは社会的展開の経緯に関しては、比較的影響を与えなかったであろう。しかし、地方という特定の文脈において、または、特定の状況下においては、巧みに用いられた、威嚇と見せしめの収容は、行動パターンを形づくり、地方の社会的諸関係の質を形成する上で、重要な役

割を果たしたであろうと思われる。

　たとえば、救貧法行政の任にある教区の役員が、ブライドウェル懲治場への収容という威嚇を用いた場合について考えてみよう。ほとんどの教区が、数十世帯から構成されていた時期にあっては、教区の役員は、また、地方の有力地主、領主、あるいは雇用者、商店主でもあり、労働貧民を間近に監督できる地位にあった。労働貧民というのは、その生涯のある時期において、教区に財政的援助を求めることとなりやすい社会的地位に置かれた者たちであった。

　教区の役員や教区会員（vestry）にとって、ブライドウェル懲治場への収容は、慣習的な手段であったようである。すなわち、貧民の救済・統治という仕事に取り組む際に直面する、特定の問題に出会ったときのお決まりの手段だったのである。教区に不要と思われる出費を負わせた貧民は、見せしめのために、ブライドウェル懲治場に送られた。たとえば、自分で養えない私生児を出産した者、家族を教区の慈善に任せきりにした者たちである。ブライドウェル懲治場への収容という威嚇によって抑制される者たちもあった。すなわち、人々は、自分自身あるいはその子どもを就労させるように命令された場合もあったであろう。あるいは、彼らの怠惰で自堕落な生活様式を改めるように命令された場合もあったであろう。収容という威嚇が現実となるのがごく稀だったとすれば、それは、ある意味では、威嚇がしばしば効果的であったからかもしれないのである。ブライドウェル懲治場への収容という威嚇は、地方の特定のイニシアティブによって、順応的態度を導き出すために用いることもできたであろう。たとえば、地方の貧民を雇用するための新たな計画に従わせることを確実にするための手段としてである。

　通常の雇用関係という文脈においては、ブライドウェル懲治場への収容という威嚇の用いられ方は、おそらく、体系的ではなかったと思う。気の短い主人は、他の主人たちが見過ごすか、叱責するかで済むような不品行を働いた奉公人や徒弟を、手っ取り早くブライドウェル懲治場に送ったかもしれない。雇用者たちは、また、彼らのもとで働く労働者が、労働者自身にとって本来不快な行動を取るよう、組織的に協力することもあったかもしれないのである。すな

わち、賃下げを受け入れたり、あるいは、異なった労働慣行を受け入れる等の場合である。この時代を通じて、この種の発議は、通常、四季裁判所によって行われた。もっとも、ある時期には、他の時期に比べて、より頻繁に、より強固になされたようである。「賃金裁定」（認可された賃金額の一覧）が、治安判事の権限において発行された。おそらく、これは、地方の雇用者との協議に基づいてなされたものであろう。認可された賃金額の公布は、賃上げを要求する者に対する告訴という、一般的な威嚇力を伴うものであったのである。もちろん、実際には、ある一定レベルでの賃金額の据え置きを求める者たちが直面した問題というのは、貧民に労働をさせるということと同様、同業の雇用者の出し抜きを防ぐということでもあった。しかし、公定賃金額は、少なくとも、雇用者にとって大雑把な基準となり、彼らの取引の立場を有利なものとしたのである[142]。

　四季裁判所の労働政策は、通常、主として農業での雇用を対象としたものであった。工業分野の雇用者は、旧来からあるギルドが何らかの勢力を有している都市では、その枠組みを通じて、あるいは、より非公式な同意に基づいて、同様のイニシアティブを発揮したのである。特定の犯罪に対する起訴が多数であったことから、こうした運動が特定の工業地域において、17世紀から18世紀初頭の間に繰り返し行われたことがわかる。18世紀中期から、こうした運動は、時には新聞によって広く宣伝された。たとえば、1770年代には、紡績工に紡ぎ糸を外注していたイースト・アングリアの製造業者たちは、紡績工に対して、糸巻きの不正あるいは不足という罪で告訴することを決定したことを、地方紙に広告している。首尾よく行われた起訴と、それに続くブライドウェル懲治場への収容も、また、新聞に報道された。このような方法で、少数の者の収容が、広範な聴衆への見せしめとして役に立ったのである[143]。

　概して、ブライドウェル懲治場への収容の意味と重要性の大部分は、それが起こった個々の文脈から生じたものである。こうした文脈に関する詳細な資料（われわれはほとんど持ってはいないが）を手にした場合にのみ、その影響について、適切な評価を下すことができるのである。一浮浪者、一夜盗、あるいは、

仕事を放棄した罪で告訴された一奉公人の収容1件の事件のみでは、貧しい国民の「無規律」な行動を統制しようとする、絶え間ない努力という文脈においては、すべてのものが、役に立たない、とるに足らないものにみえるかもしれない。しかし、地方の限られた状況において、特定の規則あるいは基準の遵守を強いるための、非常に効果的な運動という文脈においては、そのどれもが、見せしめとしての役割を充分に果たしたのかもしれないのである。たしかに、近代初頭の英国における地方のエリートの権力を、誇張して取り上げることもまま起こり得るであろう。しかし、同様に、地方の教区、小さな村、あるいは小都市において、教区の名士が行使したであろう権力を、過小評価することにも気をつけなければならないのである。こうした地域においては、同一の小集団が、同時に地主であり、有力な雇用者であり、公的救済の実施にあたる者であり、あるいは、法の番人であったからである。

8 1800年以降のブライドウェル懲治場計画

1．ブライドウェル懲治場の最後の歴史

18世紀末までに、英国のブライドウェル懲治場計画は、亀裂が生じることとなった。矯正のための刑務所という理念は、刑事司法制度の主流において取り上げられ、採用され、そして、そこで広く利用されることとなったのである。矯正的な拘禁というものは、かつてそうであったような、特殊で無規律な貧民の統制というプロジェクトにかかわるのみのものではもはやなくなったのである。

その後の矯正的な拘禁の歴史に関しては、多くの歴史家や社会科学者が論稿を重ねてきたところである[144]。しかし、この時点からの拘禁の歴史は、一般に、重大な犯罪の処罰において拘禁刑が登場し、支持を得て、最終的に優勢に至るという展開が、彼らの中心的なテーマとして捉えられてきたのである。軽微な犯罪を処罰するために、短期拘禁刑を利用したというその後の歴史に関しては、ほとんど注意が払われてこなかった。その経緯を解明するのは、もちろ

ん本書の任務ではない。しかし、ここにおいて、かつて、ブライドウェル懲治場計画として、程度の差こそあれ凝縮されていたもののある要素の、その後の歴史的諸側面のいくつかを、点描してみるのも意義のあることではないかと思われる。

特に強調しておかなければならないのは、見出しとなっている年代の選択は、かなり恣意的なものであるという点である。「ブライドウェル懲治場」と名付けられた建物と、本来のブライドウェル懲治場計画との関係は、19世紀に至るまで維持されたわけではないからである。しかし、本来ある特定の犯罪と戦うために造られたこうした施設が、そうした犯罪者を、特定のブライドウェル懲治場へ収容するという慣行は、その後、何年も続いたのである。また、18世紀末から19世紀初頭の数十年には、むしろ、そうした傾向が顕著であったであろうし、収容そのものは上昇傾向にあったようである。囚人の増加は、ある面では、人口の増加を反映したものであったかもしれない。しかし、また、それは、18世紀後期における「風俗の改良」に対する関心の復活がもたらしたものでもあったのである。フランス革命およびナポレオン戦争期における、多数の労働能力ある貧民の軍隊への徴募は、おそらく、一時は収容件数のレベルを押し下げたことであろう。しかし、戦争後の復員とそれに伴う経済的混乱は、起訴されるべき犯罪に対する起訴件数の大量の増加を引き起こし、それとともに軽微な犯罪、すなわち、密猟、浮浪、私生児の遺棄等に対する、略式裁判による収容件数のさらなる増加をもたらしたのである[145]。

2. 刑務所制度の合理化と統合

1820年代から、刑務所制度の合理化および統合に向かう傾向は明白なものとなった。州は遠隔地にあるブライドウェル懲治場の閉鎖を始めた。鉄道の発展が、急速に囚人の輸送の便宜を向上させてから後は、とりわけそうであった[146]。人口の増加を考慮に入れても、犯罪をした貧民の収容件数は、それ以前の不充分なデータから判断した限りでは、少なくとも以前と同レベル、おそらくは、それ以上のレベルを維持していたのである。詳細な数値が1850年代から利用可

能であるが、それによると、19世紀中期の数十年の間、「浮浪者規制法」(Vagrancy Act) による収容は、年間 10,000 件あるいはそれ以上の割合で行われていた。飲酒癖、救貧法に規定された犯罪（たとえば、家族の遺棄、労役場での不品行）、主従法違反、狩猟法違反による収容は、それぞれ年間 1,000 件あるいはそれ以上の割合であったのである。強調しておかねばならないのは、この時代、実際には 1740 年以降は、常に、浮浪者規制法による収容というのは、さまざまな形態の「怠惰かつ無規律」な行動を含めたものであったという点である。この用語に対する一般的な理解からする「浮浪者」のみではなく、むしろ、以前であれば、1610 年法によって告訴されたような者をも含むのである。浮浪者規制法は、19世紀の新しい警察が、街路の治安活動を正当化するのに利用したものであった。こうした法律に基づく収容の増加をもたらしたものは、「新しい警察」であったと考えるべきなのかもしれない[147]。しかしながら、実際には、少なくとも全国的な数値からは、新たな警察の確立が、こうした収容が急激かつ持続的に増加した理由であるかどうかはあきらかでないのである。比較的安定していた法執行実務という文脈においてですら、この頃には、収容件数がいくらか上昇するであろうと予想されていた。なぜならば、都市化によって、従来から、より厳重な治安活動の行われていた都市環境に、次第に大量の人口の増加がもたらされたからである。

　1865 年に、監獄とブライドウェル懲治場は併合され、新たな範疇の施設、すなわち、「地方監獄」(Local Prison) を形づくることになった。この展開は、刑罰的・規律的企てであると考えられたブライドウェル懲治場計画が、本来の達成手段であるブライドウェル懲治場という施設から、最終的に分離したことを示すものである。それでもなお、この変化の重要性を強調して取り上げるべきではないであろう。ここに述べたような「ブライドウェル懲治場」の廃止は、本来、行政上の合理化の1つだったのである。すなわち、それは、1877 年に結実することとなる長期にわたるプロセスにおいては、1 つの些細な出来事に過ぎなかったのであった。その年、全国の刑務所業務が前例にないほど一本化され、内務省の直接の監督のもとに置かれたのである。実際には、「監獄」(gaol)

は、矯正刑務所（corrective prison）として改築され、収容理由の異なる者を、刑務所内で分離するための入念な編成が行われた。そして、それ以後、ブライドウェル懲治場と監獄という2種類の刑務所は、無用のものとなったのである。多目的の「地方監獄」は、以前にブライドウェル懲治場が果たした目的に充分に応えることのできるものであったといえよう[148]。

　実際、1860年代後半以降、本書の関心の対象となった、すべての主な範疇の犯罪に対する収容件数は減少した。しかしながら、「ブライドウェル懲治場」廃止にすぐ続いて、収容件数の減少が起こったのは、わずか1例のみであった。その事例において、この2つの出来事の間に、何らかの因果関係があった様子はない。犯罪の範疇ごとに、変化のときも、その理由も、異なっていたのである。ここで、2つの表題、すなわち、「主従法」、および「浮浪者規制法」、および、それらに関連する法律の下に、その後の動きを簡略に考察することとしたいと思う。

3．ブライドウェル懲治場の終焉

　労働活動家による活発な運動の成果である「主従法」の改正によって、1860年代から1870年代に、この法律による収容件数の急激な減少がもたらされた。労働者たちによるこうした運動の目的は、労働者側の契約違反を、刑事法でなく民事法上の問題とすることであった。この運動は、1867年に条件付きで勝利を収めた。その際、この法律は、施設への収容よりも、罰金の活用を奨励する形において変化を遂げたのである。主従法に基づく収容件数は、すぐさま3分の2減少した。1875年には、こうした訴訟の判決のほとんどは、民事裁判所の管轄となり、以後、そのための収容件数はごくわずかになったのである[149]。

　それとは対照的に、「浮浪者規制法」に基づく収容は、「警察法」（Police Act）あるいは同種の立法によるものと同様に、19世紀後半から20世紀初頭には、以前に増して、頻繁に行われた。1860年から1870年に至る間には、浮浪罪に対する拘禁の言い渡し件数は、2倍以上に増加した。20世紀初頭には、収容件数のさらなる増加がみられた。第1次世界大戦の直前には、治安裁判所の略式

裁判による収容（この頃までには、特定の暴行、窃盗を含む）は、おおむね、年間150,000人を超え、増え続けた。これは人口1,000人に4人の割合である。このうちの約3分の2は、飲酒癖、物乞い、公務執行妨害、売春、野宿、ポーパー（pauper：救貧法の適用を受ける貧困者）の不品行、扶養義務の懈怠による収容等であった。収容期間は、非常に短期であった19世紀末から20世紀初頭の情勢を受けて、全拘禁刑宣告者の大多数の者の刑期は、2週間以下であったのである。

さまざまな「怠惰かつ無規律」な犯罪による収容件数の、明白な、持続的な下降傾向は、1914年以後になってようやく認められるのである。これは一部には、おそらく変化する社会的状況の所産でもあるのであろうが、あきらかに、この持続的な傾向は、罰金の支払を奨励する方向での手続上の変化によって引き起こされたものであった[150]。警察および裁判官の行動の変化が、収容件数の下降の一因であったようにも思われる。それ以前の数十年間においては、重大な犯罪に対する起訴の増加傾向が特徴的であったのであるが、そうした傾向に伴って、道徳的・社会的秩序に反する犯罪を行った者に対する短期の拘禁への関心が、再び起こるというようなことはなかった。この点は注目に値する。こうした犯罪は、重大な犯罪の範疇から除外されていたのである。刑罰的プロジェクトとして狭く考えれば、おそらく最終的にブライドウェル懲治場計画が辿った道のりは、ごく自然なものであったと考えられるであろう。

なぜ、ブライドウェル懲治場計画は、こうした経過を辿ったのであろうか。その答えは、一般にいわれているように、「拘禁刑自体に対する幻滅」のうちには存在しない。なぜならば、刑罰の一形態としての拘禁刑の利点が、19世紀以前におけるように、しばしば真剣に疑問とされることもあったが、しかし、それは依然として、窃盗や暴行に対する刑罰として、広範に利用され続けているからである。また、注目すべきことに、こうした犯罪に対する刑期は概して短いのが常である。すなわち、現在ですら、ほとんどの収容期間は6か月あるいはそれ以下であるからである。

また、この種の拘禁刑は、依然として、「貧民」の統制の手段であり続けているという主張があるかもしれない。しかしながら、現在の英国において、拘禁

刑は、もはや、過去数世紀間を通じて広く用いられたのと同じ文脈においては、広範に用いられているとはいえないのである。貧民の統制に対する拘禁刑の利用方法は、たしかに変わってしまったのである。

ブライドウェル懲治場計画の最終的な衰退をあきらかに描き出すのに必要なのは、おそらく、さまざまな文脈のもとに、人々の関係が、統制され調整されてきた、その方法の変化を考察することであろう。その文脈とは、すなわち、街路での治安活動、雇用関係、慈善への依存関係等である。あきらかに、公共的な社会生活、あらかじめ規定された行為の基準の強制、労働者を実際に労働に駆り立てること、不正な救済への依存の抑制等は、人々の関心の対象から消えてはいないからである。しかし、社会的諸関係の、こうした側面を統制しようとする権力者たちの用いる戦術のなかで、抑禁刑は特に目立った存在ではないのである。何が権力者側の寛容な取り扱いを受け、あるいは、何が寛容な取り扱いを受けないのかに対する理解は、再調整されなければならない。新たな、より明確でない強制的な統制の形態は、ある意味では、古い形態のものに比べ、より効果的であるようにも見受けられるのである。ブライドウェル懲治場は、決して、より広い意味での統制システムの、抑圧的な付属物以上のものであろうとはしなかった。規則は、多少なりとも効果があるものなのかもしれないが、現在では、統制は、おおむね、ブライドウェル懲治場という矯正的施設の形態に頼ることなく、無事に行われているのである。

9　総括および将来の課題

以上、筆者は、ジョアンナ・イニス（J. Innes）の論考を基にして、英国のブライドウェル懲治場の310年の歴史を概観した。そこであきらかになったことは、ブライドウェル懲治場の台頭をもたらした要因は、当時の英国において深刻な社会問題とされていた「浮浪者問題」にあったということである。いまさら改めていうまでもなく、浮浪者問題は、全ヨーロッパ的な現象であったが、とりわけ事態が深刻であったのは、英国であった。懲治場を考案したのが英国

であったことは、決して単なる偶然ではなかったのである。

　16世紀を通じて、貧民層の境遇は劣悪化し、その数も増え続けた。16世紀も後半に入る頃には、ヨーロッパ大陸は、その資源の割には人口密度が高くなり過ぎ、もはや、経済成長の波に乗って進むことのできない時代となっていたが、ここにおいて、かなりの数の人間が窮乏化し、日々のパンを得ることにも難儀するという傾向がみられたのである。もちろん、こうしたことの原因にはいくつかのものが考えられる。ヨーロッパ諸国は、この頃までには、すでに体制を整え、秩序を維持し、大封建領主の力を支配し得るほどに強力になっていたため、封建領主の軍隊は解体させられ、同時に権力は「人の指導者から富の所有者」に移るという現象が生起していたのである。ヨーロッパ全土で、それまでの封建家臣や兵士が略奪行為やその他諸々の犯罪行為に走り、果ては、乞食にまで成り果てていたという記録さえ残されているのである[151]。

　都市では、手工業の発達によって、不景気な時期に窮乏状態にさらされやすい労働者層が創出された。英国では、おそらくこの初期の都市労働者の数は、「囲い込み運動」において締め出された農業労働者や小規模なヨーマンによって、一層膨れ上がっていたであろうと思われる。

　同時に、新世界からの銀の流入は、全般的な物価の上昇を引き起こした。食料、衣類、家賃の値上がりの速度は、賃金のそれよりも早く、その結果、貧乏人は生活必需品さえも入手することが困難になった。そして、このことは、貧民に対して援助を与える諸機関自体の変容をも余儀なくさせたのである。ヘンリー八世の治世下における英国修道院の解体は、その速度と規模において独得なものがあったとはいえ、ヨーロッパの至る所で、教会の保護を受けて、過去2、3世紀の間にめざましい発展を遂げた慈善団体、病院、修道院等が解散したり、著しい衰えを見せ始めていたのである。結局のところ、当時のいわゆる貧民救済事業はまとまりのない非生産的なものであり、見境もなく、実際には、貧民を救済するのとほとんど同じくらい、乞食や浮浪者を増やすようなものとみられていたのである。

　この浮浪者問題は、16世紀当時においては、都市固有の社会問題となる傾向

にあった。なぜならば、余剰人口が土地にしがみついて得られるよりも、よりよい機会を求めて都市に集中するという現象は、世界の歴史上あまねくみられた現象だからである。しかも、都市の匿名性は、当局が浮浪者の動向を察知し、コントロールすることを困難にした。そうしたことから考えれば、懲治場創設の動きが、ロンドン、ノリッジ、アムステルダム、パリ、およびドイツ・ハンザ同盟諸都市において始まったことが、単なる偶然でなかったことが窺えるのである。

　ヨーロッパにおける貧民と浮浪者の問題に対する社会の対応全般をみれば、懲治場の発達をはるかに越える広い範囲にわたっている。義捐金やその他の慈善事業を導入したり、貧民救済のための税収源を作り出したり、土地から離れることを制限したり、食品の価格を統制したり等、さまざまな分野に力が注がれた。英国においては、ロンドンおよびその他のいくつかの都市における実務は、法令の規定よりも進んでいたといわれている。そして、この時期の主要な特徴は、貧民救済事業の自治体の組織化という点にあったのである。後にその名が英国の懲治場の総称ともなった、ロンドンのかつての王宮ブライドウェルは、1550年頃までには、こうした目的のために改造されていたと考えられるのである。また、ノリッジのブライドウェル懲治場は、1565年に始まっている。この両都市は、いずれも働けないか、もしくは一時的に困窮しているその土地に住む貧民に対して、比較的慈悲深い公的救済の機構を設けていたが、どちらも決まった住所が確認できて、新たに移住してくる貧民をなくすように注意を払っていたようである。そして、これらのブライドウェル懲治場には、「労働能力のある乞食」と「怠惰な人間」が送られ、彼らは自分の生計を立てるために働くように強制されたのである。

　このように、懲治場は、被収容者にまじめな労働に基づく生活規則への手ほどきをし、また、被収容者に実用的な技能を仕込み、そして、規律と道徳教育を通じて被収容者の性格を改善しようとしたのである。したがって、被収容者は、これらのことが身に付けば釈放されるのであって、彼らは社会のお荷物でも厄介者でもない存在となる。懲治場は、まさにそうした意味において、改善

機能を有していたとみなされるのである。

アムステルダムに1590年代に設けられた懲治場は、ヒッペルやセリン（T. Sellin）による貴重な研究[152]の対象であったが、英国のブライドウェル懲治場に関しては、この種の研究は、残念ながら、今までのところ存在しなかった。本書で紹介したイニスの研究は、そうした意味では、価値のあるものであり、唯一の英語の文献ではないかと思う。

英国のブライドウェル懲治場の歴史が、オランダのアムステルダム懲治場の歴史に溯ること40余年であることを考えるとき、筆者は、近代刑務所の起源は、歴史的現実として、英国のブライドウェル懲治場にあるといえるのではないかと思う。しかも、当時、オランダと英国、とりわけアムステルダムとノリッジやロンドンとの間には、ドーバー海峡を隔てて、緊密な通商関係があった。近世初期の英国は、オランダの羊毛工業に対する原料としての羊毛の主要な供給国であったことを想起することが必要であろう。通商関係を通じて、英国の懲治場の思想と実践が、オランダに移入された可能性は充分に考えられるからである。そうしたことから考えても、アムステルダムの懲治場は、英国の制度を模範として創られたものであると推測することができるのである。一歩下がって、オランダのアムステルダム懲治場は、英国のブライドウェル懲治場を、細部にわたって模倣したものではないとしても、「着想」として、オランダのアムステルダム懲治場の創設に役立ったということが考えられよう。労働と宗教教育を刑罰上の処遇手段として利用するという構想は、ひとたびその構想が浮かび上がれば、その構想を現実に移すにあたっては、もはや、異なった方法を考える余地は、あまりなかったのではないかと思われる。

ところで、近代刑務所の起源が、英国のブライドウェル懲治場にあり、それが完成した形において展開されたのがオランダのアムステルダム懲治場であったとした場合、このアムステルダム懲治場は、我が国の刑務所制度に何らの影響を及ぼさなかったのであろうか。我が国の近代刑務所の起源は、1790年に創設された石川島人足寄場であるとされるのが通説である。この石川島人足寄場は、その構想において、オランダのアムステルダム懲治場にきわめて類似する

ところがある。無宿人や軽罪に処せられた者で落ち着き先のない者のための授産場としての役割を、人足寄場は担っていたからである。しかも、江戸時代260余年の鎖国政策のなかで、唯一の西洋通航国はオランダであった。そうした歴史的事実から考えるとき、オランダのアムステルダム懲治場の構想が、長崎は平戸あるいは出島での貿易を通じて、さらにはまた、蘭学を通して、あるいはまた、オランダ商館の通詞と長崎奉行との会話を通じて、伝播された可能性があると考えることはできないであろうか。筆者の手元にこれらの事実を証明する確たる資料があるわけではない。しかしながら、近代刑務所制度が、英国からオランダへ、そして海を渡って我が国へと伝わったという仮説は、単なる歴史的ロマン以上のものがあるように、筆者には思われるのである。今回、筆者がイニスの論文を発見したのと同じような偶然が、これから先にもないとは、誰にも断言できないであろう。資料を発見することの努力と合わせて、今後の筆者の研究課題としたいと思う。

1) 瀧川幸辰「近代自由刑の誕生」村井和義編『行刑論集』有斐閣（1930年）88頁。
2) 瀧川幸辰『刑法史の断層面』一粒社（1963年）130頁。
3) 小野坂弘「近代的自由刑の発生と展開（一）―ヒッペル説をめぐる学説史的展望―」『法制理論』1巻2号（1969年）51-52頁、112頁。
4) 牧野英一『重訂日本刑法上巻』有斐閣（1943年）608頁脚注(1)。本書においては、旧仮名遣いは新仮名遣いに改め、旧字体は新字体に改めた。
5) 正木亮『増補新訂監獄法概要』有斐閣（1936年）12-13頁。
6) 安平政吉『改正刑法総論』巌松堂書店（1948年）424頁。同旨　安平政吉『新修刑法総論』（1970年）476頁脚注(2)。同『新刑法講話(3)刑法』ダイヤモンド社（1942年）209-210頁。
7) 福田平『新版刑法総論（増補）』有斐閣（1982年）239頁。同旨　福田平『刑法総論』有斐閣（1965年）253頁。同『全訂刑法総論』有斐閣（1984年）300-301頁。その他、アムステルダム説を採るものとして、勝本勘三郎『刑法要論（総則）』同労社（1913年）506-507頁。東邦彦『行刑制度論』刑務協会（1938年）19頁。藤平英夫『各国における過剰拘禁の緩和対策』法務研究報告36巻6号（1952年）150-151頁。不和武夫・井上正治『刑法総論』酒井書店（1955年）207-208頁。吉川経夫『刑法総論』法文社（1964年）169-170頁。平松義郎「人足寄場の成立（一）」『法政論集』33巻（1965年）6頁。青柳文雄『刑法通論Ⅰ　総論』泉文堂（1965年）457-

458 頁。佐伯千仭『刑法総論』有信堂（1966 年）220-221 頁。木田純一『日本刑法総論』法律文化社（1967 年）165 頁。西原春夫「刑事政策の歴史」宮澤・中山・西原・藤木（共編）『刑事政策講座第一巻総論』成文堂（1971 年）21 頁。瀧川春雄『新訂刑法総論講義』世界思想社（1975 年）227 頁。平場安治『刑罰の思想』新有堂（1978 年）80 頁。正田満三郎『刑法体系総論』良書普及会（1979 年）372 頁。森下忠『刑事政策大綱』成文堂（1993 年）50 頁。山中研一『刑事法入門』成文堂（1994 年）101 頁。長岡龍一『刑事政策』宝文堂（1997 年）324 頁。菊田幸一『犯罪学』成文堂（1998 年）234 頁。

8) 井上正治『刑法学総則』朝倉書店（1951 年）273-274 頁。
9) 小野清一郎・朝倉京一『ポケット注釈全書　監獄法』有斐閣（1966 年）17-18 頁。
10) 小川太郎『自由刑の展開』一粒社（1964 年）52-53 頁。この他に保安処分施設として言及するものに、藤平・前掲書・150-151 頁、吉川・前掲書・170 頁がある。
11) 小河滋次郎『監獄学』博聞社（1894 年）13-14 頁。
12) 市川秀雄「教育刑のメッカあむすてるだむ監獄」『総合法学』5 巻 8 号（1962 年）9 頁。同『刑法総論』春秋社（1955 年）436 頁。
13) 坂田仁「英国の懲治場（house of Correction）について（一）」『法学研究』48 巻 6 号（1975 年）26-27 頁。その他ブライドウェル説を採るものとして、渡部武『自由刑の執行と刑務作業』司法研究八　研究報告書四（1928 年）13 頁。坂本英雄『刑事政策学（全）』明治大学出版部（1938 年）117 頁。手塚豊「長岡藩の寄場と松山（高梁）藩の徒刑場」『法学研究』31 巻 5 号（1958 年）2 頁。木村亀二『新刑法読本』法文社（1966 年）326 頁。大塚仁『刑法概説（改訂版)』有斐閣（1987 年）493-494 頁。大谷實『刑事政策講義（四版）』弘文堂（1996 年）7 頁等がある。
14) 仲里達雄『刑務作業の本質についての研究』法務研究報告書　44 集 4 号（1955 年）77 頁。
15) 坂田仁『犯罪者処遇の思想―懲治場からスウェーデン刑政へ―』刑事法叢書⑧慶応通信株式会社（1984 年）6 頁。
16) トーステン・エリクソン（犯罪行動研究会訳）『犯罪者処遇の改革者たち』大成出版社（1980 年）10 頁。
17) 本書の第Ⅰ部は、Innes, J., "Prisons for the Poor : English Bridewells, 1555-1800," in Snyder, F. and D. Hay (eds.), *Labor, Law, and Crime : A Historical Perspective*. London : Tavistock Publications, 1987, pp. 42-122. に基づくものである。
18) Leonard, E. M., *The Early History of English Poor Relief*. Cambridge : Cambridge University Press, 1900 ; Webb, S. and B. Webb, *English Local Government. Poor Law History I : The Old Poor Law*. London : Longmans, Green & Co., 1927 ; van der Slice, A., "House of Correction in Elizabethan England," *Journal of Criminal Law and Criminology*, Vol. 27, No. 1, 1936, pp. 45-67.

19) Spierenburg, P., "The Sociogenesis of Confinement and its Development in Early Modern Europe," in Spierenburg, P. (ed.), *The Emergence of Carceral Institutions: Prisons, Galleys and Lunatic Asylums 1500-1900. Centrum voor Maatschappij Geschiedenis 12*, 1984, pp. 9-77; Melossi, D. and M. Pavarini, *The Prison and the Factory*. Trans. By G. Cousin. London: Macmillan, 1981, pp. 63-80（竹谷俊一訳『監獄と工場──刑務所制度の起源』彩流社・1990年）; Callahan, W., "The Problem of Confinement: An Aspect of Poor Relief in Eighteen-century Spain," *Hispanic American Historical Review*, Vol. 51, No. 1, 1971, pp. 1-24.

20) Ruche, G. and O. Kirchheimer, *Punishment and Social Structure*. New York: Columbia University Press, 1939, pp. 24-113（木原一史訳『刑罰と社会構造』法務資料306号・法務府法制意見第4局・1949年）; Melossi and Pavarini, *op. cit.*, 11-62; Langbein, J. H., *Torture and the Law of Proof*. Chicago: University of Chicago Press, 1977, pp. 33-39.

21) Webb, S. and B. Webb, *English Prisons under Local Government*. London: Longmans, 1922, pp. 12-17; McConville, S., *A History of English Prison Administration, Vol. 1: 1750-1877*. London: Routledge & Kegan Paul, 1981, pp. 62-66.

22) Rusche and Kirchheimer, *op. cit.*; Melossi and Pavarini, *op. cit.*

23) メロッシ゠パヴァリーニ・前掲訳書・16-18頁、29-30頁。

24) Hill, C., "Pottage for Freeborn Englishmen: Attitudes to Wage-Labour," in Hill, C. (ed.), *Change and Continuity in Seventeenth-Century England*. London: Weidenfeld & Nocolson, 1974; Milward, R., "The Emergence of Wage Labour in Early Modern England," *Explorations in Economic History*, Vol. 18, No. 1, 1981, pp. 21-39; Kussmaul, A., *Servants in Husbandry in Early Modern*. Cambridge: Cambridge University Press, 1981; Thirsk, J., "Seventeenth-Century Agriculture and Social Change: Industries in the Countryside: Projects for Gentlemen, Jobs for the Poor," in Thirsk, J. (ed.), *The Rural Economy of England*. London: The Hambledon Press, 1984.

25) Putnam, B., *The Enforcement of the Structure of Labourers during the First Decade After the Black Death 1349-59*. New York: Columbia University Press, 1908; Poos, L. R., "The Social Context of Statute of Labourers Enforcement," *Law and History Review*, Vol. 1, No. 1, 1983, pp. 27-51; Clark, E., "Medieval Labour Law and England Local Courts," *American Journal of Legal History*, Vol. 27, No. 4, 1983, pp. 330-353.

26) Kussmaul, *op. cit.*, 166-167.

27) Levine, D., "Industrialization and the Proletarian Family in England," *Past and Present*, Vol. 107, 1985, pp. 168-203; Coleman, D. c., "Labour in the English Economy of the Seventeenth Century," *Economic History Review*, 2nd series, Vol. 8, No. 3, pp. 280-295; Crafts, N., "Income. Elasticities of Demand and the Release of Labour by

Agriculture during the British Industrial Revolution," in Mokyr, J. (ed.), *The Economics of the Industrial Revolution*. London : Allen & Unwin, 1985 ; Wrigley, E. A., "Urban Growth and Agricultural Change : England and the Continent during the Early Modern Period," *Journal of Interdisciplinary History*, Vol. 15, No. 4, 1985, pp. 683-728 ; Thirsk, J., *Economic Policy and Projects*. Oxford : Clarendon Press, 1978 ; Rule, J., *The Experience of Labour in Eighteenth-Century Industry*. London : Croom Helm, 1981, pp. 11-73.

28) Beier, L., *Masterless Men : The Vagrancy Problem in England 1560-1640*. London : Methuen, 1985, pp. 109-145.

29) Lis, C. and H. Soly, *Poverty and Capitalism in Pre-industrial Europe*. Brighton : Harvester Press, 1979, pp. 53-82.

30) *Ibid*., pp. 82-96 ; Slack, P., "Social Policy and the Constrains of Government 1547-58," in Loach, J. and R. Tittler (eds.), *The Mid-Tudor Polity c. 1540-1560*. London : Macmillan, 1980 ; Slack, P., "Poverty and Social Regulation in Elizabethan England," in Smith, C. (ed.), *The Reign of Elizabeth I*. London : Macmillan, 1984.

31) Clark, P. and P. Slack, *English Towns in Transition*. Oxford : Oxford University Press, 1976, pp. 97-108, 121-122 ; Clark, P. (ed.), *Country Towns in Pre-industrial England*. Leicester : Leicester University Press, 1981, pp. 10-11, 46-85.

32) エリクソン・前掲訳書・9頁。

33) Clark and Slack, *op. cit*., pp. 97-108, 121-122 ; Clark, *op. cit*., pp. 10-11, 46-85.

34) Beier, L. and R. Finlay, "Introduction : The Significance of the Metropolis," in Beier, L. and R. Finlay (eds.), *London 1500-1700*. London : Longman, 1986 ; Clay, R. M., *The Medieval Hospitals of England*. London : Methuen, 1909 ; Slack, *op. cit*., pp. 108-113.

35) Slack, *op. cit*., p. 111.

36) O'Donoghue, E. G., *Bridewell Hospital : Palace, Prison and Schools, Vol. 1 : From the Earliest Times to the Region of Queen Elizabeth*. London : The Bodley Head, 1923.

37) Tawney, R. H. and E. Power, *Tudor Economic Documents, Vol. 2 : Commerce, Finance, and the Poor Law*. London : Longmns & Co., 1924, p. 308.

38) Melossi and Pavarini, *op. cit*., p. 65 ; Elton, G. R., "An Early Tudor Poor Law," *Economic History Review*, 2nd series, Vol. 6, No. 1, 1953, pp. 55-67.

39) Tawney and Power, *op. cit*., p. 335 ; Pike, R., *Penal Servitude in Early Modern Spain*. Madison, Wisconsin : University of Wisconsin Press, 1983, pp. 27-40.

40) Davies, C. S. L., "Slavery and Protector Somerset : The Vagrancy Act of 1547," *Economic History Review*, 2nd series, Vol. 19, No. 3, 1966, pp. 533-549.

41) O'Donoghue, *op. cit*., pp. 190-192, 197-298, 205.

42) Rushce, G. and O. Kirchheimer, *Punishment and Social Structure*. New York :

Sentry Press, 1968.（木原一史訳『刑罰と社会構造』法務資料 306 号・法務府法制意見第 4 局（1949 年）54 頁、70 頁。

43) Bacon, F., "In Brief Discourse upon the Commission of Bridewell," in Spedding, J., Ellis, R. L. and D. D. Heath (eds.), *Works*, Vol. 7. London : Longman, 1861, p. 512 ; van der Slice, A., "House of Correction in Elizabethan England," *Journal of Criminal Law and Criminology*, Vol. 27, No. 1, 1936, p. 51 ; Howes, *op. cit.*, pp. 62-63.
44) Howes, *op. cit.*, pp. 440-441.
45) Howes, *op. cit.*, p. 436 ; Beier, *op. cit.*
46) *Ibid.*, p. 439.
47) Lis and Soly, *op. cit.*, p. 93 ; Melossi and Pavarini, *op. cit.*, pp. 65-66.
48) Howes, *op. cit.*, pp. 91-93 ; O'Donoghue, *op. cit.*, pp. 183-185.
49) O'Donoghue, *op. cit.*, p. 199.
50) Beier, L., "Social Problems in Elizabethan London," *Journal of Interdisciplinary History*, Vol. 9, No. 2, 1978, p. 204 ; O'Donoghue, *ibid.*, pp. 197-198.
51) Beier, *ibid.*, p. 204 ; O'Donoghue, *ibid.*, pp. 231-232 ; Bacon, *op. cit.*, p. 513.
52) Slack, P., "Poverty and Social Regulation in Elizabethan England," in Haigh, C. (ed.), *The Reign of Elizabeth I*. London : Macmillan, 1984, p. 229 ; Howes, J., "Second 'Familiar and Friendly Discourse Dialogue Wyse'," in Tawney, R. H. and E. Power, *Tudor Economic Documents, Vol. 3 : Pamphlets, Memoranda and Literary Extracts*. London : Longmans & Co., 1924, pp. 441-442 ; Howes, *op. cit.*, 1904, p. 92.
53) Thomas, A. H., *Calendar of Select Pleas and Memoranda of the City of London 1381-1412*. Cambridge : Cambridge University Press, 1932, pp. 1-2, 5-6, 126, 148 and 228 ; Pugh, R., *Imprisonment in Medieval England*. Cambridge : Cambridge University Press, 1968, pp. 41-44 ; Wunderli, R. M., *London Church Courts and Society on the Eve of the Reformation*. Mass. : Medieval Academy of America, Speculum Anniversary Publications, No. 7, 1981.
54) Tawney and Power, *op. cit.*, p. 335 ; O'Donoghue, *op. cit.*, pp. 183-184.
55) Slack, *op. cit.*, 1980, p. 112 ; Howes, *op. cit.*, 1587, p. 439, pp. 441-442.
56) Howes, *ibid.*, pp. 441-442.
57) O'Donoghue, *op. cit.*, pp. 183-184.
58) Leonard, E. M., *The Early History of English Poor Relief*. Cambridge : Cambridge University Press, 1990, pp. 43-45, 101, 113, 129-130 ; van der Slice, *op. cit.*, pp. 52-53, 56-57.
59) van der Slice, *ibid.*, p. 53n.
60) Leonard, *op. cit.*, pp. 110-112, 125-126 ; Slack, *op. cit.*, 1984, pp. 231-233, 239-240.
61) van der Slice, *op. cit.*, pp. 45-46. ラスプ・ハウスとは男子のための懲治場で、そ

の作業が主として木挽であったことから、この名称がある。女子のための懲治場は、その作業が主として紡績であったことから、スピン・ハウス（紡ぎ場）と呼ばれていた。

62) エリクソン・前掲訳書・18-19頁。
63) Spierenburg, *op. cit.*, pp. 24-27 ; Gutton, J. P., *L'Etat et la mendicité dan la première moitié du XVIIIE siècle*. Lyon : Centre d'Etudes Foréziennes, 1973.
64) Spierenburg, *ibid.*, p. 24.
65) Cannan, E., *History of Local Rates in England*. London : Longmans & Co., 1912, pp. 54-77 ; Web and Web, *op. cit.*, 1927, p. 43.
66) Cockburn, J., *A History of English Assizes 1558-1714*. Cambridge : Cambridge University Press, 1972, pp. 153-187.
67) Sillem, R., "Commissions of the Peace 1380-1485," *Bulletin of the Institute of Historical Research*, Vol. 10, 1932, pp. 81-104 ; Bellamy, J. G., *Criminal Law and Society in Late Medieval and Tudor England*. Gloucster : Alan Sutton, 1984, pp. 8-31.
68) Web and Web, *op. cit.*, 1927, pp. 42-43.
69) Thirsk, *op. cit.*, 1978, 1984.
70) Leonard, *op. cit.*, p. 69 ; Slack, *op. cit.*, 1984, p. 237.
71) Gray, B. K., *A History of English Philanthropy*. London : P. K. King & Son, 1905, pp. 55-62 ; Marshall, D., *The English Poor in the Eighteenth Century*. London : George Routledge & Sons, 1926, p. 125 ff. ; Fletcher, A., *Reform in the Provinces. The Government of Stuart England*. New Haven : Yale University Press, 1986, pp. 214-215, 219-222.
72) Ellis, H., "Letter from Secretary Walsingham," *Norfolk Archaeology*, Vol. 2, 1849, 92-96 ; Godber, J., *History of Bedfordshire 1066-1888*. Bedford : Bedfordshire County Council, 1969, p. 218 ; Rowley, N., *Law and Order in Essex*. Chelmsford : Essex County Council, 1970 ; Hull, F., *Guide to the Berkshire Record Office*. Reading : Berkshire County Council, 1952, p. 3, 71 ; Tollit, S., "The First House of Correction for the County of Lancashire," *Transactions of the Historical Society of Lancashire and Cheshire*, Vol. 105, 1953, pp. 69-90.
73) Ellis, *ibid.*, pp. 95-96.
74) van der Slice, *op. cit.*, pp. 63-65.
75) Dalton, M., *The Countrey Justice*. London : Company of Stationers, 1631, p. 101.
76) Coke, E., *Second Part of the Institutes of the Laws of England*. London : M. Flesher et al., 1642, p. 730.
77) Burn, R., *Justice of the Peace*. London : A. Millar, 1755, p. 56.
78) Phillips, W., "Salop House of Correction and Provision for the Poor Anno 1598,"

Transactions of the Shropshire Archaeological and Natural History Society, 3rd sries, Vol. 1, No.3, 1901, pp. 409-411 ; Sussex : Descriptive Report, *Descriptive Report on Quarter Sessions and Other Official and Ecclesiastical Records in the Custody of the County Councils*, 1954, p. 23 ; Hamilton, A. H. A., *Quarter Sessions from Queen Elizabeth to Queen Anne...Drawn from Original Records(Chiefly of the County of Devon)*. London : Sampson Low & Co., p. 17 ; Smith, A. H., *County and Court : Government and Politics in Elizabethan Norfolk*. Oxford : Clarendon Press, 1974, p. 104.

79) Melling, E., *Kentish Sources 6 : Crime and Punishment*. Maidstone : Kent County Council, 1969, p. 209 ; Cockburn, J., *Calendar of Assize Records. Hertfordshire Indictments. James I*. London : HMSO, 1975, p. 275.

80) Thirsk, *op. cit.*, 1978, p. 164.

81) Fletcher, *op. cit.*, pp. 54-55 ; Quintrel, B. W. (ed.), *Proceedings of the Lancashire Justices of the Peace at the Shrieff's Table during Assizes Week 1578–1694*. Chester : Record Society of Lancashire and Cheshire, Vol. 121, 1981, pp. 73-76 ; Jeaffreson, J. C., *County of Middlesex Calendar to the Sessions Records*. London : Middlesex County Record Series. New series, Vol. 3, 1887, pp. 66-68 ; Forster, G. C. F., "The North Riding Justices and Their Sessions 1603-25," *Northern History*, Vol. 10, 1975, pp. 102-125 ; Barmby, *Churchwardens' Accounts of Pittington and Other Parishes in the Diocese of Durham AD 1580–1700*. Durham : Surtees Society, Vol. 84, 1888, p. 82.

82) Orders and Directions, *Orders and Directions, together with a Commission for the better Administration Justice*, etc. (the 'Book of Orders'). London : Robert Barker, 1630, pp. 18-19.

83) Evans, N., *Religion and Politics in Mid-Eighteenth-Century Anglesey*. Cardiff : Universiyt of Wales Press, 1953, p. 165.

84) Leonard, *op. cit.*, p. 248.

85) James, I., *The Political Works of James I*. Ed. C. McIlwain. Cambridge, Mass. : Harvard University Press, 1918, p. 342.

86) Coke, *op. cit.*, p. 729.

87) Cockburn, *op. cit.*, pp. 174, 182.

88) Smith, A.E., *Colonists in Bondage*. Chapel Hill, NC : University of North Carolina Press, 1947, pp. 92-93.

89) Notestein, W., Relf, F.H. and H. Simpson, *Commons Debates 1621*, Vol. 2. Mew Haven : Yale University Press, 1935, p. 117.

90) Kent, J., "Attitudes of the Member of the House of Commons to the Regulation of 'Personal Conduct' in Late Elizabethan and Early Stuart England," *Bulletin of the*

Institute of Historical Research, Vol. 46, 1973, p. 49.
91) Owens, G. L., *Norfolk 1620–41 : Local Government and Central Authority in an East Anglian County*. Unpublished Ph. D. Thesis, University of Wisconsin, 1970, p. 580.
92) Atkinson, J. C., *Quarter Sessions Records : North Riding of the County of York*, Vol. 3, London : North Riding Record Society, 1885, pp. 115, 249, 264.
93) Hall, J., *A History of the Town and Parish of Nantwich*. Nantwich : printed for the author, 1883, pp. 207-209.
94) Hamilton, *op. cit.*, pp. 215-217 ; Roberts, S. K., *Recovery and Restoration in an English County : Devon Local Administration 1646–70*. Exeter : University of Exeter, 1985, pp. 195-197.
95) Ratcliff, S. and H. C. Johonson, *Warwick County Records*, Vol. 7. Warwick : L. Warwichshire County Council, 1946 ; Johnson, H. C., *Warwick County Records*, Vol. 9. Warwick : Warwickshire County Council, 1964 ; Melling, *op. cit.*, p. 210.
96) Gray, I. E. and A. T. Gaydon, *Gloucestershire Quarter Sessions Archieves 1660–1889*. Gloucestershire County Council, 1958, p. 22 ; Melling, *op. cit.*, p. 210.
97) Macfarlane, S., *Studies in Poverty and Poor Relief in London at the End of the Seventeenth Century*. Unpublished Ph. D. thesis. University of Oxford, 1982, p. 259.
98) Roberts, M., Wages and Wage-Earners in England : The Evidence of the Wage Assessments 1563-1725. Unpublished Ph. D. thesis. University of Oxford, 1981, pp. 42-43. ; Kussmaul, *op. cit.*, pp. 99-113 ; Fletcher, *op. cit.*, pp. 221-226.
99) Burn, R., *The History of the Poor Laws*. London : A. Millar, 1764, pp. 166-167, 175-177.
100) Wales, T., "Poverty, Poor Relief and the Life-Cycle : Some Evidence from Seventeenth-Century Norfolk," in Smith, R. M.(ed.), *Land, Kinship and Life-Cycle*. Cambridge : Cambridge University Press, 1984, p. 354.
101) Hitchcock, T. W., *The English Workhouse. A Study in Institutional Poor Relief in Selected Counties 1696–1750*. Unpublished Ph. D. thesis, University of Oxford, 1985, p. 56.
102) Melling, *op. cit.*, p. 210 ; Johnson, *op. cit.*, p. 62.
103) Butcher, E., *Bristol Corporation of the Poor : Selected Records 1696–1834*. Bristorl : Bristol Record Society, Vol. 3, 1932, pp. 29, 85, 94, 95.
104) Hitchcock, *op. cit.*, pp. 25-39.
105) Portus, G. V., *Pietas Anglicana*. London : A. R. Mowbray & Co., 1912 ; Bahlman, D., *The Moral Revolution of 1688*. New Harven : Yale Universiyt Press, 1967 ; Bristow, E., *Vice and Vigilance*. Dublin : Gill and Macmillan, 1977, pp. 11-31 ; Craig, A. G., *The Movment for the Reformation of Manners 1688–1715*. Unpublished Ph. D. thesis,

University of Edinburgh, 1980 ; Isaacs, T., *Moral Crime, Moral Reform and the State in Early Eighteenth-Century England : A Study of Piety and Politics.* Unpublished Ph. D. thesis, University of Rochester, New York, 1980.
106) Shoemaker, R. B., *Crime, Courts and Community: The Prosecution of Misdemeanours in Middlesex County 1663–1723.* Unpublished Ph. D. thesis, Stanford University, 1986, pp. 114-115.
107) Macfarlane, *op. cit.*, Ch. 8 ; Shoemaker, *op. cit.*, pp. 84-111.
108) Alcock, T., *Observations on the Defects of the Poor Laws.* London : R. Baldwin, 1752, pp. 66-67 ; Holloway, R., *The Rat Trap.* London. 1777, pp. 15-16.
109) Baker, J. H., "Criminal Courts and Procedure at Common Law," in Cockburn, J. (ed.), *Crime in England 1550–1800.* London : Methuen, 1975, pp. 24-25.
110) Raymond, T., *Report of Cases*, Vol. 1, London, 1765, p. 699.
111) Leach, T., *Torture and the Law of Proof.* Chicago : University of Chicago Press, 1795, p. 45.
112) 先王の死と新王の治世開始との間の空位期間のことを意味する。英国では、法理論上は、先王の死と同時に新王の治世が始まるので、空位期間はないが、中世にはしばしば空位期間が生じたとのことである。
113) Firth, C. H. and R. S. Rait, *Acts and Ordinances of the Interregnum*, Vol. 2, London : HMSO, 1911, pp. 240-241, 244-245, 249-250.
114) Webb and Webb, *op. cit.*, 1927, p. 353.
115) Beattie, J. M., *Crime and Courts in England 1660–1800.* Oxford : Oxford University Press, 1986, p. 493.
116) Veall, D., *The Popular Movement for Law Reform 1640–60.* Oxford : Clarendon Press, 1970, pp. 128-135 ; Shapiro, B., "Law Reform in Seventeenth-Century England," *American Journal of Legal History*, Vol. 19, No. 4, 1975, p. 296.
117) Beattie, *op. cit.*, pp. 492-498.
118) Beattie, *op. cit.*, pp. 500-506.
119) Barnes, T. G., *Somerset Assize Orders 1629–40.* Frome : Somerset Record Society, 1959, pp. 22-23.
120) Ratcliff and Johnson, *op. cit.,* p. cix ; Whiting, J. R. S., *Prison Reform in Gloucestershire 1776-1820.* London : Phillimore, 1975, p. 11.
121) King, W. J., *The Prosecution of Illegal Behavior in Seventeenth-Century England with Especial Emphasis on Lancashire.* Unpublished Ph. D. thesis, University of Michigan, 1977, p. 112 ; Whiting, *ibid.,* p. 106.
122) Oxley, G., *Poor Relief in England and Wales 1601-1834.* Newton Abbot : David & Chales, 1974, pp. 81-86 ; Hitchcock, *op. cit.*, Chs. 4, 8 ; Webb and Webb, *op. cit.*, 1927,

p. 215 ff.
123) Webb and Webb, *op. cit.*, 1927, pp. 240-242.
124) Webb and Webb, *ibid.*, pp. 264-276.
125) Commons Journals, *Journal of the House of Commons*, Vol. 19, 1718-21. London : by Order of the House of Commons, 1803, pp. 623-624.
126) Cox, J. C., *Three Centuries of Derbyshire Annals*, Vol. 2, London : Bemrose and Sons, 1890, pp. 34-36.
127) Webb and Webb, *op. cit.*, 1922, pp. 14-17.
128) Ignatieff, M., *A Just Measure of Pain : The Penitentiary in the Industrial Revolution 1750-1850*. London : Macmillan, 1978 ; Evans, R., *The Fabrication of Virtue : English Prison Architecture 1750-1840*. Cambridge : Cambridge University Press, 1982.
129) Evans, *ibid.*, pp. 169-181.
130) Beattie, *op. cit.*, pp. 560-564.
131) Beattie, *ibid.*, pp. 561, 580, 597.
132) Iganatieff, *op. cit.*, pp. 93-98 ; Beattie, *ibid.*, pp. 566-567, 573-576, 605-606.
133) Evans, *op. cit.*, p. 176.
134) Whiting, *op. cit.*, pp. 228-229.
135) Ilive, J., *A Scheme for the Employment of All Persons Sent as Disorderly to the House of Correction at Clerkenwell*. London : J. Scott, 1759, p. 63.
136) Howard, J., The State of Prisons in England and Wakes, 2d ed. London : Cadell and Conant, 1780.（湯浅猪平訳『監獄事情』矯正協会・1972 年）207-208 頁。
137) *Ibid*.
138) Ignatieff, *op. cit.*, pp. 38-42 ; Evans, *op. cit.*, pp. 70-74, 318-345.
139) Commons Reports, *Report from Committees of the House of Commons*, Vol. 9, London : by Order of the House of Commons, 1803, pp. 289-296.
140) Wrightson, K., "Two Concepts of Order : Justices, Constables and Jurymen in Early Modern Period," in Brewer J. and J. Styles (eds.), *An Ungovernable People*. London : Hutchinson, 1980, pp. 33-46.
141) Sharp, J., *Crime in Early Modern England 1550-1750*. London : Longman, 1984, pp. 57-61.
142) Fletcher, *op. cit.*, pp. 220-226 ; Roberts. M., *op. cit.*, 1981.
143) Styles, J., "Embezzlement, Industry and the Law in England 1550-1800," in Berg, M., Hudson, P. and M. Sonenscher (eds.), *Manufacture in Town and Country before the Factory*. Cambridge : Cambridge University Press, 1983.
144) 本書で取り上げたものの他、Foucault, M., Surveiller et punir-Naissance de la prison. Paris : Gallimard, 1975.（田村俶訳『監獄の誕生―監視と処罰』新潮社・1977

年)。Deyon, P., *Le temps des prisons : Essai sur l'histoire de la délinquance et les origines du systéme pénitentiaire*. Paris : Universitaires S. A. Jean-Pierre Delarge, 1975.（福井憲彦『監獄の時代―近代フランスにおける犯罪の歴史と懲治監獄体制の起源に関する試論』新評論（1982 年）参照。

145) De Lacy, M., *Prison Reform in Lancashire 1700-1850 : A Study in Local Administration*. Manchester : Chetham Society, 3rd series, Vol. 23, 1986, pp. 61-69 ; Munsche, P., *Gentlemen and Poachers : The English Game Laws 1671-1831*. Cambridge : Cambridge University Press, 1981, pp. 138-139.

146) Passey, W. W., *House of Correction in England and Wales*. Unpublished M.A. thesis, Univesity of Liverpool, 1936, pp. 88-89 ; Evans, R., *op. cit*., 1982, p. 238 ; McConville, *op. cit*., p. 274 ; Whiting, *op. cit*.

147) Jones, D., *Crime, Protest, Community and Police in Nineteenth-Century Britain*. London : Routledge & Kegan Paul, 1982, pp. 198-199 ; Steedman, C., *Policing the Victorian Community*. London : Routledge & Kegan Paul, 1984, p. 56 ; Sweeney, T., *The Extension and Practice of Summary Jurisdiction in England c1790-1860*. Unpublished Ph. D. thesis, University of Cambridge, 1985.

148) Webb and Webb, *op. cit*., 1921, pp. 186-200 ; McConville, *op. cit*., pp. 468-482.

149) Simon, D., "Master and Servant," in Saville, J. (ed.), *Democracy and the Labour Movement*. London : Lawrence & Wishart, 1954.

150) Parliamentary Papers, *Report of the Commissioners of Prisons*, Vol. 23, 1920, p. 9.

151) Weisser, M. R., *Crime and Punishment in Early Modern Europe*. England : The Harvester Press, 1979.

152) Sellin, J. T., *Slavery and the Penal System*. New York : Elsevier Scienfitic Publishing Co., Inc., 1976, pp. 70-82.

第 II 部
現代の刑務所

第1章
我が国の PFI 刑務所

1　はじめに

　2007年11月17日(土)と18日(日)の2日間にわたり、「島根あさひ社会復帰促進センターを考えるフォーラム」が島根県立大学講堂において開催された。このフォーラムは、島根県立大学、島根県、浜田市等でつくる、フォーラム「島根あさひ社会復帰促進センターを考える」実行委員会が主催したものである。

　筆者は、実行委員会委員長である田嶋義介教授からの依頼を受け、「民間のノウハウを活用した新しい刑務所運営について」と題する特別講演を行った。本章は、その時の講演原稿に修正・加筆したものである[1]。

2　PFI とは

　まず、PFI という用語についてであるが、PFI (Private Finance Initiative) とは、公共施設等の建設、維持管理、運営などを民間の資金、経営能力および技術的能力を活用して行う新たな手法であり、効率的かつ効果的な社会資本を整備することを目的に、平成11年に制定された、いわゆる「PFI 法」(「民間資金等の活用による公共施設等の整備等の促進に関する法律」平成11年法律第117号) により推進されている制度である。2007年秋に施行8年目を迎えた本制度については、2007年8月15日現在、284事業について、実施方針の策定・公表が行われており、このうち国が実施する事業は39事業であり、うち4事業が法務省が実施する刑務所の整備・運営事業である。

具体的には、2007年4月に運営を開始した山口県美祢市の「美祢社会復帰促進センター整備・運営事業」、同年10月に運営を開始した栃木県さくら市の「喜連川社会復帰促進センター等運営事業」、兵庫県加古川市の「播磨社会復帰促進センター等運営事業」、そして、2008年10月に開所された「島根あさひ社会復帰促進センター整備・運営事業」である。

このうち「美祢社会復帰促進センター」および「島根あさひ社会復帰促進センター」については、施設の設計・建設、運営を事業対象にしているのに対し、「喜連川社会復帰促進センター」および「播磨社会復帰促進センター」については、施設の設計・建設は国が実施し、運営のみを民間に委託するものである。

3 諸外国における刑務所PFI事業

社会資本の整備・運営に民間資金等を活用することについては、すでに諸外国においては広く採り入れられており、鉄道、道路、橋、学校、病院などのほか、刑務所の建設・運営についても民間の資金等を活用することが行われている。

こうした諸外国における刑務所PFI事業の事業内容や仕組みについては、大きく2つの潮流があるが、一方は、アメリカ、イギリス等の英米法系諸国のように運営業務のすべてを包括的に民間に委託するいわゆる「民営刑務所型」であり、他方は、フランス、ドイツ等の大陸法系諸国のように、保安業務などはこれまで通り政府が行うこととし、施設の設計・建設や維持管理のほか、給食、洗濯、清掃、職業訓練などのサービス業務を民間に委託をする「混合運営施設型」である。

もう少し細かく分類すれば、①施設・管理運営全体の民営化（アメリカ、イギリス、オーストラリア）、②施設は国、管理運営は民間（イギリスの2施設、カナダ、ニュージーランド）、③施設は民間、管理運営は国（アメリカのコロラド州、オーストラリアのビクトリア州、ウエスタン・オーストラリア州）、④施設は民間、管理運営は官民協働（ドイツ、フランス、美祢社会復帰促進センター、島根あさひ社会復帰促

進センター)、⑤施設は国、管理運営は官民協働（喜連川社会復帰促進センター、播磨社会復帰促進センター）に細分化することも可能であろう。

　もちろん、そうはいっても、アメリカのような完全民営化の形態を採るものであっても、連邦あるいは州政府に一定の役割と責任を負わせているのであるから、このような区別は、政府の関与が最も少ないものから多いものへという段階的な差別があるだけであって、完全な民営刑務所など存在しないということもできよう。

　それはそれとして、英米法系の国では、権限の委任の理論により、すべての権限は、それが正当に行使される限りにおいて私人にも委任できると整理されており、経験的・実務的に適切ではないと判断されるものを除き、さまざまな行政分野で民間委託が行われている。

　イギリスにおいては、19世紀後半に至るまで、刑務所は貴族や教会の私有財産であり、またアメリカでは、特に南北戦争末期の南部諸州などにおいて、民間事業者が政府の委託を受けて受刑者を私有の施設に収容して衣類や食事を提供する代わりに、刑務作業に従事させて収益を上げることが行われ、従来の奴隷に代わる労働力として、鉄道、鉱山、農場の建設や運営に利用されていたという、歴史的経緯があるのである。

　なお、民営刑務所型は、イギリス、アメリカのほか、カナダ、オーストラリア、ニュージーランドなど他の英米法系諸国でも採用されているが、英米法系諸国ではないものの、近く韓国でもこのような民営刑務所が整備される[2]。

　これに対して、大陸法系の国では、刑罰権の行使は国家の排他的専権事項と考えられ、国民の権利・自由にかかわる権限の行使は、争議行為や信用失墜行為が禁止され、職務専念義務を負う官吏に留保されることにより、国民の権利・自由が保護されるとの考え方が採られている[3]。

　フランスでは、刑務所業務のうち、管理、名籍、保安業務は国王大権（Regalien：本来的に国家が行使すべき権限）であるとの整理がなされ、これらの業務の民間委託は憲法に違反すると考えられている。1986年当時に、アメリカをモデルに刑務所の運営すべてを包括的に民間委託することが議論されたが、違

憲であるとの国務院（Conseil d'État）の見解に基づき、結果として、部分的に刑務所業務を民間委託する法律が成立したという経緯がある[4]。

また、ドイツでは、ドイツ連邦共和国基本法33条4項において、高権的権限の行使は官吏に留保される旨規定されていることから、基本法や行刑法に抵触しない範囲で民間委託する業務の範囲を定めることとし、受刑者の権利・義務に直接かかわる保安業務は対象としないこととされている[5]。

ここで、図1に基づいて、英米法系諸国の民営刑務所における業務内容について簡単に説明したいと思う。

イギリスの民営刑務所では、基本的には、民間人の刑務所長（Director）と職員（Prisoner Custody Officer：戒護員）により、刑務所運営が行われているが、規律違反を行った受刑者に対する取調べや懲罰の執行、手錠等の戒具の使用などについては、公務員である監督官（Controller）と数名のスタッフの判断の下で実施される。

監督官は、毎日、施設内を巡回するとともに、民間事業者から報告を受け、刑務所運営のモニタリングを行っている。なお、民間人の刑務所長が施設の充

図1　諸外国における刑務所PFI事業

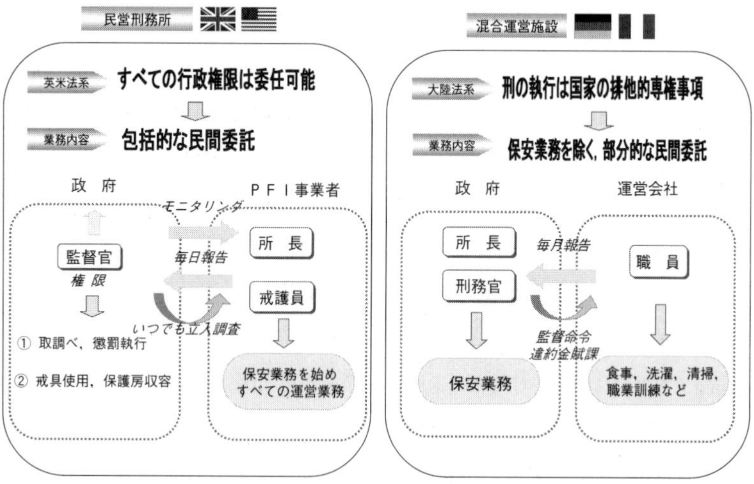

分な管理能力を有しないと認められる事態が生じたときは、内務大臣により公務員の刑務所長（Governor）が任命され、施設は政府の管理下に置かれることとなる。したがって、「民営」刑務所とは、我が国の旧電電公社や郵政公社のそれとは異なり、被収容者を収容する権限はあくまで政府が留保していることになるのである[6]。

　一方、フランスの特徴は、保安業務は、これまでどおり政府が行い、施設の建設のほか、維持管理、給食、洗濯、清掃、職業訓練などを民間に委託し、官民協働による混合運営施設が整備されていることである。公務員である所長と刑務官が施設の管理・保安に関する業務を行い、民間事業者がサービス業務を行うというもので、公務員である副所長が、民間職員の業務をモニタリングしているのである。

　我が国では、このフランス型の官民協働による混合運営施設の整備を行っているのである。

　以下においては、こうした諸外国の事情について、ごく簡単に紹介しておくことにしたいと思う。

1．アメリカ

　これはあまり知られていないことかもしれないが、1850年代のカリフォルニア州サンクエンティン刑務所は、アメリカにおける、民間事業者により建設、運営された最初の刑務所であるといわれている。19世紀終わり頃まで、ケンタッキー州およびテキサス州では、すべての刑務所を民間委託することが行われていたのである。

　アメリカにおいて、刑務所の民間委託が再び行われるようになったのは、1980年代になってからのことである。しかしながら、1975年にペンシルバニア州で、民間委託された少年処遇施設（Juvenile Treatment Centre）が存在していたことを考えると、この施設が、現代となって民間委託された最初の拘禁施設であると考えられる。それに引き続き、1982年からフロリダ州で大規模な少年処遇施設が非営利団体によって管理されるようになったのであり、また、1980年代

初めからは、連邦保安官事務所 (U.S. Marshal Service) や移民帰化局 (Immigration and Naturalization Service) も小規模な施設の民間委託を始めるようになったのである。

アメリカにおいては、2004年末現在、連邦34州およびコロンビア特別区（イリノイ州とニューヨーク州は州法により民営刑務所の設置を禁止）において約9万9,000人が民営刑務所に収容されており（2006年6月30日現在においては、11万1,975人）、州刑務所に収容されている者の約5.6％、連邦刑務所に収容されている者の約13.7％が民営刑務所に収容されている。そのうち、6州では、4分の1以上の受刑者が民営刑務所に収容されているのである。また、約1,300施設を超える刑務所のうち、約150施設が民営刑務所となっている。そのなかには、警備が最も厳しい最重警備刑務所も3か所含まれているのである。

アメリカは、特にレーガン政権以降の厳罰化政策により、連邦および州の刑務所に収容されている被収容者が20年で約4倍の132万人（2006年6月21日で224万5,189人）に爆発的に増加するなどして、財政負担が著しく増加し、施設の整備を民間資本等に頼らざるを得なかった事情があり、1980年代中頃から、広く矯正施設の建設・運営等の民間委託が行われることとなった。特に、いわゆる三振法[7]が連邦および各州で制定されて以降、過剰収容の傾向が強まることとなった。

諸外国のPFI刑務所では、さまざまな形で民間のノウハウが活用されているが、アメリカの大手民営刑務所運営会社による施設整備の例をみると、プレキャスト工法（工場でパネルを作成して現場に持ち込んで組み立てる工法）を活用しており、約1,000人収容する刑務所が約12か月間で整備可能であるとのことである。

アメリカにおいては、すでに論じておいたごとく、少年処遇施設以外にも、1960年代末より連邦受刑者がパロール前に移送される「社会内処遇センター」や「ハーフウェイ・ハウス」の運営を民間企業と契約しており、また、「移民帰化局」(U.S. Immigration and Nationalization Service) は、その管轄下にある拘置施設について、1979年から民間企業と契約をしていた。これらの施設の民営化の

理由としては、民間企業のほうが連邦政府よりも迅速に施設を建設することができ、また、そのコストも民間企業のほうが削減できるというものであった。

民営刑務所の運営の内容については各州によって異なるが、たとえば、テキサス州やフロリダ州では、州法上、民間企業との契約締結は、州政府の管理運営する同等の施設より、7％から10％の経費削減を条件としており、州の施設と同等以上の待遇や処遇を行う責務も定めているのである[8]。

2．イギリス

すでに述べたごとく、PFI 手法を活用して刑務所の整備等を行うことは、欧米の先進国の多くで採用されているが、取り分け、その先進国であるイギリスにおいては、現在、135 の行刑施設中、8施設について設計、建設および運営を民間委託し、2施設については、政府が建設した施設の運営のみを民間委託しているところである[9]。

イギリスにおける PFI は、国営企業の民営化を推進していた保守党政権下で、官民の役割分担の明確化による公共サービスの効率化を図ろうと考え導入したものといわれているが、刑務所への PFI 導入については、効率的かつ効果的に社会資本の整備を図ることに加えて、受刑者処遇の質を上げるという特有の事情があったとされている。

イギリスでは、1980 年以降、過剰収容状態が深刻となり、19 世紀に建設されたビクトリア朝様式の古い施設では、受刑者の増加と職員の不足から、自殺事故や暴動、職員のストライキなどが頻発し、劣悪な処遇環境の改善が課題とされていたものの、当時、政府の財政状況は悪化しており、新たな公共投資は困難であったことから、PFI 手法に着目したとされている[10]。加えて、保守党政権の眼目は、強力な労働組合であった「刑務所職員組合」(Prison Officers Association) を衰退させることにその眼目があったともいわれているのである[11]。

イギリスにおいても、民間のノウハウを活用しており、たとえば、ダヴゲート刑務所では、効率的に業務の実施が可能となるよう、動線に工夫が施されており、併せて、収容増に対応して容易に収容棟の増築が可能となるよう、拡張

性にも配慮した構造ともなっている。

イギリスの民営刑務所に関する規定は、1991年刑事司法法（Criminal Justice Act 1991）84条以下にあるが、本法により、民間事業者に対して刑務所の管理・運営および被収容者の護送を委託することが認められ、1994年刑事司法および公共秩序法（Criminal Justice and Public Order Act 1994）において、民間事業者に刑務所の設計および建設を委託することが認められた。

PFIの職員は、公務員である刑務官とほぼ同様の権限を有するが、しかし、施設内における警察官としての権限を有しないために、被収容者の逃走を防止する義務は負うものの、逃走後に追跡して逮捕する権限を有せず、また、施設内で発生した刑法犯も警察が捜査の権限をもつのである。

また、民営刑務所の職員は、被収容者の暴行が発生した場合に制止することはできても、彼らを連行して懲罰房へ収容することはできない。そうした場合には、公務員である監査官に報告して、その判断に従うことになる。所長は、内務大臣の承認を受けた者であるが、被収容者の規律違反行為を調査し、懲罰を科すことはできない。また、緊急の場合を除いて、他の被収容者からの隔離、特別房への一時拘禁、戒具の使用を命ずることもできないのである[12]。

民営刑務所の運営については、約30から40項目の業績指標があり、それらの違反が一定量に達した場合は、ペナルティとして契約金が減給される。この基準は、概して官営刑務所よりもはるかに良い運営基準であるといわれている[13]。

3．フランス

フランスでは、すでにみたごとく、民営化の計画が1986年から存在していた。すなわち、同年にアメリカのアメリカ矯正会社と全米矯正建築会社の代表が来仏し、ボワ・ダルシー拘置所の共同参観を行い、その結果を受けて法相は、年間8,000人にも及び得る被収容者の増加に対して、民間企業の建設管理への導入が実現すれば、2、3年の間に20,000床の増設が可能であるとしたのである。そしてその後、関連する法案がいくつかの修正を加えられながらも可決さ

れ、1988年、過剰収容対策としての収容能力増強を目的とした「1万3,000人計画」に基づき、官民協働による混合運営施設21施設とその比較のため国営の4施設の整備が進められた。フランス全土を4つの地区に分けて、10年契約で4グループに委託されたものであり、1992年10月までにすべての施設での収容が開始されている。2002年には、新たに「4,000人計画」に基づき建設された6施設と併せて合計27施設の運営が5つの地区に分けられ、スエズ運河を整備したスエズ社（SUEZ）や大手ケータリング会社のソデクソ社（sodexso）等の関連会社3グループに委託されている。

この民間参入によって、建設費は以前の3分の1に抑えられ、刑務官の人員も削減され、職業訓練等において、従来の刑事施設よりも優れたサービスを提供することが可能となったのである[14]。

また、フランスにおいても、官民協働の形式において、どの程度の民間の参入が可能であるかが問題となった。計画当初は、施設の指揮および記録管理のみを政府の業務としていたが、結局のところ、監視、社会教育活動をも政府の業務として譲ることとなり、そのため民間は、施設建設、宿泊設備、給食業務、職業訓練、刑務作業等を担当することになったようである。さらに、フランスでは、1994年から行刑施設の医務業務は、国立病院に移管されたが、2001年4月までは混合運営施設における医務業務は、民間に委託されている[15]。

2001年には、フランス政府は、29か所の施設をさらに建設することとなった。今回は、民間事業者はさらに多くの業務を受託することとなり、30年間の契約期間で、設計、建設、資金調達、施設の維持管理を行うこととなった。委託業務には、洗濯、給食、保守点検、護送、刑務作業、職業訓練などが含まれ、第1区画の契約は、2005年3月に締結されている。

4．ド イ ツ

ドイツでは、2005年、ヘッセン州フュンフェルト市に、収容定員500名の混合運営施設1か所が運営されているが、前述のごとく、ドイツ連邦共和国基本法では、高権的権限の行使は官吏に留保されていることから、同州では、基本

法や行刑法に抵触しない範囲で民間委託する業務の範囲を定め、受刑者の権利・義務に直接関わる保安業務は対象としていないのである。すなわち、行刑法は155条1項に「行刑施設の任務は、執行官吏によって遂行される。特別な理由があれば、この任務を他の行刑施設職員、兼業として義務を負った者および契約上の義務を負った者に委ねることも可能である」と規定している。この「契約上の義務を負った者」には私人も含まれるところから、この条文を基に、民営化を試みたのである。そしてその上で、この条文から導き出される民間が、いかなる程度の業務を行うことが可能であるかが考えられたのである[16]。

ヘッセン州司法省によって出された1999年12月の「行刑における民営化のモデルプロジェクト」作業班報告書を参考にすると、民間が行うことが可能な業務としては、建物管理業務、料理、洗濯、健康管理、被収容者の物品購入、作業、教育、余暇利用、助言、社会福祉などの世話業務、監視業務の一部である技術的・機械的な保安システムの管理や備品の保護、被収容者の移動についての統制、施設内での同行などの人的統制、被収容者の輸送の際の運転業務である。そして、民間が行うことが不可能な業務としては、全体統制と職務実習の監督という組織高権に関わる業務、被収容者の受入および釈放、刑の執行の計画策定、拘禁緩和の決定、懲罰措置などの被収容者の身分にかかわる処遇業務、監視業務のうち強制措置や人格権への介入権限と関係する外部交通の管理や直接強制の実施にかかわるものであるとされている[17]。

また、これらの業務を行う民間職員は行政補助者として位置づけられているのである。

5．韓　　国

韓国において民営刑務所の設置に関する論議が活発になったのは1997年頃からである。1997年12月の外貨危機による国際通貨基金（ＩＭＦ）の韓国経済への介入は、韓国の政治、経済、社会、文化などの分野に大きな影響を与えた。また、急激な景気の悪化と失業率の増加に伴い、財産犯罪が増加することによって、実刑率が急増した。結果として、韓国全土の矯正施設は過剰収容の問題

に直面することとなったのである。

　このように、韓国においては、我が国と同様、犯罪の増加に伴う矯正施設における過剰収容の問題が大きな社会問題となり、過剰収容問題を解消するために、①仮釈放の大幅な拡大策の実施、②矯正施設の新築、③労役場留置刑受刑者の釈放、④身柄拘束を伴わない捜査および令状実質審査制（拘束令状の請求を受けた判事が、被疑者を直接審問して拘束の要否を判断する制度）の強化、⑤執行猶予、社会奉仕命令制度の拡大などの対策を講じる一方、⑥民営刑務所制度の導入が論議されるようになったのである。

　その結果、2000年1月28日に「民営刑務所等の設置・運営に関する法律」（法律第6206号）、同年11月9日に「民営刑務所等の設置・運営に関する法律施行令」（大統領令第16,996号）、2001年5月22日に「民営刑務所等の設置・運営に関する施行規則」（法務部令第506号）が制定・公布され、2001年7月1日から施行されたのである。

　その後、法律3条1項に定められている「法務部長官は、必要と認められたときには矯正業務を公共団体以外の法人および団体またはその機関ないし個人に委託することができる」との規定により、2001年8月24日に「民営刑務所の設置・運営に関する提案要請」を一般に公告（法務部公告第200,122号）し、民営刑務所の事業者を募集することとなった。

　この公告により、建設・警備・保安との関係が深い一般企業と、キリスト教・仏教などの宗教団体、あるいは社会福祉法人などが民営刑務所の設置・運営に興味を示し、その一部は、民営刑務所の設置のための準備を進めたが、結局のところ、韓国キリスト教総連合会の「韓国キリスト教刑務所設立推進委員会」によって設立された財団法人「アガペ」（Agape）が、法務部に民営刑務所の設立・運営の提案書を提出したのである。

　これに対して、法務部は、受託者選定委員会を構成し、「アガペ」から提出された民営刑務所の設置・運営に関する企画書と、諸般の事情を審査・評価した結果、2003年2月12日、「アガペ」に対して、民営刑務所の設置・運営に関する委託契約を締結する運びとなったのである。

2004年11月、「アガペ」の提出した民営刑務所基本設計案を確定しているが、その後、地域住民の反対に加えて、いく人かの国会議員が反対していたため施設建設が大幅に遅れていた。韓国はアメリカ式の完全民営刑務所を設立するつもりのようであるが、近時、未決拘禁者の削減により過剰収容が解消したこともあって、民営刑務所の必要性は少なくなったようにも思われる。しかしながら、2007年11月に法務部が公表した「民営刑務所推進の概要」によれば、2008年3月には工事に着工し、2009年下半期には、民営刑務所の竣工・開所がなされるようである[18]。筆者が、2009年3月に視察した折には、施設規模は350人に縮小され、基礎工事の段階にあった。

6．カ ナ ダ

カナダでは、連邦政府が管轄する刑期2年以上の受刑者を収容する施設については、民間委託は行われていないものの、オンタリオ州において、州政府が管轄する短期受刑者および未決拘禁者を収容するセントラル・ノース矯正施設の運営がアメリカの刑務所運営会社に委託されている。オンタリオ州政府は、これとまったく同様の施設構造であるセントラル・イースト矯正施設を州直轄で運営し、コストやサービスの面での比較検証を行っているのである。

このカナダで唯一の民営刑務所の場合、運営は民間が行うが施設そのものは引き続きオンタリオ州が所有するものである。オンタリオ州では、1990年代初頭の経済状況の悪化によって、州の公的サービスの見直しを余儀なくされた。また、1993年の州会計検査官の年次報告では、1991年度のオンタリオ州の被収容者1人当たりの1日のコストが、カナダ全州で2番目に高いことが明らかとなり、そのことがオンタリオ州の刑務所の民営化に拍車をかけたようである。

この頃、「2000年矯正説明責任法」（Correctional Accountability Act 2000）が制定され、「矯正省設置法」（Ministry of Correctional Services Act）の一部が改正されたことにより、矯正省は、矯正サービスの運営を契約によって民間に委託することが可能になったのである。

改正された矯正省設置法8条では、矯正大臣は、すべての矯正サービスにつ

いて民間事業者との間で契約を結ぶことができるとし、契約者および契約者によって雇用された者は、矯正説明責任法の目的上、同法の施行に係る業務に従事する者であり、国によって雇用された者ではないことになっている。

矯正大臣は、民営刑務所の所長を任命し、それと同時に、契約者による矯正サービスを監督するための契約履行管理者をも任命する。契約者もしくは契約者によって雇用される者が施設の査察を妨害した場合には、5,000カナダドル以下の罰金という処罰の対象となるのである[19]。

2001年5月、オンタリオ州矯正大臣は、セントラル・ノース矯正センターの運営について、マネージメント・アンド・トレーニング・コーポレーション社（Utah-based Management & Training Corporation: MTC社）との間で契約を結んだ。MTC社はアメリカのユタ州に本拠をもつ刑務所運営に幅広い知識と経験をもつ会社である。契約期間は5年であった。

しかし、残念ながら、2004年5月5日に発生した受刑者殺害事件を契機として民営刑務所反対運動が高まり、2006年11月には、契約期間満了により、その運営権は州政府へ移行している[20]。

7．ニュージーランド

オークランド中央拘置所は、ニュージーランドにおける最初の民営刑事施設であり、オーストラレーシアン矯正運営会社によって運営されている。オーストラレーシアン矯正運営会社は、この中央拘置所を運営するために、矯正局と5年契約をしており、契約金は1億200万ニュージーランドドルである。

この中央拘置所は、2000年7月13日に運営を開始した施設であり、ノースランドとオークランド地域から新たに拘禁された男子被収容者のための主要な行刑施設として建設された。

ここに拘禁された犯罪者は、平均して14日から16日の短期間を施設で過ごすため、被収容者の回転率は比較的高いものがある。それゆえに、この中央拘置所の構造は、これらの必要性を反映したものとなっているのである。たとえば、収容棟は、被収容者を掌握しやすい小集団に分離することを可能とする構

造となっている。

　この施設は、拘禁された被収容者のうち、異なるいくつかの警備等級の者を引き受けているが、同時に32人の既決囚を収容している。中央拘置所は、筆者が2003年7月に訪問した際には、299人を収容しおり、必要ならば、最大限360人を収容することが可能とのことであった。そして、これらの数値のなかには、最大限22人の危険な犯罪者を収容する能力も含まれているのである。いうまでもないことであるが、ニュージーランド矯正局は、制定法上の権限をもった監視人を通じて、この民営拘置所の運営を監視することができることとなっている。

　建物は、ニュージーランドの刑事施設では初めてのデザインとなるいくつかの特徴のある構造を保持している。半分近くの独房にはシャワーがあり、すべての独房にトイレ設備が整っている。アメリカ建築家協会は、新しい司法施設についての2000年度の審査において、オークランド中央拘置所のデザインを、最高の技術水準にある司法施設であると評価している。そうした意味では、オークランド中央拘置所は、国際的なレベルで2000年の国際標準化機構9001の品質保証基準を満たしている、ニュージーランド唯一の刑事施設といってもよいであろう。

　しかし、残念ながら、このオークランド中央拘置所は、政権交代による法改正により、刑務所業務の民間委託ができなくなり、2005年7月の契約期間満了とともに、委託を終了したのである[21]。

　その他、2004年にブラジル政府は、3か所の施設において、フランス方式により民間委託契約を締結しており、また、2007年3月、イスラエル政府は、アフリカ・イスラエル投資会社（Africa-Israel Investments Ltd.）とミンラブ・ホールディングス社（Minrav Holdings Ltd.）との間で、イスラエル最初の民営刑務所の建設・運営契約を締結している。ハンガリーにおいても、また、ハンガリー初となる混合運営施設の契約が締結されているのであり、オランダ、デンマーク、チェコ共和国、香港なども混合運営施設導入の検討を行っているとのことであ

る。

4 我が国における刑務所PFI事業導入の背景

1．過 剰 収 容

　我が国における刑務所PFI事業導入の背景として、まず考えなければならないのは、「過剰収容」である。

　刑務所、拘置所などの刑事施設の収容人員は、平成10年以降、急激な増加が継続しており、平成13年10月末に100％の収容率を超えて以来、著しい過剰収容状態となっている。平成12年度には、5万5,000人弱であった刑事施設の1日平均収容人員は、6年間で約2万2,000人も急激に増加し、収容施設の不足は、職員の勤務負担や受刑者の処遇環境の悪化を招く結果となっている[22]。

　平成19年8月15日現在の速報値では、刑事施設全体で、ほぼ収容定員一杯の約8万1,000人の被収容者が収容され、特に受刑者等の既決被収容者にあっては、約7万2,000人となり、収容率は約112％となっている。取り分け、女子受刑者についてはこの傾向が著しく、約3,800人の収容定員に対し、約4,600人の受刑者が収容され、収容率は、118％を超えるに至っているのである。

　このような被収容者の増加が、収容施設の不足のみならず、職員の勤務負担の増加、被収容者の処遇環境の悪化へとつながっていることはいうまでもない。まず、職員の勤務負担の増加についてみてみよう。

　職員1人当たりで受け持つこととなる受刑者数を職員負担率と呼んでいるが、平成8年度には、2.9であった負担率は、平成17年度には4.5と増加している。この負担率は、アメリカ合衆国の3.0、イギリスの1.6、フランスの1.9、ドイツの2.1と比べると著しく高いことが分かるであろう。

　また、過剰収容のもたらす影響により、被収容者にとっては生活環境が悪化し、たとえば、6人定員の共同室にベッドを設けて、8人の受刑者を収容するなど、定員を超えた収容は常態化しており、規律違反行為に対する懲罰件数は、平成8年の約2万6,000件から、平成17年には約2倍の約5万6,000件へと大

幅に増加し、職員暴行事犯についても、平成8年の570件から平成17年には1,080件に増加するなど、職員の業務負担は増加し、受刑者のために適切な処遇を行う上で苦労が大きくなっているのである。

このような収容人員の増加は、犯罪情勢等に影響されたものであることはいうまでもないが、近年の増加傾向についてみると、新受刑者数の増加と平均刑期の長期化が顕著になっており、具体的には、平成16年の新受刑者数は、平成4年に比べ1.6倍の約3万4,700人となり、有期刑の平均刑期についても、平成4年に比べ6.3月長い29.0月となっている。

また、これまで刑務所に収容されることのなかった者が収容される場合も増えており、最近の増加率をみると、暴力団関係者や常習累犯者が1.13倍しか増加していないのに対し、初めて刑務所に収容された受刑者は、男子が1.45倍、女子が1.62倍と高い増加率を示しているのである。

PFI刑務所が初犯の受刑者を対象としている理由の1つには、このような「初犯受刑者の増加」という現状がある。つまり、このような著しい過剰収容を緩和するための方策として、民間資金等を活用することとなったという背景事情があるのである。

2．規制改革

次に、刑務所PFI事業導入の背景となったのは、「規制改革」である。

平成14年度の総合規制改革会議で、官製市場への民間参入が1つのテーマとして取り上げられたことは周知のところであろう。ここでいう官製市場とは、運営主体の制限を行うなど公的関与の強い市場および公共サービス分野のことであって、病院の株式会社化、国公立学校の公設民営、駐車違反取締業務の民間委託などが当時議論の対象となったのである。

この流れのなかで議論されたのが、刑務所業務の民間委託についてであり、平成15年3月の「規制改革推進3か年計画」では、「刑務所においては、民間委託が可能な範囲を明確化し、PFI手法の活用等により、民間委託を推進すべきである」と定められ、これを平成15年度中に措置することが義務づけられた

のである。

　法務省としては、平成16年3月に、PFI法に基づき、美祢社会復帰促進センター整備・運営事業の「実施方針」を公表する際に、民間委託が可能な対象業務を整理し、この規制改革推進3か年計画における義務を果たすこととなったのである。

3．行刑改革

　もう1つ、刑務所 PFI 事業導入の背景として考えなければならないのは、「行刑改革」である。

　名古屋刑務所において発生した受刑者に対する暴行事件を受け、法務省では、内部の検討委員会とともに、外部の有識者による会議を設けて議論が行われ、平成15年12月には、「国民に理解され、支えられる刑務所」を目指すべきであるとの提言が出された。

　この議論のなかで指摘を受けたことが、「刑務所の職員が外部の目を意識せざるを得ないよう、刑務所の運営が国民と協働して行われるような改革」が必要であるということであって、その1つの解決策として、PFI 手法を活用した刑務所の整備・運営を推進する方針は、妥当な方向であるとの結論が出されたわけである。

　以上のように、「過剰収容対策」、「規制改革」、「行政改革」といったような背景事情があって、PFI 手法を活用した刑務所の整備・運営事業を進めるに至ったのである。

5　民間に委託する業務の範囲

　ところで、この PFI 刑務所において民間事業者に委託する業務の内容についてであるが、我が国の刑務所 PFI 事業では、施設の設計・建築のみならず、運営業務についても大幅に民間に委託することとしているのである。

　これは説明するまでもないことであるが、我が国の刑事施設においては、被

収容者の収容および処遇に関する業務を実施しており、その内容としては、収容の目的を達成するために被収容者に対し処分等を行う権力的な業務から、給食、洗濯、清掃などの非権力的な業務まで幅広い業務を行っているのである。

これらの業務については、法令上、刑事施設の長または刑務官により処理することが前提とされており、その処理の権限を刑事施設の長または刑務官以外の者に委任することが認められていないことはいうまでもない。

しかしながら、非権力的な業務については、契約によりその処理の権限行使の一部である事実行為を委託することは可能と考えられ、現在、いくつかの刑事施設において、自動車の運転や総務系事務、清掃等の部分的な業務の委託は行われている。なお、給食や洗濯、施設内の清掃については、既存の刑事施設では受刑者が実施しているが、PFI刑務所では、これら非権力的な業務については、給食や洗濯、施設内の清掃を含め、すべて民間事業者に委託することとしているのである。

これに対し、武器の使用や戒具の使用、懲罰の賦課、保護房への収容、被収容者に対する指示、制止および制圧等の業務は、受刑者の権利・義務に直接かかわる権力性の高い業務である。これらの業務は、受刑者の身体・財産を直接侵害する実力行使や被収容者に対して直接に義務を課し、または権利を制限する処分等を伴う業務であることから、刑事施設の長または刑務官以外の者がこれらの業務を処理することはできないと考えられ、PFI刑務所においても、これらの業務については、民間事業者に委託せず、国の職員が実施することになっているのである。

一方、施設の警備、収容監視、所持品や居室の検査、信書の検査補助、職業訓練の実施、健康診断の実施、領置物の保管など、処分等にあたる業務の準備行為またはその執行として行われる事実行為については、武器の使用や戒具の使用や懲罰の賦課などの業務に比べ権力性が弱いことから、これらの業務については、法律によるコントロールがあれば、民間事業者に委託することは可能であると考えられているのである。

すなわち、これらの業務については、業務の権限はこれまでどおり刑事施設

の長または刑務官が留保しつつ、その権限の行使を補助するものとしてその事実行為を委託することを可能にする仕組みとして、法律に委託の根拠規定を設けるとともに、守秘義務、みなし公務員規定、監督規定などの業務処理の公正性や業務処理の判断の客観性、さらには国の監督体制を確保することが必要であり、そのために必要な法制度については、構造改革特別区域法で規定したところである。

　このように、刑務所PFI事業では、権力的な一部の業務も含め民間に委託することとしており、約半数のポストを民間が受託することとなっている。

6　構造改革特区制度の活用

　刑務所PFI事業においては、大幅な民間委託を可能とするために構造改革特区制度を活用することとしているが、その内容について説明する必要があるであろう。

　経済の活性化のためには、規制改革を行うことによって、民間活力を最大限に引き出し、民業を拡大することが重要となることはいうまでもない。日本の経済社会が人口減少・超高齢社会の到来や、地球規模でのグローバル化の進展などの大きな環境変化に直面していることを踏まえると、一刻も早く規制改革を通じた構造改革を行うことが必要となるが、全国的な規制改革の実施は、さまざまな事情により進展が遅い分野があるのが現状である。

　そこで、地方公共団体等の提案により、地域の特性に応じた規制の特例を導入する特定の区域を設けることで、その地域において、地域が自発性をもって構造改革を進めることが、特区制度を導入する意義ということになる。

　ところで、その手続であるが、まず地方公共団体あるいは民間事業者等からの規制緩和の提案を、内閣官房特区室が受け付けることになる。実際には、刑務所業務を民間が行うための規制の特例措置の提案については、たとえば、美祢社会復帰促進センターの場合は、美祢社会復帰促進センター整備・運営事業の事業地である、山口県および美祢市が行った。提案を受けた特区室は、規制

を所管する省庁と調整の上、特区制度を活用して行うべき規制の特例措置とすべき場合には、閣議決定し、その内容は、構造改革特別区域基本方針に盛り込まれるのである。その後、政府において必要な法制上の措置を講じることになるが、具体的には構造改革特別区域法を改正することとなるのが普通である。これにより、特区制度を活用して実施する規制の特例措置となるのである。

次に、その特例措置を活用しようとする自治体は、特例措置を活用した事業計画である特区計画を策定し、特区の認定申請を行う。そして、政府内で計画を吟味し、特区として認定するのである。島根あさひ社会復帰促進センター整備・運営事業では、島根県と浜田市がそれぞれ共同申請をしており、平成19年3月に認定を受けた。

以上が特区制度全体についての説明であるが、次に、刑務所業務を民間が行うための規制の特例措置について検討する必要があろう。

刑務所の運営について規定している法律は刑事収容施設法であるが、この刑事収容施設法では、民間委託の根拠規定が設けられていないことから、刑事施設においては自動車運転や清掃など私経済作用にあたる非権力的な業務を除き、施設の警備や被収容者の処遇など公権力の行使にあたる業務を民間に委託することはできないのである。

このため、構造改革特区法に、民間委託の根拠規定を設けるとともに、受託者の守秘義務、みなし公務員規定、監督規定など、業務の適正かつ円滑な実施を確保するための措置を講じているのである。

具体的な内容であるが、警察等の関係機関との緊密な連携の確保その他の事情を勘案し、民間委託を行っても施設の運営に支障を生じるおそれがないこと等、法務大臣が定める要件に該当する施設において、①業務を遂行するための技術的能力と経理的基礎を有すること、②過去に取消処分を受けていないこと、③役員に刑罰を受けたことがある者や暴力団員等がいないこと等の要件を満たして、刑事施設を所管する矯正管区長の登録を受けた民間事業者に業務を委託できるとするものである。

委託できる業務は、①被収容者の着衣および所持品の検査、健康診断、写真

の撮影および指紋の採取、②分類調査、③収容監視、施設の警備、④被収容者の着衣、所持品および居室の検査、健康診断、⑤刑務作業の技術上の指導監督、職業訓練、⑥図書の検査、⑦信書の検査、⑧携有物および差入れ品の検査、⑨領置物の保管、⑩受刑者に対する教育の実施等である。

なお、被収容者の身体・財産を直接侵害する実力行使や被収容者に対して直接に義務を課し、または権利を制限する処分等を伴う業務については、民間委託の対象から除外している。

そして、業務の適正を確保するため、民間職員の守秘義務規定を設けるとともに、公正かつ円滑に業務が遂行されるよう、みなし公務員規定を設けている。

さらに、業務処理の判断の客観性を確保するため、刑事施設の長は、委託に際して実施の基準を示し、これに違反した場合等には、必要な指示ができること、刑事施設の長の指示に違反した場合等には、矯正管区長は登録の取消しまたは業務の停止を命令できることなどの監督規定を設けているところである。

7 刑務所 PFI 事業の基本構想

PFI 手法による新たな刑務所を整備するにあたり、法務省は平成 16 年 3 月、基本構想を公表した。この基本構想については、美祢社会復帰促進センターについてのものであるが、その基本的考え方については、島根あさひ社会復帰促進センターにおいても変わるところはない。

PFI 刑務所は、「官民協働の運営」を行うとともに、「地域との共生」を図ることにより、「国民に理解され、支えられる刑務所」を整備するとの方針のもと、改善更生の可能性が高い初犯の受刑者に対し、多様で柔軟な処遇を実施することとしているところである。このような施設運営の特性を踏まえ、施設の名称についても「社会復帰促進センター」といった、従来の刑務所とは異なる名称を付しているのである。島根あさひ社会復帰促進センターについては、この「地域との共生」を美祢社会復帰促進センター以上に重視し、事業者選定にあたっても、地域との矯正にかかる提案を非常に重視したのである。

施設の運営については、民間のアイデアやノウハウを活用することで、受刑者の矯正教育や職業訓練を充実させることを特徴とし、矯正教育については、プログラムの作成にあたっても効果的と考えられる海外の事例も積極的に採り入れ、また、職業訓練については、従来の資格取得にとらわれることなく、社会の労働需要に合致した職業能力を身に付けることができる多種多様な訓練科目を実施することとしているのである。

　さらに受刑者の改善更生や社会復帰に向けての取組に対する国民の理解を深める上では、受刑者の活動を通じ、贖罪の気持ちを社会に対して表すことができる活動も必要であると考えられることから、たとえば、図書の点訳作業など社会貢献として意義のある活動を実施することとしている。

　医療については、事後的な治療を重視する体制から予防を重視する体制に変え、入所時健康診断の診断項目は、生活習慣病健診に準拠して充分な内容のものとし、その後の健康管理も徹底することで、健康な体で社会復帰させることを目指すこととしている。

　ところで、こういった活動を効率的に実施する観点から、収容は一定数の集団（60人）を単位（ユニット）として行うこととし、ユニット毎の行動・管理に効率的な施設整備を行うこととした。また、受刑者の処遇についても、夜間、休日以外は共用スペースで自主性を尊重した生活を行う処遇形態を採り入れ、受刑者の自主性・自立性を涵養し、より円滑な社会復帰を目指すこととしている。

　施設の設備や構造については、周囲の景観と調和してできる限り「収容施設」と感じられないようなソフトな外観とすることとし、コンクリートの高い外塀や鉄格子に変わる新たな保安システムを構築することとしている。

　また、諸外国の民営刑務所にみられるように、運営に適した効率的な動線の構造とするとともに、電子タグによる位置情報把握システム、遠隔操作による開閉可能な扉、受刑者が居室内において常時、監視室勤務の刑務官と連絡が取れるようにするセルコールシステムなど、ITも活用した効果的な機器を取り入れることで、効率的な運営を目指すこととしている。

さらに、将来、収容棟の増改築が必要となった場合であっても、管理機能を活かしながらの収容棟の増改築が可能となるような、柔軟性のある施設構造とすることとしているのである。

8　先行事例──美祢社会復帰促進センター

1．選定理由と事業方式

それでは、最初に運営を開始した「美祢社会復帰促進センター整備・運営事業」を先行事例として紹介したいと思う。

事業予定地としては、50数か所の誘致を受けた自治体のなかから、山口県美祢市の「美祢テクノパーク」を選定したが、この美祢テクノパークは、かつての炭住（炭坑住宅）跡地に整備された工業団地であって、①施設の基盤整備が整っていたこと、②土地が円形に近く比較的施設整備が容易であったこと、③近隣に総合病院があり被収容者の医療体制が確保し易いこと、④市街地に近いこと、⑤学校が近くにあること、⑥市長、市議会を初め、住民の反対がないことなどの理由から選定された[23]。

事業方式としては、民間事業者が施設を設計・建設し、事業期間中の維持管理を行った上で、事業期間終了後に、無償で国に譲渡するBOT方式を採用している。

刑務所PFI事業では、運営業務も幅広く民間事業者に委託するので、民間事業者は、施設の設計・建設においてさまざまな工夫を凝らすとともに、最新のIT機器や警備機器などを導入することにより、効率的な運営と事業運営上のリスクの軽減を図ることとしている。

これらの民間事業者が整備し、運営に用いる施設・設備を国が所有することとなると、施設所有者である国と、維持管理業務を行う民間事業者の間のリスク分担が曖昧になるおそれがある。

そこで、BOT方式を採用し、民間事業者が整備した施設・設備を民間事業者に所有させ、運営させることにより、施設・設備に係る民間事業者の責任の明

確化が図られ、ひいては、維持管理業務における民間の創意工夫が促され、事業期間を通じた効率的かつ安定的な施設運営が確保されるものと考えられたのである。

事業期間は、平成19年4月から平成37年3月まで、民間事業者に維持管理・運営を委託することとしている。

本事業はサービス購入型の事業であり、事業費は約517億円、運営期間である18年間にわたり定額を支払うこととなっている。

収容対象については、男女の初犯受刑者それぞれ500人ずつ合計1,000人を収容することとしている[24]。

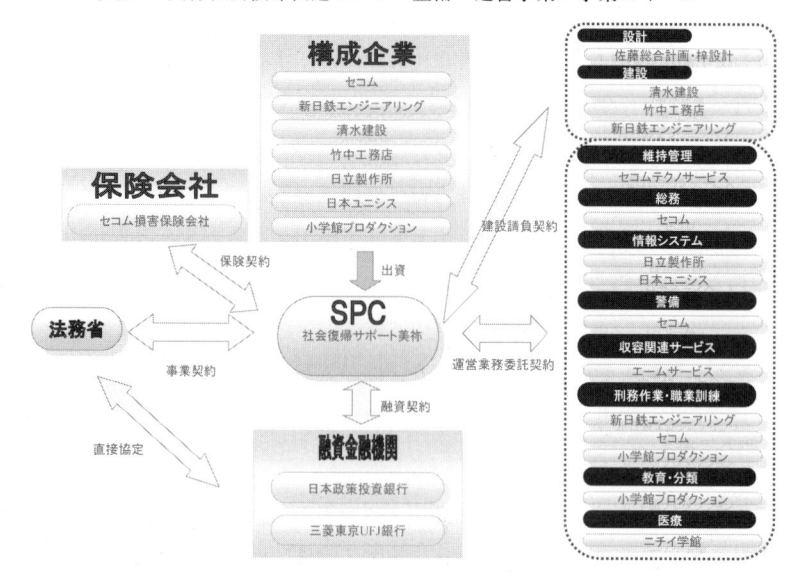

2．美祢社会復帰促進センター整備・運営事業——事業スキーム

次に、事業スキームについてであるが、図2に示されているごとく、刑務所PFI事業では、非常に幅広い業務を民間に委託することとしており、具体的に

図2 美祢社会復帰促進センター整備・運営事業：事業スキーム

は、設計、建設、維持管理、総務事務、情報システム事務、警備、給食、洗濯などの収容関連サービス、刑務作業、職業訓練、教育、分類、健康診断などがある。

　このように業務分野が非常に幅広いことから、本事業への入札参加にあたっては、参加を希望する企業間でコンソーシアムを組成し、落札後、速やかに特別目的会社（Special Purpose Company：SPC）を設立することとなっている。国は、このSPCと事業契約を締結することとしているのである。

　そして、この事業契約により、施設の整備から運営までのすべての業務をSPCに委託することとなる。SPCは、各業務を担当する企業とそれぞれ建設契約あるいは運営契約を締結し、これにより、SPCは各業務を担当企業に再委託するのである。

　コンソーシアムは、SPCに出資する構成企業と、SPCには出資せず、業務のみを受託する協力企業とで構成されているが、本事業では、業務の重要性に鑑み、建設業務、情報システム管理業務および警備業務を担当する企業には、SPCへの出資を義務づけている。

　このように、本事業は非常に幅広い業務が事業内容となっており、また、受刑者を扱う事業でもあるので、その遂行には確実性を確保するための措置を講ずる必要があることはいうまでもない。

　その一方策として、事業者の責めに帰すべき事由により、要求水準等の内容を満たしていないと判断される場合の減額措置を事業契約で定めることとしているのである。減額措置については、違約金と罰則点の蓄積に基づく減額の2種類がある。

　まず、違約金についてであるが、逃走事故や暴動事故、火災など施設運営上の重大事故が事業者の責めに帰すべき事由により発生した場合には、その事故の程度に応じ、最大毎年度のPFI事業費の3％を違約金として賦課することとしている。

　また、受刑者への食事の未提供や刑務作業の未実施など、事業者の責めに帰すべき事由により、要求水準を満たす業務を実施していないと判断された場合

には、これら各事実が1回発生するごとに10ポイント計上することとし、事業費の支払い時期である4半期ごとの累計で100ポイントを超過する場合には、事業費を減額することとしている。

　その一方で、要求水準の内容を満たした事業継続のためのインセンティブを民間事業者に付与するため、運営開始後一定期間にわたり、違約金の支払いまたは罰則点の累積による減額がない場合には、その翌月以降の1回当たりの罰則点のポイントを、減額がない期間に応じて軽減することとしているのである。

　さらに、本事業では、施設の完成後、PFI事業者の責めに帰すべき事由により契約が解除された場合には、PFI事業者が金融機関から借り受けた額の残高の97％で、国が施設を買い取ることができることとしている。これにより、PFI事業者は、施設整備費などの初期投資費用を、金融機関からのプロジェクト・ファイナンス方式による融資によらざるを得ず、この借り受け金額の回収が困難となるようなことは努めて回避しようとするインセンティブが働くこととなり、結果として、事業期間の終了までPFI事業者から安定的・継続的にサービスの提供を受けることができるようになると考えられているのである。

　加えて、PFI事業者に融資を行う金融機関と国との間にも直接協定を締結し、PFI事業者が債務不履行となった場合において、金融機関が介入権を行使し新たに指名した事業者に事業を継続させる仕組みを採り入れている。

3．美祢社会復帰促進センター整備・運営事業——施設構造

　次に、施設構造についてであるが、図3にみられるように、施設の中央にあるのが、庁舎、面会棟、管理・医務・病室棟そして厨房や洗濯室があるサービス棟、向かって右側に女子受刑者の生活エリア、左側に男子受刑者の生活エリアと明確に区分けし、アドベンチャー広場については、将来男子受刑者1,000名を収容するための施設の増築を可能とするエリアとなっている。

　管理業務を効率的に集約化し省人化を推進するため、男子・女子受刑者生活領域の中間に管理業務領域を配置し、明確に各領域を分隔している。また、男子・女子受刑者生活領域を、管理棟を軸に東西対称に配置しているので、受刑

図3 美祢社会復帰促進センター完成図

者や職員の動線が短縮かつ単純化され、受刑者の管理を効率的かつ効果的に行うことができるのである。

　また、受刑者は、一定の刑務作業に就くことが刑法上義務づけられ、そのため、毎日、収容棟から教育・職業訓練棟に移動し、刑務作業や職業訓練を行うこととなるが、収容棟と教育職業訓練棟の間の移動距離も極力短縮化している。

　受刑者が日常生活を送る収容棟は、ブーメラン型となっており、真んなかの部分が監視室になっている。これにより収容棟の居室内の一望監視が可能となっているのである。

　本施設においても、諸外国のPFI刑務所と同様、施設整備に民間のノウハウが十二分に活かされているのである[25]。

4．コンクリート製外壁に代わる保安構造

　本施設は、また、多重の保安システムによって安全・安心が確保されており、受刑者は、基本的に警戒ブロックのなかで日々生活することになる。すなわち、

収容室、各フロア、棟と三重に警戒ブロックがしかれており、出入り口は二重扉によって厳重に管理されているのである。

　我々が、刑務所といわれて思い浮かべるイメージは、鉄格子とコンクリート製の高い外塀ではないかと思うが、本施設では、収容室の窓側は拘束感を与えないように鉄格子はない。しかしながら、割れない強化ガラスと12センチしか開かない窓となっている。扉は電気錠によって遠隔制御・監視されている。また、コンクリート製の外壁もなく、代わりにセキュリティ・ベルトで囲われているのである。

　セキュリティ・ベルトは、センター内と外の社会との境界線であり、四重、五重の保安設備によって構成されている。センター外周部はCCTVカメラにより中央警備室で監視されている。赤外線センサーを横切ると中央警備室に通報され、職員が急行することになっている。ハイフェンスは高さが4.5メートルあり、足がかからないメッシュ壁で登れない構造となっている。また、フェンスに触れた場合には、フェンスに設けられた振動センサーが作動するのである。

　このように、センター内には、巡回や目視による「人」による警備と、各種センサーやITによる監視システムなどの「マシン」による警備を複合して行っており、人、車、物の出入りの管理は厳格に行われているのである[26]。

5．位置情報把握システム

　次に、位置情報システムについてであるが、国営の刑務所において、受刑者が移動する場合には、必ず刑務官が付き添うこととなっているが、本施設では、業務の効率化を図るとともに、受刑者に自主性を涵養するため、施設内の移動は、原則として、独歩とし、その代わり、受刑者に装着した無線タグで位置情報を把握することとしている。

　この位置情報把握システムは、無線LANを活用した位置検出技術を用いるものであり、受刑者は、受刑服の胸元に特殊な器具を用いなければはずれないピンで取り付けており、無線LANから発出する電波を施設内の各所に設置されたアンテナが受信し、電波の着信時間差を応用した三辺測量でその位置をリアル

タイムに中央監視室で把握することになっている。移動中も中央監視室のモニター画面で受刑者の現在位置とその軌跡を把握でき、異常な行動は素早く察知できるのである。

この無線タグは、受刑者のみが着用するものではなく、職員や来訪者等、施設に入るすべての者に着用することが義務づけられている[27]。

6．生体認証システム

位置情報把握システムについては、諸外国においても採用されているが、そのほとんどがブレスレット方式あるいはアンクレット方式であり、拘束感があることは否めないところである。

また、我が国の人権意識に鑑みると、現時点において、腕輪や脚輪で受刑者を管理することは、多くの人から抵抗感をもって受けとられる可能性があると考えられたことから、受刑服に着用する方式を採用したわけである。

そこで問題になるのは、受刑者が無線タグを装着したふりをして他の受刑者にもたせたり、着替えの際に互いに無線タグを取り替えるおそれが生じるということである。

そのため、無線タグ装着時の本人確認手段として、教育・職業訓練棟の室内に生体認証システムを設置したのである。

具体的には、指静脈認証方式を採用しており、指内部の静脈パターンは指紋と同様、万人不同、生涯不変であると考えられており、偽造によるなりすましがきわめて困難であるとされている。また、非接触センサーにかざすだけの簡単な操作であることからトラブルもきわめて少なく、1度に大人数の認証が可能となるところにメリットがある[28]。

7．教育体制

受刑者の改善更生のための教育についても、民間のノウハウはフルに活用されている。

まず、体制としては、法務省、筑波大学、地元の宇部フロンティア大学、そ

して教育業務を担当する小学館プロダクションで構成される矯正教育委員会を設置し、教育全体について助言等を行うとともに、受刑者に対し実施する各種プログラムの効果検証・改良、スーパーバイズを行うこととなっている。

また、筑波大学の監修により、反犯罪性思考プログラムとアディクション・コントロールプログラムを新たに開発している。そして、その他各種の働きかけを行うこととしているのである[29]。

8．刑務作業・職業訓練

次に刑務作業・職業訓練についてであるが、受刑者は、所定の作業に就くことが義務づけられている。しかしながら、現実には、刑務作業の確保は非常に大きな課題となっているのである。特に山口県美祢市のような過疎地域においては、1,000人分の作業を確保することは非常に困難であるといえる。

そこで、刑務所PFI事業においては、刑務作業の確保も民間の業務範囲としており、民間のネットワークを活用し、多様な刑務作業を安定的に確保することを期待しているのである。

具体的には、刑務作業については、参加企業の幅広いネットワークを活用し、100社近くから作業を安定的に確保する体制を整えており、パソコンによるデータ入力やデザイン作成作業など、これまでの刑務所ではあまり実施されなかったさまざまな作業を実施することとしているのである。

職業訓練については、ITスキル養成科、テクニカルIT科、DTP専攻科など主にIT関連の職業訓練の充実を図っており、職業訓練で得た技能を刑務作業に活用することにより、作業の質や効率の向上に努めているのである[30]。

9．新しい矯正処遇の実施

この他にも、民間のノウハウを活用したさまざまな取組を行うこととしている。たとえば、受刑服についても、既存の刑務所では、ネズミ色の陰気な感じのものであるが、本事業では、民間事業者のアイデアにより明るい色で機能性に優れつつ、同時に強度も確保した受刑服を受刑者は着用することとなってい

る。
　また、居室についても、居住性、保安性を向上させた居室とすることとしており、面会についても、集団面会や家族面会など、遮蔽構造のない面会室での面会を実施することとしているのである。

9　我が国の刑務所PFI事業の課題

　ところで、刑務所PFI事業の課題についてであるが、運営が開始されて2年半しか経っていないことから、協働運営主体としての国や民間企業としても、まだ課題が明確になっていないのが現状であると思うが、あえて課題と思われるものを挙げるならば、以下のようなことが考えられる。

1．官民の役割分担の徹底

　(1)　我が国の刑務所PFI事業は、官民協働の混合運営施設であることから、官民それぞれが役割を明確に認識し、業務遂行すべきところであるが、職員1人ひとりが必ずしも明確に認識していないのが現状である。そのため、業務によっては、国の職員がやるべきことを民間に押しつけてしまっていたり、官民どちらも担当しない業務がでたりする可能性がある。

　(2)　こうした意識を改善するためにも、官と民のコミュニケーションを充実させるとともに、初めてPFI刑務所に勤務する職員に対し、官民の役割分担を明確に認識させるための研修の充実を図る必要がある。

2．実効性あるモニタリング体制の確立

　(1)　モニタリングについては、美祢社会復帰促進センターも島根あさひ社会復帰促進センターも、運営開始初年次はペナルティの計上は行っても、ペナルティの累積に伴う減額は行わないこととなっている。したがって、第1年目の時期に民間事業者の業務の遂行状況を踏まえ、モニタリング体制を確立していく必要があるが、モニタリングが民間事業者の業務遂行の「あら探し」に終始

してしまうと、民間事業者側が事業継続のインセンティブをなくしてしまうおそれがあることはいうまでもない。

(2) そこで、民間事業者側に事業継続のインセンティブを失わせることなく、かつ要求水準を満たす業務を実施させることのできる実効性のあるモニタリング体制を確立する必要があるのである。

10　おわりに

以上が、筆者が2007年11月17日(土)に行った特別講演の内容であるが、当日は、筆者の特別講演に先立って宇津徹男浜田市長の挨拶があり、筆者の特別講演の後、法務省広島矯正管区第一部付の手塚文哉氏が「島根あさひ社会復帰促進センターの概要と運営について」と題して、島根あさひ社会復帰センターの施設の特徴、保安システム、地域資源に力を借りた刑務作業・職業訓練、新たな矯正教育、社会復帰促進策、地域コミュニティとの協力体制等についての説明が行われた。

その後に行われた第1セッション「地域との矯正―共生から共創へ―」では、島根あさひ社会復帰センターでは、診療所の一般開放や子育て支援施設などによるコミュニティの形成、あるいは地域資源を活用した刑務作業・職業訓練などが実施されることになっているが、これらが地域との共生とどのように結びつくかが、田嶋義介島根県立大学教授のコーディネートにより、パネリストである、森田裕一郎氏（法務省矯正局総務課専門官）、歌代正氏（大林組東京本社PFI推進部上席グループ長）、松尾紳次氏（浜田副市長）、岩谷百合雄氏（地域振興コンソーシアム会長）、久保田彰氏（石州和紙共同組合代表理事）、長谷川永氏（龍谷大学法学部客員教授）の間で議論が展開された。

翌日の11月18日(日)は、宇野重昭島根県立大学学長の挨拶で始まり、第2セッション「特色ある矯正プログラム」では、魁生由美子、岩本浩史島根県立大学両准教授のコーディネートにより、堀内美奈子氏（法務省矯正局総務課係長）、歌代正氏、永原淳氏（島根県西部県民センター総合調整監）、吉川明氏（日本盲導犬

協会管理部兼普及啓発部ゼネラルマネージャー)、佐々木玲慈氏（ふれあい総合農場しまね社長)、藤岡淳子氏（大阪大学大学院人間科学研究科教授）の各パネリストが、新しい矯正教育や動物を介した療法、自然と交流する刑務所構外での農林作業、職業訓練等が、受刑者の矯正にどのような効果を生むかについての意見交換が行われた。

　続く、第3セッション「受刑者の社会復帰促進策」について、三宅孝之島根大学法科大学院教授のコーディネートのもと、森田裕一郎氏、歌代正氏、小沼杏坪氏（医療法人せのがわ KONUMA 記念広島薬物依存研究所長)、花本博文氏（浜田市旭自治区長)、森福直氏（浜田地区保護司会浜田支部副支部長)、三浦兼浩（石央森林組合代表理事組合長)、土井政和氏（九州大学大学院法学研究院教授）の各パネリストが、新しい就労支援プログラムや農林水産技術の習得、精神・知的障害者の社会復帰促進を図る手立てについて、あるいはまた、人材の再生への期待について、海外ではどのような取組がなされているかなど、多岐にわたる意見が提示された。

　両日を通して 1,000 人以上の参加者があったとのことであるが、地元の人々からの質問も数多くあり、盛会のうちにフォーラムを進めることができた。なによりも驚いたことは、地元住民が島根あさひ社会復帰促進センターの創設を歓迎し、心から喜んでいる姿であった。これだけの理解があれば、新しい PFI 刑務所の前途は洋々たるものがあると感じたのは私1人であろうか。

1)　講演原稿の作成にあたっては、法務省矯正局総務課専門官である森田裕一郎氏に資料を提供して頂いた。ここに記してお礼を申し上げたいと思う。
2)　藤本哲也・姜暻來「韓国における民営刑務所に関する法律とその現況」『法学新報』110 巻 7・8 号（2003 年）49-86 頁。
3)　柳本正春「刑事施設民営化の問題点」『刑政』106 巻 9 号（1995 年）29 頁。
4)　この間の事情については、赤池一将「フランスにおける刑事施設民営化論：1986-1987 —政治的ストラテジーと刑事政策論の位相—」『犯罪社会学研究』12 号（1987 年）105-122 頁参照。
5)　ドイツについては、本庄武「ドイツにおける刑事施設民営化の法的許容性」『龍谷大学矯正・保護研究センター研究年報』2 号（2005 年）55-68 頁参照。

6) 吉野智「英国における刑務所 PFI 事業について」『捜査研究』607 号（2002 年）8 頁。
7) 三振法については、藤本哲也『犯罪学研究』中央大学出版部（2006 年）95 頁以下参照。
8) 前掲書・199-222 頁参照。
9) 笹倉香奈「イギリスにおける民営刑務所の現状」『龍谷大学矯正・保護研究センター研究年報』1 号（2004 年）151-163 頁参照。
10) 吉野智「英国における刑務所 PFI 事業について(前)」『刑政』113 巻 7 号 64 頁。
11) 柳本正春「刑事施設の民営化―イギリスの場合―」『犯罪と非行』104 号（1995 年）119-120 頁。
12) 吉野・前掲注(9)論文・64-66 頁。
13) 笹倉・前掲注(8)論文・154-155 頁。
14) 赤池一将「フランスにおける官民協働刑事施設の提起する課題」『龍谷大学矯正・保護研究センター研究年報』2 号（2005 年）43 頁。
15) 前掲論文・52 頁。
16) 戸部真澄「日独における刑務所民営化政策の法的検証」『山形大学法政論叢』35 号（2006 年）127 頁。
17) 本庄・前掲注(5)論文・62 頁。
18) 藤本・姜・前掲注(2)論文・51-52、56 頁参照。なお、韓国法務部「民営刑務所推進の概要」2007 年 11 月も参照のこと。
19) カナダについては、内田雅人「カナダ・オンタリオ州矯正省における官民協力―Public Private Partnerships ―」『犯罪と非行』133 号（2002 年）142-180 頁参照。
20) *The Mirror*、November 8、2006.
21) 藤本哲也『犯罪学の窓』中央大学出版部（2004 年）150-157 頁参照。
22) 藤本哲也「我が国の矯正処遇の現状と今後の課題『法律のひろば』58 巻 8 号（2005 年）39-47 頁参照。
23) 藤本哲也「我が国初の民営刑務所：美祢社会復帰促進センター」『戸籍時報』616 号（2007 年）76-82 頁。
24) 西田博「PFI 手法による刑務所の整備・運営事業」『犯罪と非行』144 号（2005 年）156-170 頁。吉野智「PFI 手法による官民協働の新たな刑務所の整備について」『ジュリスト』1333 号（2007 年）2-9 頁。
25) 大田幸充「美祢社会復帰促進センターについて①」『ジュリスト』1333 号（2007 年）34-37 頁。進藤憲治「美祢社会復帰促進センター② 新しい運営プログラムに適応する収容施設の実現」『ジュリスト』1333 号（2007 年）38-43 頁。
26) 掛川誠「美祢社会復帰促進センター⑥ 最先端技術の刑務所運営への応用」『ジュリスト』1333 号（2007 年）59-66 頁参照。

27) 前掲論文・61-62頁。
28) 前掲論文・64頁。
29) 喜田力「美祢社会復帰促進センター③ 社会復帰をサポートする教育」『ジュリスト』1333号（2007年）44-48頁。
30) 落合暢之「美祢社会復帰促進センター④ 職業訓練の新たな試み」『ジュリスト』1333号（2007年）49-51頁。

第 2 章
スペインの行刑制度

1　はじめに

　我が国の刑事政策の分野において、諸外国の矯正事情や刑務所の実情等が広く紹介されていることはよく知られているところであるが、最近のスペインの行刑制度の実情について紹介したものは、その数が少ないのではないかと思う。筆者の知る限りでは、財団法人矯正協会文化事業部が『CAニュースレター』の第5号（2004年5月31日発行）において、「スペインの矯正事情」を紹介しているくらいである[1]。幸いにも筆者は、ホセ・シーズ（J. Cid）の「スペインにおける行刑制度」(*The Penitentiary System in Spain*) と題する論稿に接する機会を得た。本稿では、この論稿をもとにして、スペインにおける行刑制度の現状とその課題について検討してみたいと思う[2]。

　スペインにおける犯罪者処遇は、1978年制定の憲法に基づき、個人の基本的人権を最大限に確保して行われているが、1979年の行刑法の制定を機に、特に1990年代に近代刑務所が各地に建設されてからは、犯罪者の処遇条件は大幅に改善されたといわれている。

　そこで、本章においては、現行刑罰システムにおいて、スペインの行刑制度が、われわれ刑事政策学者が刑務所にとって理想的な役割であると信じているものを、いかにして実現しつつあるかということを検証してみたいと思う。そうすることによって、スペインの矯正事情の近代性が明らかになると思うからである。もちろん、スペインでも、犯罪者処遇の基本理念は社会復帰にあるが、ここでいう「理想」とは、以下の3つの提案から成り立っているのである。

(1) 拘禁刑は、他のより人道的な刑罰が科され得ない場合にのみ用いられるべきであり（最後の手段としての拘禁刑）、その刑期は、人道的な基準に従って限定されるべきである（拘禁刑の使用制限）。
(2) 刑務所における生活条件は、可能な限り、自由社会に生活する人々と同じであるべきである（刑務所生活の標準化）。
(3) 受刑者はその刑に服する一方で、彼らの早期の社会への再統合を容易にするような処遇プログラムに参加することが可能とされるべきである（刑務所における社会復帰）。

　これらの理想に関しての後半の2つの提案は、スペイン憲法により明確に確立されているものである。すなわち、憲法25条2項は、「拘禁刑を宣告されている者は、その権利を制限されつつも、その他の市民と同様の基本権を享受すべきであり、その刑期は再教育および再統合に向けられたものであるべきである」と規定しているのである。

　もちろん、拘禁刑の使用の制限は、憲法により明白に規定されているわけではない。しかしながら、憲法裁判所は、拘禁刑の使用は、社会の保護のために、それほど侵害的ではない手段を採用することが可能ではないような場合のために確保されるべきである、としているのである。憲法裁判所は、また、刑期に対する制限として、比例原則（Principle of Proportionality）を確立している。

　これらの憲法上の諸原則は、スペイン全土に適用されている法律、すなわち、「1979年行刑法」（Penitentiary Law of 1979）および「1996年行刑規則」（Penitentiary Rules of 1996）において反映されているのである。しかしながら、当該法律は、2つの異なる行刑機関、すなわち、カタロニア自治府（Administration of Catalonia）、およびスペインの残りの刑務所を運営する責任を有する中央政府機関（General Administration of the State：GSA）により、履行されていることに留意する必要があるであろう。法律が、異なる解釈や法令遵守の程度において裁量の余地があると仮定すれば、以下の論議は、両方の行政府機関についても妥当するものであるということになるのである。

2 拘禁刑の使用

近年における刑務所への入所者数および拘禁率は、表1、表2に示すごとくである。スペインは、欧州連合において、最も拘禁率が高い国の1つである。

表1 スペインにおける平均刑務所人口数（1996年-2003年）

年次	未　　決	既　　決	全　体	被収容者10万人当たりの受刑者
1996	10,588 (23.9%)	33,724 (76.1%)	44,312	112
1997	11,083 (25.5%)	33,370 (74.5%)	43.452	109
1998	11,272 (25.2%)	33,475 (74.8%)	44,747	112
1999	10,576 (23.3%)	34,830 (76.7%)	45,406	113
2000	9,729 (21.5%)	35,580 (78.5%)	45,309	112
2001	10,006 (21.4%)	36,588 (78.6%)	46,594	114
2002	11,340 (22.6%)	38,769 (77.4%)	50,109	121
2003	12,383 (22.7%)	42,082 (77.3%)	54,465	129

資料源：Dirección General de Instituciones Penitenciarias (DGIP), *Número de internos en los centros penitenciarios. Evolución semanel*; Secretaria de Servicios penitenciarios, Rehabilitación y Justicia Juvenil (SSPRJJ), *Estadísticas semanales de población reclusa*. スペインの人口指標については、Instituto National de Estadistica.

表2 スペインにおける刑務所入所者数（1996年-2003年）

年次	入所者数	被収容者10万人当たりの入所者数
1996	51,568	130
1997	55,739	140
1998	53,521	134
1999	47,598	118
2000	41,569	101
2001	41,359	101
2002	41,768	101
2003	40,491	96

資料源：GSA については、DGIP, *Estadística Penitenciaria. Boletín semestral*, no. 2, June 2001. 2002年、2003年については、DGIP によって提供された情報である。カタロニアのデータについては、SSPRJJ によって提供された情報である。

欧州連合では、ポルトガルとイングランドおよびウェールズのみが、スペインよりも高い比率となっている。シーズによれば、スペインの拘禁率が高い理由は、主として規定された刑罰の厳格性に帰するものであり、それは、1995年刑法典の公布後に、より厳しくなっているようである[3]。

1995年以前においては、財産犯や薬物密輸事犯等といったような頻繁に行われていた犯罪を含む、ほとんどの犯罪に対する刑罰は、拘禁刑というのがスペインの刑罰制度の特徴であった。裁判官は、刑期1年までで、過去に犯罪歴のない犯罪者についてのみ、その執行を猶予することが許されていたのである。しかしながら、スペインは、一般的に、他の欧州連合の国々に比べて刑期が長い一方で、刑務所において過ごす時間は、良好な態度および処遇活動への参加に基いて評価される、いわゆる「善時制」(good time credits) を通じて短縮され得ることになっていたのである。このことは、犯罪者には、裁判官により科された刑期の3分の1から2分の1の期間、刑に服した後に、仮釈放が認められるということを意味していたのである。

現行刑法典においても、ほとんどの犯罪に対して拘禁を伴う刑罰が継続して科されているが、拘禁刑の執行猶予や罰金刑への代替等の可能性が増加しているのが現状である[4]。このような猶予あるいは代替は、過去に犯罪歴のある者であっても、刑期2年までの拘禁刑に適用されるのである。しかしながら、現在において、たとえいくつかの犯罪に対する罰則が軽減されているとしても、一般的に、パロールに基づき釈放される資格を得るためには、刑期の4分の3を経過しなければならないことになっているのである。

このように、1995年刑法典の影響は、まさに逆説的なものとなっている。表2に示されているように、近年における刑務所への入所者数は減少しているが、このことが、平均刑務所人口者数の増加を防ぐまでには至っていないのである。これは、いくつかの犯罪に対する若干の刑罰の軽減や、拘禁刑の執行猶予あるいは罰金刑への代替の可能性が増加したという事実のみでは、パロールが許可されるまでに服役しなければならない刑期の増加を補ってはいないという結論に、われわれを導くのである。1995年刑法典がより制裁的なシステムを招来す

表3　スペインにおけるパロールの許可（1996年-2003年）

年次	パロールが許可された事案	既決人員の平均	有罪宣告を受けた受刑者100人当たりのパロールの許可
1996	8684	33,724	26
1997	6669	33,370	20
1998	6215	33,475	19
1999	6050	34,830	17
2000	5628	35,580	16
2001	5453	36,588	15
2002	5442	38,796	14
2003	5062	42,082	12

資料源：DGIPとSSPRJJによって提供された情報である。

る結果となったという全体的な評価は、1996年から2003年までに2分の1にまで減少している、表3に掲げたパロール（仮釈放）数により例証されているといってよいであろう。

　拘禁刑の使用の制限という理念に関して検討した場合には、スペインの刑罰制度の評価は、1995年刑法典における拘禁刑の執行猶予や罰金刑への代替手段の拡大にもかかわらず、軽微な財産犯や軽微な薬物密輸事犯等といったような、あまり深刻ではない犯罪を理由として、刑務所に未だに多くの者が入所しているという、さらなる事実にわれわれを導くのである。

　このことは、1995年刑法典に規定されている拘禁刑に対する代替制度の法的・実務的な欠陥をあきらかにしている。さらには、1995年刑法典により導入された効果的な刑期の延長は、罪刑均衡原則の観点からは正当化され得ないように思われ、以下において論述するごとく、憲法上の社会復帰の理念の適用をはるかに困難なものにしているのである。

3　刑務所における生活状況

1．基幹施設（infrastructure）

　スペインには77の刑務所が存在し、そのうちの35施設が1980年以前に建設

され、残りの42施設は、それ以降に建設されたものである。主として1990年代に建設された近代的な刑務所は、受刑者の生活状況を改善しており、「欧州拷問等防止委員会」(European Committee for Prevention of Torture and Inhuman and Degrading Treatment or Punishment : CPT) が、非人道的と評する過剰収容を回避していることは疑いのない事実である。新しい刑務所は、独房方式による、ユニット形式のものであり、ワークショップ、スポーツ・カルチャー施設、医務室等、法律に規定されている全範囲のサービスを提供できるようになっているのである[5]。

提案されたすべての刑務所に対する総改修が完了するまで、古い刑務所に対して莫大な支出がなされているが、新しい刑務所が達成した状況と古い刑務所が置かれている状況との間にはかなりの相違が存在していることは否めない事実である。

ここで、より重要な問題は、女性のための施設が男性のための施設よりも劣悪であるということである。このことは、特に、男性のための古い刑務所の女区において明白となっている。この問題は、たとえば物理的な建築構造や雇用機会の深刻な不足、そして利用可能な活動範囲が限定されている等といった面で見受けられるのである[6]。

2．収容施設 (accommodation)

受刑者の収容施設は、さまざまな問題を引き起こしている。刑に服する場所に関していえば、新しい刑務所の建築構造は、より多くの人々を、彼らが通常生活する場所の近くの刑務所において、刑に服することを許しているのである。利用可能な公的な数値は存在しないけれども、シーズによれば、中央政府機関においては、受刑者の80％が彼らの居住する地域社会において刑に服しており、カタロニア地方に住居を有するほとんどすべての受刑者は、彼ら自身の地域社会において刑に服しているということが示されている。彼ら自身の地域社会内における刑務所のあきらかな不足を理由に、通常彼らが生活する場所の近くで刑に服していない、かなりの割合の受刑者にとって、家族や友人との交流

はよりいっそう困難であり、再統合のための機会は減少しているのである。この問題に効率よく対処するために、オンブズマンは、待機リストを作成するべきであると勧告している。それは、移送に対する要求を決定するための合理的で公正な素地を提供するものとなると確信しているからである[7]。

受刑者の住む地域社会内における刑務所の不足以外の理由により、居住する地域社会内において刑に服していない受刑者に関しては、異なる問題が存在する。それらの問題には、中央政府機関全体に分散されているテロリスト組織である、「バスク祖国と自由」(ETA)[8]のメンバーである受刑者や、懲罰的移送を受けた受刑者等が含まれる。もともと、懲罰的移送という実務は、スペインにおいて、大いに議論の余地のあるものである。そうした観点において、オンブズマンは、当局が、移送の必要性と受刑者を移動させることにより引き起こされる問題との均衡を保つようにするべきであると勧告しているのである[9]。

受刑者の分離に関しては、以下のような受刑者のカテゴリー、すなわち、男性と女性、未成年者と成人、未決拘禁者と有罪の宣告を受けた受刑者、および初犯者と累犯者は、分離して収容されるべきものと規定されている。これらの規則のうち、例外なく遵守されるべきものは、男性と女性の分離のみである。未成年者と成人は、女性の場合においては必ずしも分離されていないようである。したがって、女性は、男性とは対照的に不利な立場となっているのである。しかしながら、特定の刑務所においてのみ、青年男性(18-21歳)は、高齢受刑者から分離されているようである。もちろん、スペインには、未決拘禁施設や有罪宣告を受けた受刑者のための刑務所が多数存在するが、実際のところ、大部分の未決拘禁施設において、既決受刑者集団のための区画を確保しているというのが現実である。最後に、特定の刑務所では、確かに初犯者のための区画が存在するが、実務において、初犯者と累犯者との区別は、一般的に遵守されていないようである。

スペインの刑務所においては、3歳以下の子どもをもつ女性は、妊婦のための区画(女性共同居住区)で子どもと一緒に生活する権利を有している。中央政府機関においては、子どもの15%は、未だにそのような特別区画ではなく、女

性受刑者のための通常の区画内において居住しているのである。

また、就寝施設に関しては、受刑者は独居房に収容されるべきことが行刑法に規定されているが、実際には、未だに共同雑居であるいくつかの古い刑務所の場合を除けば、ほとんどの刑務所において、各舎房に2人の受刑者が収容されている。単独室 (individual cells) に収容することは、憲法上の受刑者の権利を保障する上で重要であり、こうした雑居拘禁の実務は、オンブズマンやCPTにより繰り返し非難されてきたのである。この問題の解決には、行刑機関だけではなく、立法府および裁判官が関与する必要があることは疑いのないところである。しかしながら、中央政府機関やカタロニアの行刑機関が、独居拘禁そのものを優先事項とは考えていないように思われるのである。

2002年から2003年の間に、大幅な刑務所人口の増加があり、人口10万人当たり130人の収容率となるに至り、従前の穏やかな年次的増加を反映した表1の傾向を打ち破るものとなったのである。このことは過剰収容の問題を再浮上させており、受刑者の生活状況を悪化させていることは疑いのない事実となっている[10]。

3. 健康管理 (health care)

健康管理は行刑施設の病院により提供されており、さらなる介入が必要とされる場合、国立健康サービス機関 (National Health Service) が支援を提供している。行刑施設の病院に対する支出や1990年代の拘禁中の受刑者に対する、公的保健ネットワーク内部におけるユニットの創設のお陰で、受刑者に対して提供される健康管理に関する、統制機関 (オンブズマンおよびCPT) により実施された評価は、現在のところ好意的なものとなっている。刑務所における健康管理は「標準化」の理想に適っていると考えられているのである。

健康管理システムにおける最も否定的な側面は、精神障害者に対して提供される処遇についてである。精神医療施設はあるが、精神障害受刑者に対して特別な注意を与えることができる効果的な専用のユニットはない。その他の問題として挙げられるのは、精神障害者を処遇するに際しての統合的アプローチを

巡る薬理学的な処遇の流行であり、また、精神障害を有する受刑者がしばしば刑務所からの釈放後に放置されているという事実である[11]。

刑務所における薬物乱用者に関する問題についても、特別な言及がなされなければならない。スペインは、欧州連合諸国において、薬物乱用受刑者数が最も多い国の1つである。非常に多くの静脈注射を用いた薬物乱用者が刑務所に入所していること、および何らの感染予防措置もなしに刑務所内において、静脈注射を用いた薬物使用が蔓延していることから、スペインにおいて、HIVの陽性反応を示している受刑者数は、その他の欧州連合諸国に比べかなり高率となっているのである[12]。

標準化の原則は、刑務所内における薬物乱用者が、刑務所外部に存在するのと同様の治療やリスク減少のためのプログラムへのアクセスを有するべきであることを要求している。メタドン投与を通じた「リスク減少プログラム」(Risk Reduction Programmes) は、1990年代から行われており、現在では、ほとんどのスペインの刑務所で利用可能である。感染予防措置のための注射器の交換は1997年以来、段階的に行われており、中央政府機関に属するいくつかの刑務所へと拡大している。

要約的に述べるとすれば、薬物乱用者に対する健康管理は、1990年代初頭において存在したものに関しては、明白に改善されており、標準化の原則はかなり遵守されているものの、リスク減少プログラムに関しては、スペイン全土の刑務所へと拡大していないということが非難に値するところである[13]。

4. 作　　業 (work)

スペイン憲法に従えば、労働の権利は、拘禁刑に服している者の権利の1つである。同様に、「行刑法」(Penitentiary Legislation) は、受刑者は、労働の権利と義務を有することを規定している。しかしながら、スペインの行刑制度は、作業を望むすべての受刑者が実際に作業に従事することを保証していないというのが現実である。1999年のデータによれば、中央政府機関においてワークショップまたは刑務所によって提供された賃金労働に従事していた者は、刑務所

人口の約20％である。賃金労働の不足と、受刑者およびその家族の経済的ニーズを満たすためには不充分である低い報酬は、スペインの行刑制度の最も深刻な欠陥の1つであるといえよう[14]。

5．外部交通

行刑法は、家族や友人の訪問を受けるためや、配偶者や家族との親密な交流を維持することを可能とするための一時帰休（Temporary Leave）の恩恵を受けていない受刑者の場合、手紙や電話によって外界と交流する権利を設けている[15]。現在のスペインにおいて、これらの権利を行使するに際して、あえて問題となるような事態は起こらないであろうと思われる。「いくつかの刑務所では、受刑者への面会のための適切な設備を有していない」という、従来なされていたオンブズマンによる抗議は、近年では、繰り返されていないからである。

6．非難すべき処遇（ill treatment）

スペインの行刑制度では外部的な統制を余儀なくさせられる最も重要な機関が、行政的な権限を監督する立場にある特別裁判官（Juez de Vigilancia Penitenciaria：刑務監査裁判官）、オンブズマン（Defensor del Puelbo）および欧州拷問等防止委員会（CPT）であるという事実は、刑務所職員による受刑者に対する身体的虐待に関する相当数の申し立てを減少させることにおいて、特に、1990年代を通して決定的な役割を演じてきたことによってもあきらかである。

このことは、オンブズマンが数年前に「ほぼすべての身体的虐待の根絶」について宣言したことを現実に達成できたことになる。一方、1991年の訪問において、刑務所内での拷問や非難すべき処遇に関する多くの申し立てを受理したCPTでは、1998年の訪問では、拷問に関する申し立ては受けてはおらず、非難すべき処遇に関する申し立ては、独居拘禁（solitary confinement）へと移送された者からのみであったことを明記している。非難すべき処遇の問題は、現在では、受刑者が正面から抵抗したような事例における、職員の過度の有形力の行使の場合に限定されているように思われる[16]。

しかしながら、オンブズマンによれば、近年における非難すべき処遇に関する報告の減少は、対立抗争の減少に起因するものではないというのであるから、前述の情報に関しては、かなりの注意をもって取り扱うことが肝要である。こうした事実は、むしろ、公正な調査を行う行政能力に対する受刑者の信頼の絶対的な不足の結果であるとも考えられるからである。事実、オンブズマンは虐待に関する報告を調査することにおいての行政の非有効性や熱意の不足を批判しているのである[17]。

人道的な処遇の観点から、閉鎖された刑務所体制において刑に服する受刑者の状況についても、われわれは言及するべきであろう。通常2種類の受刑者、すなわち、非常に危険とみなされる受刑者と通常の刑務所体制に順応しない受刑者が、閉鎖施設に送られる可能性がある。前者は最も厳格である「特別部門」、後者は「閉鎖部門」に送られる。表4に示されているごとく、中央政府機関およびカタロニア自治府双方において、受刑者の平均3％が閉鎖刑務所で刑に服していることを示しているのである[18]。

表4　有罪宣告を受けた受刑者の分類―GSAとカタロニア (CAT) (1996年-2003年)

年次	全体の分類 GSA	CAT	全体	閉鎖施設 (1級) GSA (%)	CAT (%)	全体 (%)	一般施設 (2級) GSA (%)	CAT (%)	全体 (%)	開放施設 (3級) GSA (%)	CAT (%)	全体 (%)
1996	22,599	4112	26,711	3	2.2	2.9	81.7	75.2	80.5	15.3	23.3	16.6
1997	22,699	4066	26,765	2.9	3.1	2.9	82.8	73.7	81.4	14.3	23.2	15.7
1998	24,250	4079	28,329	2.8	2.6	2.8	83.8	72	82.2	13.5	24.5	15
1999	25,017	4125	29,232	3.1	2.5	3	82.9	72.4	81.4	14	25.1	15.6
2000	26,466	4417	30,838	3	3	3	83.7	71.9	82	13.3	25.1	15
2001	28,033	4459	32,492	2.8	3.3	2.9	93.7	72.7	82.2	13.5	24	14.9
2002	29,939	4896	34,835	2.9	3.5	3	83.5	70.4	81.7	13.6	26.1	15.3
2003	32,780	5420	38,200	2.9	2.5	2.9	85.7	72.2	83.8	11.4	25.3	13.3
平均 1996年-2003年				2.9	2.8	2.9	83.5	72.6	81.9	13.6	24.6	15.2

資料源：DGIP, *Estadística General Población Reclusa. Evolución mensual*; SSPRJJ, *Estadísticas semanales de población reclusa*. データは、各年の12月31日のものである。

閉鎖施設における受刑者に対する処遇体制、それも特に「特別部門」に収容されている者に対する処遇体制は、時間的な制約はないけれども、舎房において独居拘禁の制裁を受けている受刑者（最大14日間継続される）の状況と同様のものとなるおそれがある、とCPTにより厳しく批判されていることを、ここにおいて注記しておく必要があるであろう。もちろん、いうまでもなく、受刑者のすべての刑期を、閉鎖的な処遇体制において服させることも、法律上可能となっているのである。

スペインの立法府は、「特別部門」において刑に服している独居拘禁の状況を改善しなければならないというCPTによる勧告を受領しており、その対応として、1995年刑法典は、舎房の外部で過ごすことができる時間を最低3時間へと増加しているのである。

しかしながら、オンブズマンおよびCPTは、その1998年の訪問に関する報告書のなかで、「特別部門」に収容されている者は、刑務所職員からの大幅な隔離を被っており、さらには、行い得る諸活動が非常に限られている、ということが示唆されている。これらの特別部門において長期間滞在することにより生み出される心理的な退廃と攻撃性の増加を考慮に入れると、隔離の時間を減らし、他者とのつながりを増加させ、より多くの活動を提供し、閉鎖状況における継続的な滞在期間を制限することにより、これらの受刑者の生活状況を改善する必要性があるように思われるのである。

7．受刑者の法的保護

憲法および法律は、受刑者に対して、彼ら自身の権利や利益を害するものであるとみなされる行政の決定に対して、異議の申し立てを行い訴える権利を保障している。スペインでは、行刑機関を管理し、受刑者の諸権利を保護するための専門的な管轄権をもつ機関（Juez de Vigilancia Penitenciaria：刑務監査裁判官）が存在するのである[19]。さらには、受刑者は、検察官やオンブズマンに対して、直接自らの要求や訴えを行うことが可能である。そして、これらすべての手続において、受刑者は弁護士を付ける権利を有しているのである。これらの手続

すべては、行刑機関により行われる、あらゆる不正行為に対する受刑者の権利を保護することを目的としている。しかしながら、実務においては、受刑者の法的保護は、ある特定の障害に直面している。それは、行刑的な訴えに対する法的支援のための法律上の条項が存在しないことである。結果として、すべての受刑者が自らの権利や利益の保護を等しく確保できていないという現実がある。さらに、行刑裁判官（Penitentiary Judge）は、特定の事例において、受刑者の権利の保証人としての役割を果たすことを怠っている、との批判を受けているのである。

4 社 会 復 帰

1. 憲法上および法律上の枠組み

憲法25条2項は、「拘禁刑は再教育および再統合に向けられたものでなければならない」と規定している。一般的にいって、再教育・再統合の概念は普遍的なものであるが、マペッリ（B. Mapelli）によれば、再統合は、犯罪者が刑に服している間に彼らを社会に再び組み入れることから成り立っている一方で、再教育は犯罪の原因に立ち向かい、再犯を防止することに向けられた諸活動として理解されるべきであるとしている[20]。したがって、スペイン憲法の文脈において、社会復帰は、刑に服する間に地域社会への再統合がなされ、再教育され、あるいは再教育の過程にある犯罪者として、概念化されるべきであるように思われる。

憲法25条2項に従って、行刑法は、刑に服している受刑者には、行刑機関により提供されるべき、教育、専門訓練、作業および特別処遇プログラム等といった処遇活動を受ける権利、または、参加する権利を有することが規定されているのである。さらに、25条2項に従って、法律は、刑に服する間、社会における各人の再統合のためのさまざまなメカニズムを生み出しているのである。

これらのメカニズムのなかで最も重要なものとして、第1に、一般の刑務所体制において服役している者に対して、1回に付き7日間まで、1年間で最高

36日間(2級受刑者)、あるいは48日間(3級受刑者)までの一時的な釈放を許す「一時帰休制」(Temporary Leave)が挙げられる。そして、一時帰休の恩恵を受けるためには、受刑者は、彼ら自身の刑期の4分の1を服役しなければならないのである。

第2に、刑期は、開放処遇施設、すなわち開放刑務所において執行されるということである。開放処遇施設には2つの形態があり、一般的なものと厳格なものとに分けられる。一般的な形態は、受刑者は、開放処遇施設の外部で1日2、3時間を過ごし、労働あるいは処遇に関連した仕事を行い、週末に外出することができるというものである。厳格な形態では、受刑者は週末の外出(金曜日の16時から月曜日の8時まで)のみの恩恵を受ける。通常、受刑者は、その犯罪の深刻性にもよるが、開放的な処遇を考慮する以前に、刑期の4分の1または半分以上を消化しなければならないのである。

第3のメカニズムは、行刑機関からの監督および支援のもとで釈放を受ける、パロールに基づく条件的釈放(Conditional Release)である。しかし、パロール期間中の監督は非常に限定されているようである。パロールは、刑期の4分の3、または例外的な場合には3分の2の経過と、開放処遇体制への事前の委託の双方を要求しているからである。

社会復帰に関する憲法上の概念に応じて、受刑者がこれらのメカニズムから恩恵を受けるためには、行刑機関により組織された処遇活動への参加を通じて示される再教育予測(Re-education Prognosis)が肯定的なものでなくてはならないのである[21]。

2．処遇プログラム

受刑者が刑務所内での時間を作業や教育、訓練やスポーツ、あるいは文化活動に生産的に関与しながら過ごすことを可能とさせる一般プログラム(Generic Programmes)と、いくつかの個々の犯罪行動に関する原因に対して直接的に取り組むことを目的とする特別プログラム(Specific Programmes)とを区別することは意味のあることである。

一般プログラムに関して、受刑者は、閉鎖体制のもとに収容されている場合を除き、一定程度それらすべてのプログラムに参加する選択肢を有していると、一般的にいうことができる。前述したごとく、スペインの刑務所においては、生産的な作業は、刑務所人口の約20％のみの者が従事可能であることから、作業は例外的なものである。

　一般処遇プログラムに関連して、刑務所人口の20％以上を構成する、スペインにおいて何らの法的身分を持たない外国人受刑者には、社会復帰の機会は非常に限定されている、ということを指摘することは重要である。一方において、彼ら外国人受刑者は、欧州連合により資金提供されており、欧州連合諸国の法的居住許可を認められている者に対してのみ機会が与えられている、専門的な職業訓練には従事することができない。また、他方において、彼らはスペインにおいて労働をする権利を有していないことから、開放処遇施設に入所することがさらに困難となっているのである。

　特別処遇プログラムに関しては、もっぱら2つの領域、すなわち、薬物乱用受刑者に対する処遇と、暴力犯罪により有罪宣告を受けた犯罪者に対する認知行動プログラムの領域においてのみ存在している、ということが指摘されなければならない。

　薬物乱用受刑者に対する処遇プログラムは、行刑施設において、「治療共同体」(Therapeutic Community) のもとで行われるものと、行刑施設外において行われるものとがある。これらのプログラムは、心理学的な支援に基づく「社会労働セラピー」(Socio-Labour Therapy) を医学的処遇と組み合わせたものである。これらのプログラムに関係する施設の需要は、現在提供中のものよりもはるかに大きなものとなっているのである。

　暴力犯罪者に対しては、一般プログラムと性犯罪者およびドメスティック・バイオレンス (Domestic Violence、以下、DVと略称する) により有罪宣告を受けた者に対する特別プログラムが存在する。1997年に開始された性犯罪者に対するプログラムは、ほとんどのスペイン刑務所に存在し、1999年に開始されたDV犯罪者に対するプログラムは、中央政府機関内のごくわずかの刑務所において

のみ利用可能となっている。また、2001年に開始した暴力的非行 (Violent Delinquents) に対する一般プログラムは、カタロニア地方においてのみ利用可能となっている。もちろん、スペインの刑務所には、これらのプログラムの対象となっている者よりも、はるかに多くの暴力犯罪者が存在する。それにもかかわらず、政府機関からの情報によれば、「需要は供給を超えてはいない」ということである。したがって、これらのプログラムへの参加を望むすべての者が、彼ら自身の言い渡された刑期内において、ある程度それぞれのプログラムへ参加することが可能となっているのである。

　行刑機関が解決していない問題の1つは、一度開放処遇施設に移送された場合、またはパロールにより釈放された場合における、これらのプログラムの継続性である。暴力的非行に対する社会復帰プログラムを提供する公的あるいは私的機関は存在しないのであるから、これらのプログラムを継続することがますます困難となっているのである。

5　中央政府機関における行刑制度とカタロニア地方における行刑制度の比較

　スペイン憲法が、拘禁刑は再教育・再統合を促進すべきものであると規定していることから、行刑制度の有効性を測定するために用いられ得る1つの基準は、当該制度によって首尾よく社会復帰を成し遂げさせることができた人数の多寡となるであろうと思われる。スペインでの社会復帰の指標は、一時帰休を許された割合、とりわけ開放処遇施設への移送、あるいはパロールを許可された割合などである。

　一時帰休や開放処遇施設への移送およびパロールは、少なくとも理論上は、2つの社会復帰に関する憲法上の要請を共有していることになる。それは、一方において、一時帰休や開放処遇施設への移送およびパロールを許された者に対して、再教育のために肯定的な予測をしなければならないということであり、そのために、犯罪者は、取り消しを避けるために、この予測に従って行動をし

なければならないということになるし、また、他方においては、これらすべての制度には、必然的に、犯罪者を社会に再統合させるという目的が伴うということをも意味するのである。

　以下においては、シーズが、特に、最も社会復帰的な力を有するであろうと考えた2つの制度、すなわち、開放処遇施設とパロールに関するスペインの行刑制度の調査結果について検討しているので、以下において、具体的に考察してみることにしたいと思う[22]。

　まず、ここで、スペインの行刑制度の調査結果について仔細に検討していく前に、シーズが提案している社会復帰を測定するための基準についての、予測され得る反対意見について述べておくことが必要であるように思われる。

　社会復帰は、いったん刑に服したがゆえに再び犯罪を行わなかったということにより証明されるべきであるということを理由に、開放処遇施設およびパロールの適用は、行刑制度によりもたらされた社会復帰のレベルを測定するための良い基準であるとは必ずしもいえないという理屈はきわめて理にかなっているようにも思われる。シーズは、開放処遇施設およびパロールの適用が社会復帰を測定するための良い基準であるかどうか、そのこと自体を直接議論する意図はないようであるが、しかし、スペイン憲法の文脈においては、社会復帰は、刑に服している間に達成されるべき目標とされるべきであり、そのような観点から行刑制度を評価することが理にかなっているとするのである。さらに、犯罪学的な調査によれば、開放処遇施設やパロールによって刑期の一部を消化した者は、通常の制度において刑に服した者やパロールを許可されずに刑に服した者に比べれば、かなりの割合で再犯を行わない傾向にあるということが裏づけられているように思われるとする。このことは、開放処遇施設やパロールに付される人々の割合が大きくなればなるほど、行刑制度にとって刑を受けた後の結果を改善するための可能性がより良いものとなるということを、示唆しているともいえるであろうと述べている。

　こうした観点から、シーズは、スペインの行刑制度を評価するためには、開放処遇施設およびパロールに関して中央政府機関とカタロニア自治府において

なされている、これらの政策の利用頻度を比較検討することにより、議論を進めていくことがより賢明であろうと結論づけているのである。

6 開放処遇施設

表5および表6は、法律によって輪郭づけられた2つの様式に依拠しながら、中央政府機関とカタロニア自治府において行われている開放処遇施設の使用に関する資料である。前述のごとく、スペインの開放処遇施設には、受刑者が1日のうちの2、3時間を労働や社会復帰に関連した作業を行いながら施設の外部で過ごし、また、週末においては外出することができる一般的な開放処遇施設と、受刑者が週末の外出のみの恩恵を受ける厳格な開放処遇施設とがある。

表5および表6の資料の分析から分かることは、開放処遇施設に関して、カタロニア地方の行刑制度の有効性は、中央政府機関よりも大きなものがあると

表5 開放施設体制における有罪宣告を受けた受刑者（一般/厳格）GSA（1996年-2003年）

年次	有罪宣告を受けた受刑者の数	一般開放施設体制（有罪宣告を受けた受刑者の数と割合）	厳格開放施設体制（有罪宣告を受けた受刑者の数と割合）	開放施設体制の全体（有罪宣告を受けた受刑者の数と割合）
1996	22,599	1,559 (6.9%)	1,898 (8.4%)	3,457 (15.3%)
1997	22,699	1,475 (6.5%)	1,748 (7.7%)	3,223 (14.2%)
1998	24,250	1,600 (6.6%)	1,649 (6.8%)	3,249 (13.4%)
1999	25,017	1,651 (6.6%)	1,751 (7 %)	3,402 (13.6%)
2000	26,466	1,800 (6.8%)	1,880 (7.1%)	3,680 (13.9%)
2001	28,033	2,132 (7.6%)	1,640 (5.9%)	3,772 (13.5%)
2002	29,939	2,345 (7.8%)	1,726 (5.8%)	4,071 (13.6%)
2003	32,780	2,406 (7.4%)	1,316 (4 %)	3,772 (11.4%)
平均 1996年-2003年		7%	6.6%	13.6%

資料源：DGIP, *Estadística General de Población Penitenciaria. Evolución mensual.* データは、各年の12月31日のものである。

表6 開放施設体制における有罪宣告を受けた受刑者（一般／厳格）
カタロニア（1996年-2003年）

年次	有罪宣告を受けた受刑者の数	一般開放施設体制（有罪宣告を受けた受刑者の数と割合）	厳格開放施設体制（有罪宣告を受けた受刑者の数と割合）	開放施設体制の全体（有罪宣告を受けた受刑者の数と割合）
1996	4,112	563 (13.7%)	397 (9.7%)	960 (23.4%)
1997	4,075	662 (16.2%)	290 (7.1%)	952 (23.3%)
1998	4,079	781 (19.1%)	231 (5.7%)	1,012 (24.8%)
1999	4,206	827 (19.7%)	206 (4.9%)	1,033 (24.6%)
2000	4,417	837 (18.9%)	275 (6.2%)	1,112 (25.1%)
2001	4,549	854 (18.9%)	233 (5.1%)	1,091 (24 %)
2002	4,892	1,056 (21.6%)	213 (4.4%)	1,269 (26 %)
2003	4,511	1,215 (22.5%)	165 (3 %)	1,380 (25.5%)
平均 1996年－2003年		18.8%	5.8%	24.6%

資料源：SSPRJJ, *Estadística semaneles de población reclusa*. データは、各年の12月31日のものである。

いうことである。このことは、たとえば、一般的な開放処遇施設における割合を比較する場合、彼らの諸活動のほとんどが、地域社会内において行われているということを仮定すると、そのことから、彼らが社会復帰することができたということを、かなり明白に推論することができるのである。開放処遇施設においては、カタロニア地方の数値が中央政府機関のほぼ3倍となっている。

開放処遇施設において服役している人数に関して、中央政府機関よりもカタロニア自治府がより良い結果をもたらしている理由は何であろうか。未だ仮説の段階ではあるが、以下のような諸点を指摘することができるであろう。

(1) はじめに、表7および表8において示されているように、カタロニア地域の行刑制度は中央政府機関のそれよりも、受刑者に対してしばしば多くの一時帰休を許可しているという事実が関連している可能性がある。1996年から2003年までの期間において、カタロニア地方の行刑機関は中央政府機関よりも、40％以上一時帰休を受刑者に対して許可しているという事実は、関連要因

表7 通常の刑務所において刑期を務める有罪宣告を受けた受刑者の一時帰休
　　　— GSA（1996年-2003年）

年次	一時帰休の不許可	通常の刑務所における有罪宣告を受けた受刑者の数(12月31日)	受刑者1人当たりの一時帰休の認められる割合(毎年)	再入した失敗の数	再入した失敗の割合（%）
1996	28,388	18,436	1.55：1	500	1.8
1997	26,976	18,744	1.40：1	435	1.6
1998	26,638	20,312	1.30：1	387	1.45
1999	27,705	20,739	1.30：1	373	1.35
2000	27,114	22,152	1.20：1	371	1.35
2001	28,372	23,473	1.20：1	403	1.40
2002	29,001	25,009	1.15：1	414	1.40
2003	31,893	28,102	1.15：1	359	1.10
平均 1996年－2003年			1.30：1		1.40

資料源：DGIP, *Informe* (1996, 1997, 1998, 1999)、DGIPによって提供された情報（2001年、2002年、2003年の一時帰休のデータ）による。

表8 通常の刑務所において刑期を務める有罪宣告を受けた受刑者の一時帰休
　　　—カタロニア（1996年-2003年）

年次	一時帰休の不許可	通常の刑務所における有罪宣告を受けた受刑者の数(12月31日)	受刑者1人当たりの一時帰休の認められる割合(毎年)	再入した失敗の数	再入した失敗の割合（%）
1996	6,080	3,059	2：1	90	1.50
1997	5,558	2,997	1.85：1	74	1.35
1998	5,703	2,972	1.90：1	104	1.80
1999	5,540	3,050	1.80：1	80	1.45
2000	6,093	3,176	1.90：1	99	1.60
2001	5,726	3,221	1.80：1	97	1.70
2002	6,344	3,445	1.85：1	101	1.60
2003	6,378	3,915	1.60：1	81	1.25
平均 1996年－2003年			1.85：1		1.55

資料源：Consejería de Justicia (Cataronia) *Memória* (1996, 1997, 1998, 1999)、SSPRJJによって提供された情報（2000年、2001年、2002年、2003年の一時帰休のデータ）による。

となり得ることである。実務においては、一般刑務所において受刑者が一時帰休を許可され、当該帰休において否定的な出来事が起こることなしに一時帰休を達成したことが、開放処遇施設への移送に先立って必要とされている条件である。一時帰休を首尾よく達成させることは、犯罪を行うことなしに自由の身で生活をするための受刑者の能力の1つの指標となるのである。カタロニア地方の行刑機関により、多くの一時帰休が許可されているという事実にもかかわらず、釈放の後で刑務所に再び連れ戻されるという失敗事例に関するデータは、カタロニア地方においては、10％そこそこであったことを指摘することはきわめて重要なことであろう。

(2) 2つの政府機関における開放処遇施設に収容されている受刑者の割合の相違を理解するために関連する可能性のある2つ目の要因は、カタロニア自治府では、心理学者や犯罪学者、あるいは教育者やソーシャル・ワーカーのような専門家をその施設内に有していたという事実である。このことは、開放処遇施設への移送を正当化するために必要な報告書を、より迅速に作成することができるということを意味しているのである。さらに、カタロニア自治府では、中央政府機関には存在しない、仕事を自分自身で見つけることができない受刑者の手助けするための特別なサービスが存在した。ビジネスを共同して行うことへの同意を通じて、求職を直接的に指揮監督し、受刑者に職をみつける方法をアドバイスするサービスは、拘禁刑受刑者を開放処遇施設へと移送することを容易にするのである。

(3) 最後に、カタロニア地方に住む受刑者は、彼ら自身の刑期をカタラン刑務所において服役するのに比べて、スペインの他の地域においては、彼ら自身の地域社会において服役する者の割合は80％に過ぎないという事実も、同様に重要な要因であるといえるかもしれない。通常生活する場所から遠く離れて刑期に服する場合、一時帰休を許可され職をみつける可能性は低くなるということは火をみるよりもあきらかである。

7 パロール（仮釈放）

　表9および表10は、中央政府機関およびカタロニア自治府によるパロールの許可状況を示したものである。これらの表に関して、次の2つのコメントが可能であろう。

　(1)　中央政府機関およびカタロニア自治府の双方において、パロールの許可は、1996年から2003年の間において、少なくとも2分の1に減少されている。これは、1995年刑法典が減刑、つまり善時制を廃止したという事実に起因するものである。そのことにより、服すべき刑期の長期化を招いたのである。

　開放処遇施設への移送が、通常パロールの準備としてなされる場合であっても、パロールの減少が、開放処遇施設へ移送される受刑者の割合に関しては、同様の減少をもたらしてはいないということは、非常に奇異に感じられるかもしれない。この矛盾に対する唯一可能な説明は、受刑者が以前よりもいっそう容易に開放処遇に相応しい者として選別されているということである。したが

表9　パロールの許可— GSA（1996年-2003年）

年次	パロールが許可された事案数	有罪宣告を受けた受刑者数	有罪宣告を受けた受刑者100人当たりのパロールの許可数
1996	7,607	28,825	26：100
1997	5,777	27,464	21：100
1998	5,426	28,627	19：100
1999	5,340	29,964	18：100
2000	5,017	30,561	16：100
2001	4,869	31,501	14：100
2002	4,980	33,336	15：100
2003	4,580	36,258	13：100
平均 1996年−2003年			18：100

　資料源：DGIPによって提供された情報（パロールの許可）、DGIPと *Numero de internos en los centros penitenciarios. Evolución semanal*（平均刑務所人口）による。

表10　パロールの許可―カタロニア（1996年-2003年）

年次	パロールが許可された事案数	有罪宣告を受けた受刑者数	有罪宣告を受けた受刑者100人当たりのパロールの許可数
1996	1,077	4,889	22：100
1997	919	4,906	19：100
1998	789	4,848	16：100
1999	710	4,866	15：100
2000	611	5,019	12：100
2001	584	5,087	11：100
2002	462	5,433	8：100
2003	482	5,824	8：100
平均 1996年－2003年			14：100

資料源：SSPRJJ によって提供された情報（パロールの許可と SSPRJJ）、Estadísticas semanales de población reclusa（平均刑務所人口）による。

って、新しい法律は、受刑者が彼らの積極的な成長のために、完全にパロールに基づき釈放させられる場合であっても、受刑者を、この拘禁の第3段階に留めておくという状態を引き起こしているものと思われる。

(2)　カタロニアの行政府機関は、パロールによる釈放に関していえば、中央政府機関よりも社会復帰の目標を果たしているとはいえない。むしろ、中央政府機関においては、全既決受刑者数の平均30％以上の者がパロールを許可されており、統計的に顕著な違いを示している。カタロニア自治府では、開放処遇施設に置かれている受刑者の割合が大きい一方で、中央政府機関よりも受刑者に対してパロールを与える割合が少ないという矛盾は、どのように説明し得るのであろうか。唯一可能な答えは、カタロニア自治府は、開放処遇施設における長期的な滞在を通して、受刑者に彼ら自身の再教育を施すように要求することから、パロールを許可することにおいて、中央政府機関よりも多くのことを要求しているということであろうかと思う。

8 結果に関する評価

　中央政府機関およびカタロニア自治府による、開放処遇施設およびパロールの使用に関して行ってきた分析から、社会復帰に関しては、以下のような結論を導き出すことができるであろう。
　(1)　2つの政府機関における社会復帰の有効性に関する視点から与えられたデータは、対照的な結果を示している。すなわち、カタロニア自治府は、一時帰休を許可することや開放処遇施設に受刑者を移送することに関して成功裡に処遇を行っているが、中央政府機関は、カタロニア自治府よりも多くの受刑者にパロールを許可している。
　(2)　これらのデータは、2つの政府機関は、ある程度の異なったパロールのモデル、すなわち、再教育の手段としてのパロールと、刑期の大部分を服役した受刑者に対する機械的な早期釈放としてのパロールという、異なったモデルを有しているということを示している。カタロニア自治府のアプローチは、前者のモデルに親和性があり、中央政府機関のアプローチは、後者のモデルである。原理・原則の観点からすれば、前者のモデルは、それが再犯防止に関してより効果的であるということが示された場合においてのみ支持し得るものである。
　(3)　カタロニア自治府は、社会復帰の理想にいっそう忠実であり、それゆえに、実務において（もちろん、それはパロールに関してのみであるかもしれないが）、量刑を一層厳格なものにしているということを考慮すると、答えなければならない疑問は、社会復帰と厳格性の間の関係性は偶然的なものであるのか、それとも必要的なものであるのかということである。カタロニア自治府の管理下にある受刑者は、必要とされるよりも長い時間、開放処遇施設において過ごす傾向にあるように思われる。これは、おそらく、厳格な法的枠組みに起因するものであり、その観点から、パロールは、刑期の4分の3、または少なくとも3分の2を服役した後でのみパロールが許可され得ることになっているのであ

る。いっそう個別化された法制度のもとにおいては、パロールは、よりいっそう早期に許可され得るであろう。このような制度を採用した場合には、カタロニア自治府のパロールに関する実践は、改善され得るかもしれないのである。

9　研究結果の要約

　以上において考察したところから、スペインの行刑制度に関する概要は、以下のように要約することができる。
　(1)　スペインの刑罰制度は、あまりにも過度に拘禁刑を使用しているということである。このことに関しては、2つの根本的な疑問が存在する。1つは、それほど深刻ではない犯罪のために、多くの犯罪者が刑務所に収容されていることであり、このような犯罪者には、むしろ、社会内制裁により対処するべきではないかという点である。2つ目は、何らの正当な根拠もなく、量刑の延長が、他の欧州連合諸国よりも長期化されているということである。
　(2)　1990年代における顕著な刑務所改修プログラムの結果として、刑務所の諸条件は、過去10年間において相当程度改善されている。刑務所の生活を標準化することに関する原則という観点からは、さらなるステップ・アップがなされるべきである。すなわち、中央政府機関内においては、受刑者が彼ら自身の自宅の近くで刑に服すことを保証することに重点が置かれるべきである。独居拘禁に基づく単独室への収容という受刑者の権利が尊重されるべきである。また、公正な賃金が支払われる刑務作業がすべての者に利用可能とされるべきである。経済的に恵まれていない受刑者に対して、行刑に関係する諸問題について、彼らを支援するために、無料の法的扶助が提供されるべきである。女性のための処遇施設の現状は、男性のための処遇施設の現状と同程度にすべきである。1990年代に解決したと思われていた過剰収容の問題が近年において再び問題となっており、最近10年間の発展を脅かしている。
　(3)　1990年代における行刑機関に対する厳格な監督の結果として、拷問に関する批判はなくなり、非難すべき処遇に関する事例は、現在では例外的なもの

であるように思われる。しかしながら、中央政府機関は、非難すべき処遇に関する報告書を充分に精査していない、というオンブズマンの訴えを考慮すると、データは細心の注意を払って取り扱うべきである。閉鎖施設における生活状況は、1996年における刑務所規則の改正以来改善されているが、「特別部門」における独居拘禁の状況は過度に過酷なものであり、人道的な処遇に関する基準を満たしていないのである。

(4) 憲法上の解釈を基礎にすれば、行刑制度の社会復帰能力を測定するための重要な基準の1つは、刑の期間中における一時帰休や開放処遇施設およびパロールの恩恵を受けた受刑者の数である。中央政府機関とカタロニア自治府との間でなされた比較は、後者は、帰休および開放処遇施設に関して、社会復帰により熱心に取り組んでおり、前者は、より多くの受刑者にパロールを許可しているという結論を導き出している。この対照的な結果は、もしかしたら、中央政府機関はパロールに対して再教育の過程の最終段階というよりも、機械的な早期釈放の形態として取り組んでいるという事実に起因するものであるのかもしれないのである。

(5) 法的枠組みは、社会復帰を基礎とする実務を必ずしも支持してはいない。この理念は再教育された、あるいは再教育の過程にある者の地域社会への再統合への法的可能性を要求する。刑期の4分の3、あるいは3分の2の完了までパロールを遅らせることは、社会復帰の原則に否定的な結果をもたらしているように思われる。それは、中央政府機関が行っているような、時が到来するまで適用されない開放処遇施設への収容や、機械的な早期釈放手段として許可されているパロール、あるいはカタロニア自治府が行っているような、パロールの準備が整っていると思われる受刑者を、開放処遇施設に留めておくといったような事態を引き起こしているのである。

10 おわりに

以上において検討したごとく、本章は、スペインの行刑制度が、①拘禁刑の

使用制限、②刑務所生活の標準化、および③社会復帰過程における受刑者の早期の社会再統合に基づく刑罰システムにおいて、刑務所の理想的な役割をどのようにして実現しつつあるかということをあきらかにしたものである。スペインの刑事政策については文献が少ないこともあって、我が国ではあまりその現状について紹介した論文がないように思う。特に、刑務所実務の現状について紹介したものは、本章の最初の部分で指摘したごとく、財団法人矯正協会の『CAニュースレター』があるのみである[23]。

　本章で用いた1996年から2003年に至るまでの公的な報告書とデータに基づけば、非拘禁的な措置が、拘禁刑の使用の減少を生み出している一方で、その効果は、受刑者がパロールに付される以前に服する刑期の長期化により、大幅に相殺されているということに注意を喚起することが必要であろう。次に、1990年以降、スペインの刑務所での生活環境は徐々に改善されつつあるが、制度そのものは、いくつかの重大な欠陥により苦しみ続けているというのが現実であるように思われる。

　本章の特徴は、スペインの刑務所を運営する2つの政府機関、すなわち、カタロニア自治府と中央政府機関における開放処遇施設への収容とパロールの使用とを比較し、社会復帰に基づく政策と効果的な量刑期間との関連性について探求している点である。我が国においても、近年、仮釈放までの期間が徐々に長くなっていることを考えるとき、スペインの行刑事情は何らかの参考になるように思われる。そうした意味合いにおいて、本章が、我が国の刑務所制度を理解し、新しい刑事政策を展開する上での参考資料となれば、望外の喜びである。

1) 財団法人矯正協会文化事業部『CAニュースレター』5号（2004年）3-6頁。
2) Cid, J., "The Penitentiary System in Spain : The Use of Imprisonment, Living Conditions and Rehabilitation," *Punishment & Society*, Vol. 7, No. 2, 2005, pp. 147-166.
3) *Ibid.*, p. 148.
4) スペイン刑法（1995年制定、2003年改正）は、自由刑、各種の権利剥奪刑および罰金刑の3種類の刑罰を定めている。自由刑は、刑務所拘禁、居住拘禁（2003年の

改正により、自宅拘禁および週末拘禁を代替）および罰金未払いに対する拘禁に分類される。自由刑は、3月以上20年以下であるが、特別の場合には40年まで引き上げることができる。前掲注（2）文献参照。
5) 分類処遇別施設として、閉鎖施設（1級受刑者）、一般施設（2級受刑者）、開放施設（3級受刑者）があり、特別施設として、男女共同居住区、母子共同居住区、精神医療施設、未決拘禁施設がある。
6) Defensor del Pueblo (Spanish Ombudsman), *Informe Annual*. Madrid: Cortes Generales, 2001, p. 106.
7) Defensor del Pueblo (Spanish Ombudsman), *Inofrme Annual*. Madrid: Cortes Generales, 1999, p. 207.
8) ETAは、バスク語で「バスク祖国と自由」を意味する言葉。欧州連合 Euskadi Ta Askatasuna を略したものであり、バスク地方の分離独立を目指す急進的な民族組織。詳細は、(http://ja.wikipedia.org/wiki/ETA) 参照のこと。
9) *Ibid.*, p. 206.
10) Defensor del Pueblo (Spanish Ombudsman), *Informe Annual*. Madrid: Cortes Generales, 2002, p. 48.
11) Defensor del Pueblo (Spanish Ombudsman), *Informe Annual*. Madrid: Cortes Generales, 2000, p. 53.
12) ほとんどの受刑者は何らかの薬物を使用した経験をもち、所内における薬物取引も頻繁に報告されている。薬物中毒者に対する処遇プログラムは皆無であり、唯一メタドン（鎮静性合法薬物、モルヒネ系の効力をもち、ヘロイン中毒の代替として使用される）の配布のみが行われているが、専門家からは薬物中毒対策としての使用に疑問が出されている。前掲注(12)文献参照。なお、European Monitoring Centre for Drugs and Drugs Addiction (EMCDDA), *An Overview Study: Assistance to Drug Users in European Union Prison*. Wimbledon: Cranstoun Drug Services Publishing, 2001, pp. 25-26.
13) *Ibid.*, p. 50.
14) Dirección General de Instituciones Penitenciarias (DGIP), *Informe*. Madrid: Ministeiro del Interior, 1999.
15) 面会は最低で1週間に2回、各回20分以上。信書の送受信に対する回数制限はない。電話は所長の許可による。
16) Council of Europe, CPT (European Committee for the Prevention of Torture and Inhuman or Degrading Punishment), Spain, Report to the Spanish Government on the Visit to Spain. Visit 22 November-4 December, 1998, pp. 54-56. (http://www.cpt.coe.int/en/states/esp.htm).
17) Defensor del Pueblo, *op. cit.*, 2000, p. 55.

18) ［1級］極度に危険性を有するか、あるいはあきらかに共同生活不適格者と診断された者。［2級］一般的な共同生活には適応するものの、未だ半自由的処遇には適さないと診断された者。［3級］半自由な生活環境で処遇を受ける準備ができていると判断された者。

19) この他に、刑務監査検察官および護民官（各自治府に置かれ、市民の権利を包括的に保護する独立政府機関）も受刑者の権利保護のために働くが、刑務監査裁判官のような直接的な権限はもたない。前掲注（2）文献参照。

20) Mapelli, B., *Principios Fundamentales Del Systema Penitentiario Espanol*. Barcelona : Bosch, 1983, pp. 15-152.

21) Vega, M., *La Libeltad Condicionnal en el Derecho Espanol*. Madrid : Civitas, 2001, p. 360.

22) Cid, *op.cit.*, p. 157 以下参照。

23) その他、財団法人矯正協会文化事業部『CAニュースレター』9号には、「ヨーロッパ人権裁判所特集（その2）スペインからの報告」がある。参照されたい。

第3章
オーストラリアの民営刑務所

1 はじめに

　オーストラリアにおける民営刑務所を巡る議論は、官営刑務所システムに対してもたらす影響を中心として、一般に、民営化に関して生起する多くの誤解を強調してきたきらいがあるといわれている。オーストラリア犯罪学研究所の元所長で、名誉首席顧問のリチャード・ハーディング（R. Harding）によって書かれた「犯罪と刑事司法における傾向と課題」(Trends and Issues in Crime and Criminal Justice) は、オーストラリアの初期の民営刑務所の状況について紹介した論文であり、時期的には15年前に書かれたものであるが、この重要な公共政策問題を明確化し、充分な情報に基づいた議論を可能にするための基盤を提供しているように、私には思われる。実際問題としても、オーストラリアで刑務所の民営化が導入された1990年代の初めまでは、民間企業による刑務所の運営契約は、オーストラリアの矯正システムにおいて有用な地位を占めていたようである。

　そこで、以下においては、オーストラリアの民営刑務所の初期の導入段階の状況について、このハーディングの論文に基づいて紹介してみることにしたいと思う[1]。我が国でも、2007年4月から、山口県美祢市において、官民協働運営の「美祢社会復帰促進センター」が活動を開始し、その後、さらに3つの社会復帰促進センターが運営を開始していることから考えて、何らかの参考になるのではないかと思うからである。

2 民営化の開始

オーストラリア初の民営刑務所であるボラロン刑務所（Borallon Prison）は、1990年1月に創設され運営を開始した。当該刑務所は、244床を備え、ブリスベン近郊のボラロンに位置し、クイーンズランド州矯正サービス委員会（Queensland Corrective Services Commission：QCSC）により、2,200万ドル（オーストラリア・ドル、以下同じ）をかけて建設された。運営母体は、アメリカ矯正会社（Corrections Corporation of America）、ジョン・ホーランド建設会社（John Holland Construction Group）、およびウォーマルド警備会社（Wormald's Security Ltd）により共同保有された企業共同体であるオーストラリア矯正会社（Corrections Company of Australia：CCA）である。当初の契約は3年であり、更新のための最初の交渉は1992年11月に行われた。

また、ニュー・サウス・ウェールズ州のジュニー刑務所（Junee prison）は、1993年3月に開設された。この600床を備えた刑務所は、落札に成功した、テキサス州のワッケンハット会社（Wackenhut Corporation of Texas）、シース建設会社（Thiess Construction Group）、およびADT矯正サービス会社（オーストラリアに基盤を置くワッケンハット経営会社：ADT Correctional Services Ltd）からなる企業共同体である、オーストラリアン矯正管理会社（Australian Correctional Management Ltd：ACM）により、設計・建設されている。当初の契約は5年間であり、さらに3年間の更新が可能である。

さらには、労働業務の見直しに関する州のサービス組合（Services Union：刑務所職員組合支所）との交渉の決裂を受けて、1991年10月、ブリスベンに新たに建設されたワコール・リマンド＆レセプションセンター（Wacol Remand and Reception Centre）の運営のために、入札希望者が公募された。5つの入札希望企業が最終入札者名簿に載せられ、1992年3月、州政府はACMが落札に成功したことを発表した。年間契約運営費（annual contract management fee）は、1,150万ドルとされており、仮に公共部門により同規模の刑務所が運営された場合、1,800

万ドルになると試算されている。この定員380人の施設は、1992年7月から運営が開始された。

1991年7月、ノーザン・テリトリー政府は、アリス・スプリングスに、新たな刑務所の設計・建設および運営に興味のある企業を公募した。4つの提案が最終入札者名簿に載せられたが、どの企業も入札明細事項を充分に満たしていなかったために、1991年12月、公共部門が事業の全過程を取り仕切ることが決定した。

オーストラリア労働党（Australian Labor Party：ALP）のビクトリア州政府は、この時点では、民営刑務所の考え方に対し断固として反対をしていた。他の州政府は、どちらかといえば、当該事項に対して、何ら明確な政策を有していないか、あるいは静観していたようである。それにもかかわらず、オーストラリアでは、民営化の勢いは、1990年代の初め頃には、とどまるところなく加速していたように思われる。実際、ワコール社との契約は、厳しい財政運営状況下にある政府にとって、イデオロギーの壁は今や崩れ去ろうとしているということを、意味しているようにさえ思われたのである。それゆえに、問題は、民営化が必要であるかどうかということではなく、むしろ、民営化がどのような範囲で、どのような種類の施設で、どのようなタイプの受刑者に、どのような法的・行政的な取り決めに従って行われるかということ、そして、とりわけ民営化が全拘禁システムを改善するものであるかどうかということこそが、問題であったのである。

3 民営化の定義

刑務所の「民営化」という表現は、何かその意味を取り違えることの多い呼称である。当該概念は、企業の個人所有の問題や個人管理の問題ではなく、運営契約、すなわち、公共部門の責任を残した形での、施設の民間部門あるいは非政府組織による運営を、意味しているからである。

もちろん、民営化には、より低いレベルの民営化が存在する。たとえば、食

事の供給や建物のメンテナンスといった特定のサービスに対して民間部門と契約を交わす場合である。また、逆に、より高いレベルの民営化も存在する。それは、民間部門が、新たな施設の設計・建設および融資を行い、最終的には、州政府にその施設をリースするというような場合である。これはアメリカ合衆国で行われているものであり、オーストラリアでは未だ行われてはいない形態の民営化である。しかし、新たなアリス・スプリングス刑務所（Alice Springs Prison）の運営に関して企業を公募した際に、ノーザン・テリトリー政府は、このモデルが採用される可能性を残して置きたかったようである。この事例以外には、ウエスタン・オーストラリア州において、イースタン・ゴールドフィールズ刑務所（Eastern Goldfields Prison）の建設が、州との合弁事業という緩やかな形式で行われた一方で、民間部門による設計・建設が、ビクトリア州のロドン刑務所（Loddon Prison）で行われている。

しかしながら、いかなる程度の民営化または民営化モデルが採用されたとしても、重要な点は、日々の刑罰の運営が運営契約者に委譲される一方で、刑罰の割り当ては、州機構の責任として残されるべきであるということである。したがって、ここでは、効果的な説明責任の存在そのものが中心的課題となるのである。

利益の追求は、民営化にとって必ずしも必要な事項でもなければ、民営化の不可避的な事項でもないということは、強調されるべきである。たとえば、少年犯罪プログラムへのボランティア、あるいは非政府組織（NGO）セクターの参加は、オーストラリアを含む多くの地域で、歴史的にはきわめて普通のことであった。しかしながら、運営契約者の動機づけがいかなるものであろうとも、刑務所の民営化に関しては、利益の追求という根本的な問題を考慮することは、きわめて重要であるように私には思われる。

もちろん、利益そのものが目的である場合には、収益を最大化させるために経費を節約し、基準が徐々に侵害されるという疑いが、常に付き纏うことも事実である。このことは、未決拘禁者のほうが、受刑者よりもさらに、市民権の剥奪を受けている場合についていえることである。たとえば、イギリスおよび

アメリカ合衆国の両国では、民間部門による不法入国者に対する抑留センターの運営は、実際に、相当な批判を浴びているのである。

4 民営化に対する圧力

　政府や矯正機関を民営化に向けて突き動かす要因のうち、最も強力な要因は、(1)刑務所人口の問題、特に過剰収容と老朽化した居室内に居住する受刑者を管理することの困難性、(2)在庫品の補充のための資金の増大と、強力に労働組合化した労働集中産業において幾度となく繰り返される争いの双方に起因する、過剰なコスト、(3)公的な刑務所システムでは、変化する環境に対応することに困難性が付き纏うように思われ、それゆえ、民営刑務所が競争市場を提供し、新たな基準を設定するであろうという認識と結びづけられた、より効果的な受刑者プログラムの必要性、そして、(4)これら各項目内において注目すべき副題としての、刑務所運営者に対する刑務所職員組合の影響力を巡る懸念等である。

　これらの要因の重要性は、時と場所においてさまざまである。たとえば、過剰収容は、近時、ニュー・サウス・ウェールズ州においては1つの重要な要因となっていることは確かであるが、オーストラリアよりもアメリカ合衆国において、はるかに強い推進力となっている。同様に、組合の影響力に関する懸念は、おそらくこの要因の背後に横たわっている意味を斟酌するとき、それは、オーストラリアにおいても重大ではあるが、実は、オーストラリアよりもイギリスにおいて、より明白な要因となっている。いずれにせよ、上記の各要素は、オーストラリアの民営刑務所の発展の歴史においても、見いだし得るのである。

　クイーンズランド州矯正サービスに対する「ケネディ報告書」は、主に(2)、(3)、および(4)の項目を列挙している。1988年の終わりの報告当時、新しいボロロン刑務所は建設のかなり進んだ段階にあり、ケネディ (J. Kennedy) は、その運営を以下のような理由から民営化するべきであると勧告していたのである。すなわち、①当該システムにおいては、適切かつ良質な職員を確保するという問題が解決される。②矯正職員および管理者に対するキャリアの展望が開かれ

る。③矯正職員に対して、究極的には、彼らの地位、報酬および勤務条件を向上させるために競争させるという重要な要素が存在する。④オーストラリアおよびクイーンズランド州の矯正施設に対する市場が創出される。⑤柔軟性が付与される。⑥初めて、クイーンズランド州の矯正サービスに関する、職務の遂行とコストを調査するための現実的な手段を提供する競争が生まれる、等がそれである[2]。

そこで、オーストラリア国民党（Australian National Party：ANP）政府は彼の勧告を受け入れ、入札の後、CCAにその権利を付与したのである。オーストラリア労働党は、最初の受刑者がボラロン刑務所に受け入れられる予定であった1か月前に政権に就いたが、労働党政府も、この運営契約を継続することに同意した。しかしながら、オーストラリア労働党は、契約の遂行は、注意深く精査されるべきであることに言及している。結果として、ボラロン刑務所での経験が、どの程度、民営化に存在し得る危険性を効果的に回避できるか、という疑問を解明するであろうと期待されたのである。契約がワコール社の管理運営に委ねられたちょうど2年後の結果を評価した際には、QCSCは、これまでに矯正実務が経験してきたことよりも、比較的うまくいっていることを示唆しているのである。

5　民営化の危険性

世界中の刑務所の民営化に関する専門家は、以下に挙げるような潜在的に起こり得る危険性を認識していたといわれている。すなわち、①拘禁率や一般的な拘禁政策が、拘禁レベルや利益享受の機会を最大化させることに懸命な民間の圧力団体により、操作されるかもしれないという危険性、②施設内における刑罰の執行が、その割り当て量を超えるかもしれないという危険性、③官営刑務所制度よりも、説明責任が不充分であり、効果的ではない可能性が高いという危険性、そして、④二重の基準、すなわち、一方で、受刑者に対して何ら主要な管理問題を生じさせない良質な民営刑務所システムを導き、他方で、アウ

トサイダー、すなわち、人種的な少数者集団、精神的に不安定な者、暴力犯罪者、薬物依存受刑者、無期受刑者、およびエイズのような伝染病に罹患している者に対する官営刑務所システムを、ますます絶望的にさせ、だめにするといった、二重の基準が展開されるかもしれないという危険性等である。

　これらの懸念の大部分が、最近のオーストラリアの現状の説明において、ひどく誇張されているようにも思われる。しかしながら、初期の事例研究は、民営化が適切に執行されない限りにおいて、これらの危険性が現実のものとなる可能性があることを示唆しているのである。

6　深刻な欠陥のある民営化の事例

　1984年からおよそ1年間、シドニー市使節団（Sydney City Mission）は、ニュー・サウス・ウェールズ州のゴールバーン近郊タロング・ベースキャンプにおいて行われたビジョン・クエスト（Vision-Quest）をモデルとした、住み込みの自己啓発プログラムである「ウィルダーネス・プログラム」（Wilderness Program）を実施した。非政府組織の資金によりその活動は開始されたが、しばらくの後、活動をさらに継続するために、このプログラムは、政府の資金提供を受ける必要が生じた。それに応じて、ホーキンス（G. Hawkins）、ファインドレイ（M. Findlay）、ハーディング等による、それぞれ3つの再調査が開始され、その後、試験的な資金提供の約束は撤回された。このことは、このプログラムの廃止とタロング・ベースキャンプの閉鎖を導く結果となったのである[3]。

　根本的な問題は、このプログラムが、拘禁率に依存しており、それゆえに、拘禁を強制する政策を促進する傾向にあったということである。このことは、現実には、以下のように進展したのである。すなわち、費用効果を高め、人的資源を最適に利用するために、このプログラムは、総勢160人の若者を、1年間にわたるプログラムにおいて、全体として4つのステージに参加するように要求したのである。言い換えれば、このことは、40人が第4段階を「卒業した」場合、さらに40人を、第1段階に参加させることを要求したのである。

このプログラムへの最初の参加は、主として少年裁判所によるプロベーションの条件、あるいは結合命令（binding over）としてのものであった。そして、そのような条件が課される前の重要な約束事は、青少年は、まる1年間、プログラムに参加し続けるという契約に自発的に署名することと、プログラムの運営者による査定を受けなければならないということであった。

　また、当該査定手続は、すべての青少年をふるいにかけ、計画的な暴力犯罪または薬物使用犯罪に関与した青少年等を排除することになっていた。言い換えれば、プログラムに継続される者は、主として危険性の低い犯罪者であるか、さもなければ、おそらく公的な施設に全く収容される必要のない、あるいは、いずれにせよ、1年よりもはるかに短期間収容されるような者たちばかりであったのである。

　しかし、それにしても、裁判所がこのような判決の権限を行使することを可能にしたのは、どのような方法によってであろうか。その答えは、感染症的な情熱と、このプログラムが青少年たちにとって最善の利益となるであろうという、プログラムの責任者たちの見当違いな熱意により、裁判所が納得させられたからであろうといわれている。そしてそれゆえに、まさしく、このプログラムの存在そのものが、その運営と同様に、刑罰の割り当てに対しても、直接的な影響力を及ぼしたのである。

　加えて、取り決め全体が、法令の認可なしに執り行われていたので、反抗者に対する規律上の制裁の賦課とディテンション・キャンプ（detention camp）の職員による逃亡者の再逮捕という双方の手段は、その管理運営というよりも、むしろ刑罰の割り当てとなっていたのである。

　同様に、これらの特徴が、また、適切な説明責任の欠如の典型的な事例ともなったのである。以下に挙げるような諸要因が、こうした欠陥をさらに悪化させるものとなった。すなわち、①タロング・ベースキャンプは、一般の立ち入り権がない私有地であり、孤立した地域に位置していたこと、②記録の保持と事例管理メモが断片的であり、それゆえに、処遇方法やプログラムの影響に関する評価が事実上不可能とされたこと、③職員の資格、あるいは採用に関して

客観的に明示され、あるいは、公的に認可された基準が存在していなかったこと、④青少年へのサービスの責任を負う州当局からの政策情報が最少限であったこと、そして、⑤タロング制度に対する外部的な監視が存在していなかったこと、等の要因である。

二重の基準についていえば、結局のところは、タロング・ベースキャンプが、国営の少年拘置センターよりも、良いか悪いかという意見の相違の問題であった。いずれにせよ、通常は全く拘禁されるはずもない人々を、当該プログラムが標的としたがゆえに、二重の基準自体は、数多くの問題のうちでも、最も小さな問題であったように思われる。

タロングの施設は、批判者たちが民営化された拘禁施設に関して畏れていたものの典型的な事例であった。しかしながら、その歴史は、このような問題に直面し、それを克服してきた進歩の過程を評価することに関して、歴史的な背景を確立するものでもあったのである。

7　危険性の回避──ボラロン刑務所とジュニー刑務所

ボラロン刑務所は、運営開始と同時に、数十人の公的・準公的な訪問者により視察されている、現在稼働中の刑務所であり、その経験が文書化され始めていることから、後に続く民営刑務所のほとんどは、当該施設に焦点をあてるであろうといわれている。しかしながら、現在までのところ、ジュニー刑務所に関しては、抽象的な法令や、契約上の取り決めについてのみ、言及することが可能であるというのが、一般的な見解である。

1．拘禁率と拘禁政策

拘禁率に関して、ボラロン刑務所の契約は、1年間を通して100％の占有を基本としてコストが見積もられている。それゆえに、収容スペースに空きが生じた場合、被収容者を供給し、完全な契約価値を保証する責任はQCSCにあるのである。財政的には、ボラロン刑務所での資金不足は、QCSCに利益をもた

らすものでも、CCA に不利益をもたらすものでもない。ジュニー刑務所の契約も、同様の効力を有しているのである。

　一般的な拘禁政策に関していえば、たとえば、ジョージ（A. George）は、民営刑務所の運営者について、以下のように指摘している。

　「民営刑務所の運営者は、……増大する施設のための認識される限りの必要性を強調し、刑務所内での恐ろしい暴力の実態を公にするという立場にある。このことは、地域社会において、恐怖的環境を創出しがちなメディアの想像力を煽ることになるであろう。そして、このような戦略は、居室を満員とすることを保証する政策を支持するものともなるのである」と[4]。

　このことが、「今まさに、クイーンズランド州で問題となっていることである」ということを示唆するような証拠は何も存在しない。実際、ボラロン刑務所の開設以来、オーストラリア全体の拘禁率が10万人当たり73.7人から81.4人に増加する一方で、クイーンズランド州の拘禁率は75.8人から69.3人に減少しているのである。ある官営刑務所、たとえば、ウッドフォード刑務所（Woodford Prison）は、完全に閉鎖され、クイーンズランド州において最悪の刑務所といわれるボッゴ・ロード刑務所（Boggo Road Prison）は、まもなく閉鎖されるといわれている。

　このことは、クイーンズランド州における拘禁政策を何が促進させているかにせよ、それはあきらかに、民営刑務所を財政面で支援するために、高い拘禁率を支持する圧力団体ではないということを意味しているのである。

　ニュー・サウス・ウェールズ州では、拘禁政策が「真実量刑」（truth in sentencing）を追求することに懸命な政府により促進されている。結果として、刑務所人口は、1998年4月（自由国民党が政権の座に就いた時）から1991年11月までの間に、4,003人（10万人当たり70.7人）から5,919人（10万人当たり100.2人）へと増加しているのである。この割合は、1907年以来、最も高い比率である。仮にジュニー刑務所に権限が付与された後も増加が継続するとするならば、増加に拍車をかけているのは民営化であると主張しようと試みる者たちに、信用を付加する結果となるであろう。

8　刑罰の執行と割り当て

　刑罰の執行がその割り当てを超える2つの領域は、パロールの許可と刑務所規則の違反に対する制裁の賦課である。

　クイーンズランド州では、パロールの決定は、「矯正サービス法」(Corrective Service Act 1998) の規定の下で、「地域社会矯正委員会」(Community Corrections Board) によってなされる。本法は、資格と手続についての明確な規定を置いており、これらの規定のなかには、書面あるいは法定代理人を通じてパロール申請書を提出する志願者の権利や、パロール却下の際には、書面で書かれた理由を提出する委員会の義務などを含んでいる。

　委員会の情報や助言の主な出所は、地域社会矯正職員 (community corrections officer) によって準備された報告書である。この報告書は、以下のような多様な事実に基づく資料から作成される。すなわち、家庭環境調査、一時的釈放プログラムにおける犯罪者の過去の行動、心理学的・医学的情報、ケース・マネージメント・プラン (case management plan) によって測定された進捗状況、および拘禁中の態度に関する情報等である。換言すれば、拘禁中の情報を含めたすべての情報が、異なった一連の独立した職員による報告書を通して、評価されるのである。したがって、ここでは、受刑者が官営刑務所で服役したか、あるいはボラロン刑務所で服役したかといったような拘禁中の細目とは関係なく、パロールの決定は、ほとんど完全に分離して行われるということになる。それゆえに、刑罰の執行が、その割り当てを超えることはないのである。

　ニュー・サウス・ウェールズ州では、「1989年量刑法」(Sentencing Act 1989) の下で設置された、「犯罪者評価委員会」(Offenders Review Board) により、パロール決定がなされる。量刑が3年を超えない受刑者については、パロールは事実上、機械的である。それゆえに、官営刑務所で雇われた者か、ジュニー刑務所で雇われた者かにより、矯正職員の不利な干渉が生ずる可能性は存在しない。

　長期受刑者に対するパロール決定は、幅広い多様な資料と報告書を熟慮して

検討した後に行われる。これらの資料のなかには、釈放前の問題に関するパロール・オフィサーからの情報、釈放後の問題に関する地域社会矯正職員からの情報、および矯正職員からの情報などが含まれている。それゆえに、潜在的には、民営刑務所の拘禁階層構造は、パロール決定のなかに入力されているのである。しかしながら、実務においては、委員会は「反抗的」や「刑務所当局への協力性の欠如」といったような判断に関する情報よりも、むしろ、継続的な薬物の使用や、バッシング (bashings) への関与などといったような事実問題のみに注目する傾向がある。それにもかかわらず、そこには、構造的な問題が存在するように思われるのである。もちろん、そうはいっても、官営刑務所に服役する者よりも、ジュニー刑務所に服役する者のほうが、より一層問題があるというわけではない。

規則に関していえば、モイル (P. Moyle) は、ボラロン刑務所の、最大7日間の独居拘禁の罰則を限度とする、罪状の処理に関するいくぶん横柄な慣習について文書化している。しかしながら、すべての「主要な規則違反」が引き起こされた場合には、法律は、受刑者に対する法定代理人を否定している、ということが指摘されるべきである。このことからして、問題は、民営刑務所としてのボラロン刑務所の固有の特質というよりも、一般的には、刑務所内における法律上の体制の問題であるといえよう[5]。

1. 説明責任

いまさら改めていうまでもなく、説明責任の主要な要因は職員であり、仮に職員が説明責任を放棄した場合には、説明責任のシステムは機能することができないのである。ニュー・サウス・ウェールズ州矯正サービス委員会 (New South Wales Corrective Services Commission) が、ジュニー刑務所の刑務所長との関係においてそうであるように、QCSC は、ボラロン刑務所の刑務所所長に対して事実上の拒否権を保持しているのである。それぞれのケースで、認可が無効とされる場合もある。

同様に、契約者により雇用された矯正職員は、法律の下で職務を遂行するた

めに、QCSC により認可されなければならず、QCSC により認定された訓練コースを受講し、合格することがその条件とされている。ニュー・サウス・ウェールズ州の法律も、同様の条項を保持している。これらの条項に違反した場合には、それぞれのケースで認可が無効とされる場合もある。

クイーンズランド州においては、これらの条項の組み合わせは、運営契約それ自体が、いかなる時においても、適切な認可の取り消しにより、有効に終了させられることを意味しているということは、指摘されてしかるべきであろう。ジュニー刑務所の場合には、これら前述の法律の条項や含意のそれぞれが、運営契約の文言により特に強化されているのである。

2つの州のそれぞれの官営刑務所システムにおいてあてはまる、あらゆる一般的な予防措置は、同様に、また、民営刑務所にもあてはまるのである。公的査察官、オンブズマンによる評価、委員会自体による議会の精査、ニュー・サウス・ウェールズ州における「汚職防止独立委員会」(Independent Commission Against Corruption)、ニュー・サウス・ウェールズ州における情報公開(1992年の段階では、クイーンズランド州では、まだ実施されていなかった)、ボラロン刑務所ではすでに受け入れられ、ジュニー刑務所では、今後予想され得るメディアへの情報公開等についても、同様である。

加えるに、法律は、契約の遵守についてばかりでなく、より重要な一般基準の遵守をチェックするためのモニターの任命に関する規定をも定めている。各州に、定期的な監査や各部門ごとのチームによる点検などの管理規定は存在するが、その構造は、官営刑務所との関連においては同等のものではない。ボラロン刑務所では、取り決めが、QCSC に雇用された者により実施される、行政上あるいは契約上のものである一方で、ニュー・サウス・ウェールズ州においては、監視機能は、モニターが法令上の自治を有し、また、「地域社会諮問委員会」(Community Advisory Council)により支援されているという事実により、強化されているのである。

しかしながら、それぞれのケースにおいて、モニターをするための利用可能な基準と実施基準が存在する。そして、これらの基準は、契約のなかに見いだ

される。ニュー・サウス・ウェールズ州では、コミッショナー（矯正サービス局の最高責任者）が、契約の一部として最低基準に関する書類を準備しなければならないということは、注目に値することである。事実、当該書類は詳しく記載され、被収容者を不安にさせ、また同様に、刑務所基準について大衆を不安にさせるような問題全体について、包括的である。官営刑務所システムとの関係においては、同等の義務が存在せず、また基準に関する書類が実務において作成されていないということは注目に値する。しかしながら、QCSCは、監査を目的とした安全な施設のための義務基準を公布し、刑務所システムのすべての部分に適用することが可能となっている。

　実務では、ボラロン刑務所のモニターは、所長レベルの訪問と、所長が望む場合に、中級の被雇用者による報告とを意味している。この種のモニターは、平均して、1週間に2度または3度行われる。モニター担当者は、記録または施設の公式の点検を行い、職員あるいは被収容者にインタビューをし、基準が満たされているか否か、どのような問題が起きており、あるいは起きつつあるのか等を確かめるために必要と思われる、あらゆる業務を一般的に行うことができるのである。

　これらのすべての手続きを中断することは、最終的な契約文書それ自体が、「運営上の信用問題」として取り扱われるということを意味しているのである。当然のことながら、主要な条項は契約者に認識されている。たとえば、ジュニー刑務所の場合、これらは入札明細事項の一部を構成しているのである。しかしながら、一連の交渉の過程において変更がなされることもあり、このことは、部外者と被収容者が、業務基準のより詳しい詳細を周知している状態におくことになる。イギリスにおいては、2つの民営刑務所に関する運営契約が、公的に入手可能である。なぜ契約に関する基準条項が、財政上の条項ではなく、このように取り扱われているのかについて、納得のいく理由は存在しないように思われるが、あえていえば、こうした事項の法的性質は、単なる運営上の事項ではないということである。

　要約すれば、オーストラリアにおける民営刑務所システムにおける説明責任

は、官営刑務所に適用可能なものをはるかに超えているように思われるということである。官営刑務所において見受けられた欠陥は、そのほとんどが反映され改善されているのである。そうした意味からは、より良い説明責任に関する民営刑務所のシステムは、官営刑務所システムの基準に対する改善を促進するかもしれないのである。

2．二重基準

　ボラロン刑務所は、人気のある刑務所である。ケネディが、彼の中間報告書に対する回答を求めた際に、被収容者から受け取った唯一の意見が、民営化の強い支持であった。ボラロン刑務所への移管の希望が数多く寄せられたために、経験豊かな被収容者の抜け目のない期待は、充分に満たされたのである。このことは、ボラロン刑務所が良い刑務所であることの最善の指標である。現在、QCSCは、移管希望者ウェイティング・リスト制度 (queuing system) を確立している。

　このことは、われわれが、高級志向の民営刑務所システムと荒れ果てた官営刑務所システムの二方向に向かって動いているという、二重の基準が存在しているということを意味しているのであろうか。答えはイエスでもあり、ノーでもある。

　まず第1に、ボラロン刑務所は、収容する受刑者の範疇から考えて、間違いなく、あまりにも厳重である。当該施設は、定員244名の施設として建設され、84床の重警備ユニットと、160床の中警備ユニットから構成されている。1991年末において、収容総数は、195人の中警備受刑者、32人の軽警備受刑者、それに、10人の開放処遇受刑者で構成されていた。第2に、ボラロン刑務所には、HIV陽性受刑者や、被保護受刑者、あるいは未決拘禁者などは収容されていないのである。運営契約の下で、CCAは、そのような被収容者を受け入れることを義務づけられてはいない。他方で、現在の被収容人員は、若干名の終身刑受刑者 (lifers)、アボリジニー(先住民受刑者)、あるいは暴力犯罪者で構成されている。

次に、民営刑務所は、その必要性と比べて、過度に厳重である施設において、容易に管理しやすい被収容者を収容しており、それゆえに、資本効率の観点からして、過度に高価であるという証拠が存在している。したがって、ジュニー刑務所での経験は、ボラロン刑務所と同様に、選定の際に、積極的な基準および手続的な取り決めと同様、どのような被収容者を、契約者が受け入れることを拒否するのかといったような疑問に対する、期待された収容総数から、どれほど離れているかを確認するために、注意深く観察されるべきであると提言されている。

もちろん、民営刑務所システムが高級志向と称されているという事実から、当然に官営刑務所システムが、それに対応して、衰微するというようなことはない。それとは反対に、すでに民営刑務所の基準は、官営刑務所の改善を促進させているようにも思われるのである。仮にそうであるのならば、これは悪い取引ではないということになる。結果としてみなされがちな民営化は、むしろ、過程としてみなすほうが、より有益であるということになろう。

この文脈において、民営化に対する公然たる反対者である、イギリス刑務所改革信託会社（UK Prison Reform Trust）の所長は、以下のように述べている[6]。

> 「私は、官営刑務所システムが、みすぼらしく、資源の馬鹿らしいほどの無駄使いであるという実質的な証拠が存在しない限り、民営化に反対するケースはより強くなるであろうと思う。民営化に反対する者は、汚らしい官営刑務所の擁護者とならぬように注意しなければならない」。

オーストラリアでは、ネイゲル報告書[7]、ペントリッジ刑務所（Pentridge Prison）の火災[8]、フリマントル刑務所（Fremantle Prison）の暴動[9]、および王室委員会（Royal Commission）による拘禁中のアボリジニーの死に関する最終報告書[10]を心に留め、民営化は、官営刑務所システムを悪化させるものであると考えるよりも、むしろ、戦略的に、官営刑務所システムを改善する手段を提供するものであると理解するべきであろう。

9 民営化の恩恵の享受

1. 過剰収容

　過剰収容の緩和は、ボラロン刑務所創設の要因ではなかった。単に民営刑務所プログラムだけではなく、QCSCの建設プログラムは、一般的に、老朽化した施設を、漸次閉鎖することを目的とするものであったのである。過剰収容は、政府の非常に評判の高い官営刑務所建設プログラムが遅れていた、ニュー・サウス・ウェールズ州での要因であった。しかしながら、ジュニー刑務所の開設は、ロング・ベイ複合施設（Long Bay complex）のむさ苦しい施設占拠者を減らすことにはならないようである。イギリス政府が民営刑務所の設立のみでは、刑務所の過剰収容問題を解決する方策を構築することができないことを理解するようになったのと同様に、ニュー・サウス・ウェールズ州政府も、そうしなければならないようである。問題は、組織的なものであり、解決策もまた、同様である。

2. 費　　用

　資本コストに関しては、600床を備えたジュニー刑務所は、推定5,700万ドルかかる計算となる。ニュー・サウス・ウェールズ州政府により直接建設されている2つの刑務所は、それとほぼ同程度の費用がかかるであろう。しかし、各刑務所とも、ジュニー刑務所に比べ収容能力は半分である。ジュニー刑務所の建設業者である、シース・グループ（Thiess Group：ACM共同会社の一部）は、新規の作業場を作り、周知のトラブル・メーカーの除外をも含めた、関連した組合との訓練協定を結び、産業実務を合理化させたのである。したがって、民営刑務所では、資本の節約が、公的機関が一般的に達成することが困難とされている方法において、なされているように思われる。それとは対照的に、ウエスタン・オーストラリア州の400床を備えた重警備刑務所である、カジュアリーナ刑務所（Casuarina Prison）は、1991年に開設され、約9,000万ドルの費用がか

けられている。これは、公にはされていないが、建設費用の約1,500万ドル分は、組合の水増し雇用と企業間の競争制限協定（restrictive practices）に起因したものなのである。

運営経費に関しては、今まで明確な指標は存在しなかった。しかし、1990年に、オーストラリア首都特別区政府（ACT）は、ニュー・サウス・ウェールズ州矯正サービス委員会に、被収容者を受け入れさせるために、1日当たり、1人の被収容者につき、約135ドルを支払っている[11]。同年のボラロン刑務所の被収容者に対する類似の数値は、約92ドルであった。他方、クイーンズランド州の官営刑務所システムを巡る経費は、ボラロン刑務所の開設以来、実質的には低下してきているように思われるが、およそボラロン刑務所のそれと同等のものである。モイルは、ボラロン刑務所の純経費は、QCSCの一般経常経費のうち必要経費を除外することにより、意図的に引き下げられたと論じている[12]。

同様に、1992年のボラロン刑務所契約価格への消費者価格指数の増加は、官営刑務所におけるよりも、少し経費がかかったようである。しかしながら、官営刑務所システムの純経費は、通常承認されているものよりも若干高いのが相場である。

ワコール社の取り決めは、経費に関する議論を、新たな、そしてより決定的な点に光をあてることになった。つまり、ワコール社は、年間約750万ドル、または41％の節約を実行したからである。もちろん、重要な疑問——それは、まだ回答不可能であるかもしれないが——は、節約した経費によって、今までと同等のサービスやプログラムを提供することができたか否かという点である。それというのも、ボラロン刑務所での経験を忘れることなく、QCSCが、非常に慎重に契約の必要条件を特定している可能性があるからである。

節約に関して重要な資源は、制服をきた職員に対する依存度を減らすこと、すなわち、固定労働経費を減少させることである。もちろん、労働業務の変化は、単に民営化から生じたものではなく、部分的に改善された刑務所構想から生じたものである。しかしながら、改善された構想からくる利益は、労働力への総賃金明細書に取り残されたままとなっている可能性すらあるのである。

3．プログラム

　ところで、民営刑務所では、節約された経費の一部が、より良いプログラムの開発に転嫁されているように思われる。たしかに、ボラロン刑務所での教育、労働および技術開発プログラムは、以前に官営刑務所で行われていたものよりも、より焦点が受刑者中心に合わせられているように思われる。つまり、ここで重要なことは、就労時間に、それが、産業的なプログラムか教育的なプログラムか、はたまた、技術的なプログラムかにかかわらず、受刑者が労働に従事しているという事実である。ボラロン刑務所では、多くの官営刑務所においてそうであるように、居房でぶらぶらして過ごしたり、日中、動物園のような中庭をぞろぞろ歩き回っている者などいないのである。

　おそらく、このことは、部分的には、管理するのに従順な被収容者集団を有するがゆえの成果であるかもしれない。また、これらのプログラムが成功しているのかどうか、未だに評価されていないことによるのかもしれない。しかしながら、市場競争の影響はあきらかである。このことは、クイーンズランド州の官営刑務所システム、たとえば、ロータス・グレン刑務所（Lotus Glen Prison）においてばかりではなく、プログラムが類似するウエスタン・オーストラリア州のカジュアリーナ刑務所（Casuarina Prison）においても、同様である。カジュアリーナ刑務所の開設前に、政府高官がボラロン刑務所を綿密に点検し、カジュアリーナ刑務所は、たしかにボラロン刑務所の影響を受けていることを確認しているのである。

　ノーザン・テリトリーでは、民営化は重要な政治課題であるが、そのことが、順次、一般的な基準の改善を促進し、改善された受刑者プログラムに対するリソースを、徐々に、開放することになるであろうと思われる。言い換えれば、全体の賃金支払いにおいて節約がなされる一方で、その一部が、受刑者プログラムに還元される可能性が高くなっているということである。

　一般に、民営化は、刑務所が少なくとも受刑者の福祉と並んで、職員の便宜のために存在しているという事実に、スポットライトをあてたように思われる。

過去においては、矯正職員は、プログラムに対して、過度の管理を行使し、頻繁に変更する傾向にあった。もしも、職員による改革のペースを差し控えようとする試みを積極的に画策しなければ、1991年の5月から7月までの間の、クイーンズランド州の官営刑務所からの逃走事故の多発が、見逃されていたかもしれないという高度な推測さえ存在するのである。このような主張は、必ずしも空想的ではない。1986年のイギリスにおける、いくつかの刑務所暴動に対する調査は、少なくともグロセスター刑務所（Gloucester Prison）での暴動の発生は、改革を懸命に阻止しようとする職員により、積極的に引き起こされたものであるという事実を見いだすことができるのである。

民営刑務所の利点は、激しい仲間集団的価値（peer-group values）を伴う、密接に結びついた副次文化が、矯正職員の間で発展する可能性がそれほど高くないということである。これは、彼らが、雇用者に対してその他の警備任務を行う資格を有しており、刑務所システム内に存在する階級的なキャリアの機会にそれほど依存していないからであるとも考えられる。さらには、彼らは、官営刑務所職員とは異なる組合の一員であり、それゆえに、副次文化的な視野の狭さに対する機会を弱めているとも考えられるのである。

10 おわりに

以上においてみたごとく、民間の経営者による刑務所の運営契約は、今後ともオーストラリアにおいて発展するであろうと思われる。民営刑務所は、小規模ではあるけれども、刑務所システム全体の構成部分を拡大しつつあるのである。そして、その影響は、経費、条件および受刑者プログラムに関して、現在までのところは肯定的である。刑務所体制に対する制服を着た職員による統制が、問題視されるようになったばかりではなく、中級職員や、上級管理者が競争に敏感に反応しているように、刑務所システムは、より内向的なものではなくなってきているのである。同様に、抽象的な法令上の条項に関してばかりではなく、実地上の取り決めに関しても、その主要な落とし穴は回避されている

ように思われる。

　近時、官営刑務所システムにいくつかの改善がみられたが、これらは、もちろん、民営化の影響にのみに帰することはできない。民営化という言葉が使われるはるか以前に、オーストラリアの刑務所運営に携わるまったく新しい世代の者が、変革や改革に取り組んできたからである。

　しかしながら、民営化と運営契約を作成する行為そのものが、矯正当局と政府に、彼らが達成することを期待する現実と向き合わせ、明確化させることを余儀なくさせていることは明白である。経済学の専門用語では、人々を刑務所に収容する過程は、インプット・ベース（input-based）というより、むしろ、アウトプット・ベース（output-based）になりつつあるのである。官営刑務所システムは、正確には、構造上の観点から、主にインプット・ベースであったので、数年間さまよい続け、勢いを失う傾向にあった。適切に、そして綿密に調査され、定期的に評価された民営刑務所は、オーストラリアの刑務所システム全体の改善——すなわち、その最初の2世紀の間に、官営刑務所の存在は、それがモデルとしたイギリスの刑務所システムよりもむさ苦しく、圧制的で、不平等で、堕落し、失望させるようなシステム全体の改善——を促進することを可能とさせたのである。

　我が国の刑務所の民営化は、官民協働運営形式を採っており、形式的には、ドイツ・フランス方式を採用したものであり、アメリカ、イギリス、オーストラリア等のように、完全民営化形式である、英米方式を採用したものではない。その点において、本章で紹介したようなオーストラリアにおける民営化初期の諸問題が、我が国でも発生する可能性があるとは考えられないが、今後の刑務所の民営化問題を考える上での何らかの参考になろうかと思う。我々刑事政策を専攻する者は、他国の実情を知ることに貪欲にならなければならないと思う今日この頃である。

1) Harding, R. W., "Private Prisons in Australia," *Trends & Issues in Crime and Criminal Justice,* No. 36, May 1992, pp. 1-8. オーストラリアにおける民営刑務所の

第2段階については、拙稿「オーストラリアにおける刑務所の民営化」下村康正・森下忠・佐藤司共編『刑事法学の新展開（八木國之博士追悼論文集）』酒井書店（2009年）191-212頁参照。

2) Kennedy, J., *Final Report of the Commission of Review into Corrective Services in Queensland.* Brisbane : State Government Printer, 1988.

3) Hawkins, G., *Review of the Sydney City Mission Wilderness Programme Proposal Department of Youth and Community Services.* Unpublished, New South Wales, 1985 ; Findlay, M., *Independent Analysis and Assessment of the Sydney City Mission Wilderness Programme, Department of Youth and Community Services.* Unpublished, New South Wales, 1985 ; Harding, R., *Sydney City Mission Wilderness Programme : A Preliminary Evaluation.* Department of Youth and Community Services, New South Wales, 1985.

4) George, A., "The State Tries An Escape," *Legal Service Bulletin,* Vol. 14, 1989.

5) Moyle, P., *Privatising Prisons and Criminal Justice : A Need to Focus on the Underlying Issues.* Forthcoming, 1992.

6) Shaw, S., "Penal Sanctions : Private Affluence or Public Squalor ?" in Farrell, M. (ed.), *Punishment for Profit ?* London : Institute for the study and Treatment of Delinquency, 1989.

7) Nagel, J., *Report of an Inquiry into the New South Wales Department of Correction Services.* Sydney : New South Wales Government Printer, 1978.

8) Hallenstein, H., *Finding of Inquisition Held at Corner's Court, Melbourne Into the Deaths of James Richard Loughnan and Others.* Melbourne : Office of the Victoria State Cornor, 1989.

9) McGiven, J., *Report of the Inquiry into the Causes of the Riot, Fire and Hostage-Taking at Fremantle Prison on the 4th/5th January 1988.* Perth : Department of Corrective Services, 1988.

10) Johnston, E., *Final Report of the Royal Commission into Aboriginal Deaths in Custody.* Canberra : Australian Government Publishing Service, 1991.

11) 筆者が滞在していた2007年3月末現在において、ACTは270名収容の新しい刑務所を首都特別区のベルコーネンに建設中であった。この刑務所が完成すれば、ニュー・サウス・ウェルズ州の刑務所への移送の必要性がなくなることになる。

12) Moyle, *op. cit.*

第 III 部
最近の刑事政策の新しい動向

第1章
ブレイスウェイトの恥の理論

1 はじめに

　理論犯罪学の分野において、1990年代から注目されるようになった理論にオーストラリア国立大学社会科学研究学部教授のジョン・ブレイスウェイト（J. Braithwaite）の「恥の理論」（Shaming Theory）がある。2006年度の超短期在外研究で、オーストラリア国立大学のロースクールに滞在した折に、ブレイスウェイト教授（以下、敬称を省略する）にお会いし親しく話をする機会があったので、ブレイスウェイトの著作のなかから、イギリス犯罪学雑誌（*The British Journal of Criminology*）に掲載された「恥と近代性」（Shame and Modernity）を基にして、ブレイスウェイトの「恥の理論」について紹介してみたいと思う[1]。

2 犯罪、恥と再統合

　はじめにお断りしておかなければならないが、ブレイスウェイトの論文は、きわめて難解である。恥の概念そのものは難しいものではないと思うが、恥（shame）と恥辱感（shaming）と再統合的な恥辱感（reintegrative shaming）を使い分けているところが言葉のあやとなり、微妙な表現の差が論文全体の内容の理解を困難にしているように私には思われる。
　それはそれとして、1989年に公刊されたブレイスウェイトの代表的な著書『犯罪、恥と再統合』（*Crime, Shame and Reintegration*）は、低い犯罪率と、犯罪がより効率的に統制されていた歴史上の時期を有する国家とは、恥辱感が最も顕

著な社会的効力を有していた国家であるという仮説を立証している[2]。したがって、最大限の効果を得るための恥辱感とは、烙印押しを避け、再統合的な性質のものでなければならないということになる。烙印押しは、追放者を生み出す恥辱感であり、そこでは、犯罪者は、あらゆる他のアイデンティティを排除する、際立った身分的特徴となる、いわば、加害者への尊重の絆が維持されない恥辱感の受け手となるのである。再統合的な恥辱感は、対照的に、尊重に基礎づけられた加害者との継続的な関係の範囲内で取り行われた非難であり、すなわち、回復不可能な悪人としての加害者よりは、むしろ、行為の悪性に焦点を合わせる恥辱感であり、そこでは、自己誹謗の儀式の後に、逸脱を取り消すための儀式があり、その儀式では、許し、謝罪、そして良心の呵責といったものが、文化上重要なものとなるとするのである。

ここでのブレイスウェイトの主要な論点は、犯罪行為に対する恥辱感が影響力を有する、再統合的である社会は、犯罪率の低い社会であるということにあるようである。ブレイスウェイトは次のように述べている。

「われわれの多くは、大部分の期間、拘禁というコストもしくは電気椅子というコストについての合理的な計算からではなく、殺人を何か考慮に入れるべきものとして、われわれの評価の対象としていないがゆえに、殺人のような犯罪を差し控えるのである。殺人は、日常の生活上の問題を解決するための手段としては、念頭にないものである。」

つまり、「犯罪予防の鍵となるものは、何がこの念頭にないものを構成するのかを理解することである」とブレイスウェイトはいう。そして、それに対するブレスウェイトの答えは、「烙印押し」(stigmatization) よりは、むしろ、「再統合的な恥辱感」(reintegrative shaming) が優先されるべきであるというのである。烙印押しは、犯罪副次文化に属する、追放された人々を誘引することを通して、逆効果を生じる源ともなり得るとする。すなわち、犯罪副次文化が行うことといえば、念頭にないものをあるものへと変える、象徴的な方策を提供することであるとするのである[3]。

ブレイスウェイトの論文では、都市化は、恥辱感を実行性あるものにする共

同社会主義（communitarianism）を弱める構造的な変数の１つとして、理論のなかに位置づけられている。同時に、ブレイスウェイトは、東京の低い犯罪率を強調し、大きくなりつつある再統合的な恥辱感の効力や、空前の都市化の時期である、ビクトリア女王時代（1819-1901）において犯罪率が低下したことを指摘することによって、あらゆる過度に構造的な決定論を修正することを切望するのである。この理論の重要性について冷笑する者たちは、都市化や産業化の問題に執着する者たちであるとブレイスウェイトはいう。彼が「犯罪、恥と再統合」をテーマとしたセミナーを開催する場合には、いつでも、受講生の誰かが、おおよそ、次のような質問をするということである。

　「たしかに、なぜ異なる社会間で犯罪率にそのような途方もなく大きな違いがあるのかを理解するために、恥辱感そのものが重要であることは認めます。しかし、犯罪に対処するための、あなたの唱える理論の実践的な含意は、小さいように思います。結局、その含意とは、利益社会（Gesellschaft）から共同社会（Gemeinschaft）へ、都市社会（Urban Society）から民俗社会（Folk Society）へと時計の針を戻すことへの弁明にしかすぎないように思います。しかし、都市化や産業化は、反転させられ得ない事実です。結局のところ、昔の共同社会の時代への空想的な弁明となるような理論に対する実践的な重要性など、何もないのではないでしょうか。」

　もちろん、この批判が正当性を担保できるかどうかは個々人の判断に待つしかない。ブレイスウェイトの「恥と近代性」という論文の目的は、標準的なコメントが、人類の歴史における過度に単純化した、恥に対する見解を反映するものであることを主張することにあるからである。ブレイスウェイトが本章において提示する見解は、たとえブレイスウェイトが、日本、中国、あるいはオーストラリアのアボリジニの歴史を検証し思索することによって、より関心のある立論方法が提供され得るだけにすぎないと考えていたとしても、それはそれで、それなりに意味のあることであり、より複雑な論理構成を試みたにしかすぎず、内容的には西洋の歴史に限定して論じたものであることに変わりはないという一般的な批判は、あたらないであろうと私は思う。ブレイスウェイト

自身がいうごとく、たしかに、そうした論述の仕方は、限定的なものといえるかもしれないけれども、そのことが、犯罪学者が恥について歴史的検討を加えるその思考方法に、何らかの進展的な意義づけを与えるものであることは、疑いのない事実であろうと思われるのである[4]。

ブレイスウェイトは、「恥と近代性」において、最初に、西洋の歴史における恥の台頭についての、エリアス (N. Elias) の論述について検討している。その後に、ブレイスウェイトは、エリアスが、恥の影響について、重要な歴史的反転に気がついていなかったことを、さらには、同じく彼が、上層階級の社会関係において恥辱感の重要性が増していったことを無視しているように、下層階級の人々を取り扱うにあたって、社会統制が、恥よりはむしろ暴力に基づいて作り上げられていたことを無視していると、主張するのである。近代化に伴う恥を基本とした社会統制へと向かうのか、あるいは、そこから分離するのか、一方方向的な歴史的動向など、どこにも存在しないということを強調するために、いかに現代都市の社会的関係における相互依存が、われわれが恥に身をさらされることを減少させるよりは、むしろ、実際には増大させ得るのか、といったことが、本論文においては提示されているのである。

3　文明化のプロセス

1．エリアスの文献との邂逅

西洋の歴史において、恥についての最も重要な著作は、エリアスの『文明化のプロセス』（全2巻）である。これは1939年にドイツで出版され、第1巻が1978年に、第2巻が1982年に、それぞれ英語で発刊された[5]。ブレイスウェイトが『犯罪、恥と再統合』を著したとき、彼はこの著作を読んではいなかったという。「これはまことに残念なことであった」とブレイスウェイトは述懐している。なぜならば、恥に関するエリアスの分析は、ブレイスウェイトの分析と共鳴するものがあり、さらにエリアスの著書は、ブレイスウェイトがあえて企図していたことよりも、広範囲な歴史的分析を成し遂げていたからである。

エリアスは、恥を、最近700年間において、衰退しているというよりは、むしろ、勢いを増しているものとみなすのである。社会統制の卓越した形式としての恥辱感の台頭において、関連した2つの構造的な変化が重要であるとエリアスはいう。すなわち、物理的な力の独占者としての国家の発展と、より複雑な労働分業（division of labour）が広がったということである。このプロセスは、物理的な力を有するものとしての騎士階級から廷臣階級への貴族階級の変容によって、戦略的に例証されるのである。力の独占は、平穏化された社会空間を創り出すこととなった。この平穏に先立って、暴力を伴う、避けることのできないような毎日の出来事があり、「動因や情緒についてのしっかりとした、かつ継続的な節度は必要ではなく、可能でもなければ有用でもなかった」とするのである。

　武人の上層階級によって特徴づけられる封建時代において、武人自身のみならず、すべての人々が、物理的な暴力の所業によって継続的に脅かされていた。上層階級の武人の構成員たちは、無制約の性的快楽の充足や、拷問や手足切断といった所業を通じての復讐に満ちた衝動的満足を通して、感情や激情のままに生きる、並外れた自由を享受していたのである。これは、中世における殺人の並外れて高い水準について、われわれが有する証拠と一致するものである。この証拠は、13世紀からゆうに20世紀にまで広がる時期のイングランドにおける暴力犯罪の相当低い傾向を暗示するものであり、その傾向について、ガー（E. R. Gurr）は、暴力に対する内面的な統制の強化が原因の1つであると考えているようである[6]。

　エリアスによれば、16世紀の間、抑制のない激情は、力の源としては弱体化し、力を抑制するものとしては強まったという。武人が廷臣へとなるにつれて、貴族階級の情緒的な構造は、力を独占する君主の宮廷において影響力を少しずつ広めていきながら、変貌を遂げるのである。ラ・ブルイエール（La Bruyère）が書き表したように、「宮廷での生活は、ひどく憂鬱なゲームであり、そのゲームは、われわれが駒とグループを取り決め、計画を立て、それに従い、われわれの敵である人間を妨害し、時として危険を冒し、衝動をかき立てることを、

われわれに対して要求するのである。そして、われわれのすべての手段と調停が阻止された後に、時としてチェックメート（王手をかけること）となるのである」[7]。

2．宮廷生活の文明的な効果

徐々にではあるが、出世のための競争において、剣が、言葉や陰謀よりも、重要ではなくなったのである。このことは、絶対君主の宮廷が、数多くの人々が絶え間なく互いに依拠し合った社会的な形成物であったために起こったことなのである。エリアスは、宮廷を証券取引所にたとえているが、そこでは、個々人の額面が絶えず形成され、査定されるのである。この額面の最も重要な決定要素は、「彼が享受した国王の寵愛、力のある人々に対して彼が有する影響力、宮廷特有の派閥活動における彼の重要性」である。外交的な市場において価値を確立するこのずる賢いゲームでは、「物理的な力や直接的な感情の噴出は禁止されており、存在を脅かすものでさえある。」それぞれの参加者に対して要求されているものは、自己統制と、彼が相互依存している他の各々のプレイヤーに対する正確な知識である。感情統制の喪失は、宮廷内での彼の地位全体を脅かすと同時に、宮廷特有の好意的な評価を損なうのである。すなわち、「宮廷に精通している人は、儀礼的な動作、観察力、さらには表現の達人であり、そのような人は深い洞察力を備えており、測り知れない存在なのである。彼は、彼が行った悪行を偽り、敵に対して微笑み、不機嫌さを抑え、激情を隠し、本心を否定し、感情に反して行動するのである。」エリアスは、リシュリューのような教養のある廷臣によって打ち負かされたモンモランシー公爵のような逞しく勇敢な騎士の事例を通じて、武人階級の感情構造がどのように運命づけられたかについて例証している。封建制の暴力的な組織を解体する上での宮廷およびそれと関連する施設の役割は、宮廷が大陸においてよりも早期に衰退したイングランドにおいてでさえも、政治活動の重要な場所として、何世紀にもわたって影響を保ったままの状態であった。バス（注：イングランドのエーボン州の都市）の宮廷類似の施設における18世紀のボウ・ナシュ（B. Nash）の影響力は、

紳士の大腿部の装飾品としての剣をなくすようにせきたてることで、地方の名士たちを教化したのであり、その結果、刃物でもって不同意を表明することが、ますます少なくなったのである。同様に、礼儀を知らない男たちの間での、互いに突き刺すという行為は、ボクシングのリングでの、フェアプレイという文明的な礼儀正しいルールで闘うという行為に取って代わられたのである。たとえボクシングのリングが、ビクトリア女王時代の初期において文明的でないものとみなされるようになり、衰退したという事実があるにしても、トリビリアン（G. M. Trevelyan）が、ボクシングリングを、大多数のアメリカ人の熱中するものとして、巧みに表現しているように、「グローブで癇癪を納める」手段として、結局のところ、20世紀には復活したのである[8]。

　宮廷生活の文明的な効果は、後のブルジョア社会のそれほどには、深く、網羅的なものではなかった。宮廷に仕える者や、宮廷内の女性にとって重要であった唯一の相互依存とは、彼らと同等の者や、彼らの上官を巻き込むような場合であった。彼らがいかに、彼らの目下の者の凝視や、非難の気持ちに対して、何らの恥らいも感じなかったということを示すために、エリアスは、エチケット教本や、他の資料を用いて説明しているのである。そして、そこでは、「起きたり、服を着たりするときに、目下の者の世話になることは、長い間当然のことであった。そしてこのことは、ボルテールの女主人であるシャテレ女侯爵が、彼女の使用人を混乱に陥れるような作法で風呂に入り、裸身を使用人に見せ、その使用人が、お湯をきちんと流さないことに腹を立て、全く無頓着に使用人を叱るときと、まさに同じ恥の感覚を描写して見せるのである」[9]。

　しかしながら、ドゥアー（H. P. Duerr）の2巻からなる研究は、エリアスが、この問題や他の問題に関して、歴史的資料を用いるその用い方について異議を唱える。ドゥアーは、上記に引用した一節のシャテレ女侯爵の振る舞いは、実際には、決してよくあるような振る舞いではないことが、かえって、言及するに値することを示すために、記録文書が残されているのだということを、強く主張するのである。エリアスが依拠した宮廷におけるマナーに関する本は、宮廷におけるマナーの欠如を暴露する道義的な意図で書かれたものであり、それ

ゆえに誇張される傾向があったのである[10]。

 しかしながら、エリアスによれば、ブルジョア社会は、上級の者は、下級の者の立場からする恥については気遣う必要がないといったような状況を永続的なものにする、これが、その出発点であったとするのである。徐々にではあるが、下級の資本家、専門家、労働者、そして消費者（たとえ社会的に下位の者であっても、資本主義神話に従って常に正当であると認められた消費者）との相互依存とは、上層階級の者が、下位の者によって辱められることが可能であるということを意味したというのである。

3．国家の形成と恥の概念

 広範な平穏地帯を創り出すことによる国家の形成は、輸送、金融、貿易といったものが、物理的に安全な状態で拡大することを可能にした。かくして、絶対主義者の中心的な宮廷は、それ自身の相互依存を組成するだけでなく、ブルジョアの相互依存の新たな傾向を組成することを可能にしたのである。双方の形態の相互依存とも、社会統制の形態として、恥を中心に置くことを高める効果を有するのである。すなわち、「労働の分業が広まるに伴い、人々の相互依存が高まり、誰もが、自分以外のあらゆる人にますます依拠するようになる。換言すれば、社会的地位の高い者が、社会的に下位の者や社会的弱者に依拠するようになるのである。後者の者たちが、前者の者たちと均等なまでになったがために、彼ら、社会的に上位の者たちは、下位の者たちの前であっても、恥を感じるようになったのである」。

 エリアスは、「恥の民主化」（democratizing of shame）への興味深い方向性を確認する一方で、彼は、それを大げさに誇張するのである。今日、恥は、重要な点で、階級構造化されたままであり、大いに産み出され続けているのである。ホワイトカラーの労働者たちは、彼らの秘書が凝視しているところでは、恥じることなく分別のない振る舞いに及ぶであろうが、彼らの上司の面前では、彼らは、決して分別のない振る舞いに及ぶことはないのである。

 エリアスのより長い時間をかけた展望が、戦後の犯罪学者によって典型的に

把握された、より短い時間の枠内における有利な見地からの地域社会の分析と、魅惑的な対照をもたらすのである。後者は、地域社会の喪失の結果、すなわち、他人が、われわれについてどう思っているのかについて、より注意を払わない結果であるところの、犯罪行為の増加を嘆く。しかし、これは、おそらく、部分的なものであるかもしれないのである。それというのも、エリアスは、彼が相互依存、恥、さらには暴力的な衝動を秩序づけるに際して、長期間の展望を可能にする、西洋における戦後短期間の犯罪率の上昇に、時間的に先行する特定の見地から、著述を展開するからである。エリアスは、道路上の移動をうまく乗り切るために必要とされる技術を、複雑な労働の分業内での、相互依存の世界を生きのびるために必要とされる、興味深いモデルであるとみなすのである。この必要性こそは、実は、恥によって組成されている自律そのものなのである、とブレイスウェイトは述べている。

　すなわち、「人は、物々交換経済の状態にある単純な武人社会の農村の道を、平らでなく、舗装されておらず、風や雨からの被害に曝されているものと考えるはずである。少しの例外を除いて、交通量が非常に少なく、その社会の人々が、他の人々に対して表現する主な脅威とは、兵士や盗賊による攻撃である。人々が、木や丘や道路そのものをじっと見ながら、彼等の周囲を見回すとき、彼らは、第一に、常に武器による攻撃に備えなければならないから、そうするのであって、衝突を避けなければならないからというのは、二次的な理由にすぎない。この社会の主要道路上での生活は、戦いのための不断の準備と、物理的な攻撃からある者の生命や財産を守る上での、感情の自由な活動を要求するのである」。

　現代の複雑な社会における大都市の主要道路の交通は、全く異なる精神的装置の骨組みを要求するものである。ここでの物理的な攻撃は、最小限度のものである。車はあらゆる方向に急いで進み、歩行者や自転車に乗る人は、車のごった返した間を縫うようにして通り抜けることを試み、警察官は、多岐にわたり、首尾よく交通を取締まるために、主要な交差点に立つのである。しかし、この外的統制は、個人個人が、このネットワークの必要性に従って、最大限の

厳格さで、自分の振る舞いを自制するという仮定に基づくものである。この社会の人々が、他の人々に対して表現する主要な脅威とは、自己統制を失っているこの喧騒のなかの、誰かに由来するものなのである。ある者自身の振る舞いについての、不断で高度に区分された規制は、個人に対して、交通の合間を通り抜けて、自らの道を進むことを要求する。もしこのような自己統制の負担が、ある個人に対してあまりに大きなものとなった場合には、そのことだけで、その個人あるいは他の者に対して、甚だしい危険を加えるに充分なものとなるのである[11]。

このように、エリアスにとって、この自己統制を生み出す、恐ろしい経験としての恥は、「有罪性」(guilt)とは区別されていないのである。ブレイスウェイトは、社会的相互作用における「悔悟」(the shame)の本来の源は、忘れられているか伏せられてはいるが、それは、間違いなく、今日われわれが有罪性として論じているものが、「恥」(shame)とみなされるのである、と主張するのである[12]。

　「恥は、ある形式もしくは他の形式で、その人を束縛している人々、もしくは、その人自身、すなわち、その人が自分自身を統制する意識の分野に反駁するようになることを通じて、何かをやっている、あるいは何かをやろうとしているといったことを、人々が感じるという事実から、特定の色合いを帯びるのである。恥・不安となって表れる葛藤は、単に、広く普及している社会的な意見との間での個人の葛藤ではない。すなわち、個人の振る舞いが、その個人を、社会的な意見を述べる彼自身の一部との葛藤へと至らせるのである」[13]。

4．恥と感情構造の変容

エリアスによれば、騎士的な構造から宮廷的な構造へといった、恥を基礎とした貴族階級の感情構造の変容は、16世紀に始まり、17世紀、18世紀の間、続いたという。18世紀、19世紀において、この感情構造は、重要な点において変形しながら、ブルジョアジーへと広がり、後に、西洋社会におけるすべての

階級へと広がったというのである。貴族階級が、彼らの文明化されたマナーと感情を、より低い地位の者たちのそれと区別しようと努めれば努めるだけ、より地位を意識しているブルジョアジーの構成員は、ますます、礼儀正しさを模範としなければならなかったのである。しかし、より根本的には、ブルジョアジーは、貴族階級よりも、さらにより複雑な一連の相互依存の関係に、彼ら自身が絡み合っていることに気づいたのである。すなわち、彼らにとって、さらにより大きな範囲において、成功のために彼らが必要とした技術は、他人の不同意、規範の内在化、さらには、他人に不同意を伝える手際のよさに対して敏感なものであった。資本主義の労働分業が、ブルジョアジーを、彼らよりも下の者に依拠するようにさせ、結果として、低い階級の者の不同意が、彼らにとって重大なものとなってしまったように、貴族階級は、経済的に、ブルジョアジーに依拠するようになるのである。19世紀の頃には、すでに、恥は、より民主的な感情となったのである。

　上層階級の感情構造が、下層階級のなかに入り込み、一方で、下層階級は、上層階級を模範とするのである。しかし、そこには、2通りの階級間における感情構造の相互浸透がみられるのである。たとえば、エリアスは、儀礼法典による上層階級への中層階級の浸透、そして、道徳法典を通しての中層階級への上層階級の浸透について述べるのである。エリアスは、イングランド以上に、より中層階級の影響を受けて形成されたアメリカ合衆国における感情統制について述べている。しかしながら、エリアスは、いかにして恥を基礎に置いた感情統制が、労働者階級に伝えられたかについては、ほとんど述べていないのである。もちろん、最終的には、すべての階級が、現代都市の複雑な道路システムの上を移動するのであるが、その現代都市では、生き延びるための手段として、内在化と感情統制が要求されるのである。しかしながら、路上で最も殺されている者はといえば、攻撃性の統制が最も頻繁に欠如する、人口のほんの一部分である若い労働者階級の男性であることが、指摘されるかもしれない。エリアスは、まさに、資本主義の成功に伴い、労働者階級は、より多くの自由に使える収入を得、そしてそれゆえに、上層階級は、労働者階級に対して、経済

的により依拠するようになったということを指摘するのである。20世紀までには、相互依存の連鎖が、労働者階級にまで完全に達するのである。彼は、同様に、政党への労働組合と労働者階級の影響の台頭が、下の方向への依存を増加させた要因であることを、述べようとしているのかもしれないのである。彼は、労働者階級が、たとえ新進のブルジョアジーと貴族階級との対置の場合と同じように、説得力のあるもののようにはとても思えないとしても、その高い地位の追求において、より上の階級の礼儀正しさを模写したいであろうということを、仮定していたのかもしれない[14]。

この点に関して、ブレイスウェイトは、「そこのところがあまり説得的ではないという事実は、おそらく、エリアスが、この部分の議論をあえてしない理由であろう」という。つまり、ブレイスウェイトは、「歴史的な理解を形成するためには、われわれがエリアスから得ることができるものに対して、すなわち、恥辱感と労働者階級に対して、より批判的に検討しなければならない」というのである[15]。

5．恥と相互依存性

それでは、次に、この点について、ブレイスウェイトの論述をみてみることにしたいと思う。ブレイスウェイトは、エリアスが、恥と相互依存が、民主化される程度をあまりにも誇張していたというからである。

「エリアスは、彼の著書で、文明化のプロセスは、一本線を辿るものではない」と述べているが、それにしては、彼の理論は、ほとんど一本線を辿った、進化論のままである。しかし、暴力の文明化は、疑いもなく、すべてが前進的なものではなく、上昇的なものでもないが、後に続くアウシュビッツとブレスロウにおいて、エリアスの家族の惨殺を、われわれは目の当たりにするのである。しかし、エリアスの命題が、ホロコーストによって徐々に侵食されているという主張は、偶然になされたものではなかったであろうと思われる。なぜならば、エリアスは、暴力が、文明化に伴って消滅するものではないことを、はっきりと述べていたからである。むしろ、暴力は、裏面において、すなわち、

刑務所や軍隊において蓄積されており、緊急の際に解き放つ準備ができていたのである。しかし、最近の近代性は、暴力を裏面で保持しているわけではない。すなわち、たいていの家庭は、1年のうち毎晩、テレビの画面において、暴力的な出来事をみることができる状態にしているのである。デュエル (H. P. Duerr) は、正確に、最近の近代性が、あらゆるもの、たとえば、裸、性、暴力、怒り、忠義といったものまでが、消費財へと変えられていることを指摘するのである。肉体、性的関心、さらには暴力の商品化が、おそらく、これらとの関係における恥の分岐点を弱体化しているのである。離婚率の上昇は、宗教的なものの見方が商品化されたものの見方によって取って代わられたもう1つの結果である。すなわち、結婚が、単にもう1つの消費者的選択にすぎないとしたならば、そのことは、今度は、家族の恥辱感の強さに対する含意を有することになるのである[16]。シェフ (T. J. Scheff) が指摘しているように、おそらく最も批判的に述べれば、20世紀の間、われわれは、特定の方法において、恥ずかしいことを恥ずかしがるようになり、まさに、恥という単語が、われわれの語彙のなかでは萎縮する状態になってしまったのである[17]。

　ブレイスウェイトが指摘しているごとく、エリアスが論述してから約半世紀後に、多くのタイプの恥が衰えていることが、彼の理論における最も根本的な一本線を辿る傾向を、意味ありげに逆方向へと向けさせているのかもしれないのである。さらに、恥が、エリアスによって記述されているように、上層階級の社会統制の脈絡においては、「サクセス・ストーリー」となっているのかもしれないが、一方で、恥は、17世紀から18世紀の間、下層階級への拡大において、無残にも失敗しているということを、そして、さらには、刑事司法制度における暴力は、裏面に隠されていたという事実を提示することは、支配階級的見解であるように思われると、ブレイスウェイトは指摘するのである。もしかしたら、近い将来、誰かが、刑事司法制度の残虐性が、舞台前面において、下層階級に対して示され、そして、それは意図的なものであったということを主張するかもしれないと、ブレイスウェイトは述べている[18]。

4 17世紀および18世紀における階級統制としての刑事司法

1. 刑罰の変遷

　貿易が、国家による新たな軍事力の独占により平定された地域において拡大されるにつれて、町や市は大きく発展した。生計の手段をもたない追い込まれた人々が、これらの都市空間に集まった。多くの者が、生き残るための手段として犯罪を行ったのである。犯罪を行っている、これら貧困者の可視的な集中を生み出したことが、階級統制の手段としての、刑事司法制度の懲罰性強化の動機となったのである。封建時代の刑事司法制度は、はるかに非懲罰的であり、同輩の間での争いを解消することに、より一層の関心を示していた。しかし、中央集権国家の台頭に伴い、刑事司法は、より懲罰的になり始め、階級統制に関与するようになったのである[19]。

　17世紀には、主要な封建時代の刑罰であった罰金刑と追放刑は、徐々に、笞打ち刑、切断刑、さらには死刑といったような、当時の支配的な制裁としての身体刑に取って代わられたのである。おそらく、こうした変化は、「再統合の犯罪化」(criminalizing reintegration) と関連した、刑の執行に関する実務的な問題と結びつけられていたのであろうと思われる。たとえば、17世紀のアムステルダムにおいて、「追放刑違反」（再統合に関する犯罪）は、裁判所が対処しなければならなかった、より日常的な犯罪の1つであったのである[20]。

　しかし、犯罪問題が、最大限の残虐性でもって抑圧することを要する、増大する都市の下層階級の問題として最も可視的に確認されたのは、17世紀後半および18世紀の間においてである。この時期、イングランドにおいては、死刑によって処罰し得る犯罪の数が、50から200以上へと増加したのである。とりわけ重大なエスカレーションは、死刑の範囲を拡大することに加えて、多くの下層階級による犯罪に対して、陪審による審判といったような手続上の保護を排除した「ブラック法」(Black Acts) の存在であった[21]。オランダでも同様に、

1650年から1750年の間において、死刑の増加がみられた。1823年のブラック法の廃止は、階級闘争として、最も残虐な刑事司法体制であった2世紀間から分離する、ターニング・ポイントのごく近くで起きたことなのである。この2世紀の間においては、下層階級に対処する場合において、限られた見せかけの文明化が存在していた。再統合的な恥辱感は、国王の宮廷、ブルジョアジーの社会、さらには、その2つの階級間の関係において、暴力や激情の爆発に取って代られていたのかもしれないが、下層階級には、彼らに対する最も残虐な身体的拷問や、最も悪辣な烙印押しが行われた2世紀間が存在したのである[22]。

18世紀には、イングランド同様、フランスにおいても、刑事司法制度における残虐性や拷問についての批評家の啓蒙運動や、法の前の平等に向けての流れを支持する者たち、すなわち、イタリアのベッカリーア（C. Beccaria）、フランスのボルテール（Voltaire）やモンテスキュー（Montesquieu）、イングランドのハワード（J. Howard）といったような者たちが、刑事司法についての議論に影響を与えるようになり始めたのである。改革者たちによれば、刑務所は、身体刑や死刑に優先して用いられることになっており、そして刑務所は、矯正の場であるということになっていた。下層階級の者たちは、服従させられ、残忍な仕打ちを受ける代わりに、保護され、更生させられ、さらには、社会復帰させられるべきであるとされたのである。

2．恥の理念の歴史的背景

フーコー（M. Foucault）によれば、犯罪者の悪意を示すために、すなわち、罪を犯している身体に、君主の権力を刻み込むための、恐ろしい自己誹謗の儀式から分離していくといった変化は、この刑罰のもつ意義が裏目に出始めたために起こったことだという。17世紀および18世紀における身体刑や死刑という公開の見世物は、すべて恥に関するからであったが、あきらかに、それは、再統合的な恥辱感というよりは、むしろ、烙印押しであったというのである。悔い改めた者たちのためのいかなる再統合も、重罪人のよじれた身体が息を引き取った後は、全知全能の神にゆだねられたのである。拷問という公的な屈辱に

服従する者たちの首の回りに名札を掛けることで、恥は明白なものとなった。彼らは、同様に、彼らの行った犯罪や彼ら自身の邪悪さについて、宣言することを強制させられたのである。18世紀のフランスの謀殺者であるジャン・ドミニク・ラングレイド（Jean-Dominigue Langlade）は、「恐ろしい、恥さらしな嘆かわしい私の所業を聴いて下さい。それは私の思い出が、呪わしいアヴィニョンの町で、人間味をなくした私が、友愛の神聖な権利を踏みにじって、やってのけた所業です」ということによって、彼に対する拷問が神聖であることを宣言することが、要求されたのである。けれども、この烙印押しは、計画通りにうまくいかないことが、しばしばであった。押しつけによる悔恨の代わりに、被害者は、しばしば、裁判官や死刑執行人の残忍な行為、すなわち、王の不公正を非難したのである。こうしたことが起きるとき、群衆は拍手喝采し、いくつかの事例においては、物理的な攻撃や投射物を投げつけることで、執行人に襲いかかる気にさえさせられたのである[23]。

　人々を戦慄させる国王の権力のみを誇示するはずのこうした処刑のなかには、「お祭り騒ぎの無礼講」の一面がそっくり存在していて、それぞれの役割は時として逆転し、権力者が愚弄され、罪人が英雄視されるところがあった。不名誉の烙印は、逆の相手に押され、犯罪者の勇気や涙や叫び声は、もっぱら法に対してだけの犯罪となったのである。遺憾の気持ちでフィールディング（H. Fielding）は、以下のように注記している。

　　「死と恥の観念を結びつけることは、想像するよりも簡単なことではない。私は、処刑、あるいは処刑への行列を見ているいかなる人に対しても、次のように呼びかけるであろう。『私に向かって、彼に語らしめよ。彼が、荷車に固く結びつけられ、死後の世界への寸前にあり、すべてが青ざめ、近づいてくる最期に震えている可哀想で、哀れな人を眺めているときに、恥という観念が、果たして彼の心のなかに入り込んでいるものなのかどうかを。』現在の事態を誇りとしている大胆で豪胆な悪漢は、見物人に対して、なおさらそのような感覚を抱かせないであろう」と[24]。

　死刑執行は、軽微な財産に対する犯罪者たちの団結を表現するための機会、

すなわち、一般大衆に、刑事司法制度がどういうものかということを、言い換えれば、下層階級を制圧することが目論まれた、恐怖政治のための手段であるということを、教え込むための儀式となったのである。階級の不公平の犠牲者、あるいは専制政治や越権行為の被害者として有罪を認定された者は、この時代には、英雄として称えられることがあり得たのである。すなわち、「法に反対して、金持ちや権力者や司法官に反対して、警察や夜警に反対して、徴税とその代行者に反対して、人はあまりにも容易に自分の力のほどが判明していた戦いを導いたかのように扱われていたのである。」イングランドでは、同時に、陪審は、絞首台へと至るであろう軽微な犯罪について、有罪を認定することを拒絶していた[25]。

これは、烙印押しが、法に抵抗する副次文化を引き起こすことがあり得るといった命題に関する劇的な歴史的証言の一例である。そういうようにして、礼儀正しさが上層階級の間に台頭していたまさにその時に、下層階級に対する残虐行為からの後退がみられたのである。再統合的な政策は、下層階級に対して拡大するための議題として提出された。フーコーは、ここで、18世紀における2つの代替措置を見いだしている。1つは、有罪を言い渡された個人に対して、市民としての資格を再び与えるといった、刑事司法実務の再統合的な選択である。もう1つは、身体を訓練し規律する、強制的な権力のテクノロジーとしての刑務所施設の建設計画である。双方の見解とも、これら2つのイデオロギー間で結果として起こる苦闘に対して、明確な勝利を勝ち取ってはいない。なぜならば、今日まで、刑務所政策は、それぞれ、社会復帰的な観念の擁護者たちと、強制的・規律的な観念の擁護者たちとの間で、論争が続行されているからである[26]。

この時点であきらかなことは、拷問が国王の権力を刻みつける教本としての身体という観念は頓挫し、再統合的な理念が勢いを得たということである。烙印刑は、オランダにおいて1854年法によって廃止され、19世紀半ばまでには、ヨーロッパ全土から消滅したのである。ガーランド（D. Garland）は、このような変化の時期について、少なくともイギリスに関しては、フーコーに異議を唱

えている。ビクトリア女王時代初期における、見下され追い払われていた犯罪者から、同情され社会復帰させられる犯罪者への変容に対する支配的なイデオロギーについての、いくつかの傾向を考慮しながら、ガーランドは、この方向への最も決定的な変化は、1895年から1914年の間に起きたと主張するのである[27]。多くの西欧諸国がそうであったように、イングランドにおいても、1930年には、誰もが、犯罪が減少した世紀、すなわち犯罪者および犯罪者階級を再統合することに関して楽観主義が台頭した世紀、ならびに、刑事司法制度の残虐性の劇的な縮小について回顧することができた世紀であったのである。笞打ち刑や流刑のような烙印押し的で、追い払うような刑罰の形態は消滅し、死刑もほとんど消滅した。人口10万人当たりの拘禁率は、その100年前の水準の、約7分の1となったのである[28]。

3. 再統合政策と追放政策との争い

ブレイスウェイトは、以上のように、恥の理念についての歴史的背景を描写した後で、いかにビクトリア女王時代において、恥の勝利に関してだけではなく、おそらく、追放政策に対する再統合政策の勝利といったことについても基礎づけられていた可能性があるということを議論するのである。このような発展は、エドワード七世（1841-1910）の時代においても継続したが、その後、20世紀において、急に逆方向へとその向きを変えたというのである。そして、その20世紀とは、恥の概念がわれわれの語彙のなかからその大部分を削除された世紀であったとする。すなわち、徐々に生成してきた社会復帰的な観念の影響力が停止させられ、そして、われわれが再び強制的な刑務所を建設し、そこを一杯にし始めたときに、すべてが逆方向へと向きを変えた世紀であったというのである。犯罪者の改善可能性について、後期ビクトリア女王時代の楽観主義に先行する古典主義は、新古典主義行刑学のなかで復活させられたのであるが、その新古典主義行刑学には、応報、もしくは「ジャスト・デザーツ」(just desserts：正当な応報）がその背後にあったという。

この大まかな歴史的傾向は、再統合的な恥辱感の理論と一致するように思え

る。19世紀以前の数世紀の間、西欧諸国は、残虐なくらいに懲罰的であった社会統制に依拠したのである。その処罰は、公的で、恥と結びつけられていたが、その恥とは、非常に烙印押し的、すなわち、屈辱的で、体面を傷つけ、さらには、追い払い、排斥するようなものであった。この懲罰的で、烙印押し的な制度の下では、社会における暴力のレベルは、今日よりもはるかに高いものであった。19世紀の間、そしてゆうに20世に至るまで、制度そのものは、より懲罰的ではなくなり、恥辱感は、より再統合的になったのである。しかし、20世紀後半までに、われわれは、恥辱感の一般的な弱体化、および新古典主義に伴う烙印押し的なものへの回帰と、再統合的な恥辱感からの乖離という、双方の変容を見いだすことになったのであり、そして、1960年代以降には、犯罪率は、再び上昇傾向を示したのである[29]。

1920年代には、誰もが、いかに危険な階層を取り扱うかについての2つの見解、すなわち、彼らを改善させるか、あるいは規律し隔離するかという2つの見解の間の継続中の論争として、ビクトリア女王時代を回顧したかもしれないのである。そして、おそらく、再統合的な見解は、最終的には優勢となったようである。スデッドマン・ジョンズ（S. Jones）は、この再統合政策と、追放政策との争いを、以下のように記述している。

「歴史学者は、一般的に、この問題について、かなり一面的で、目的論的な方法で議論している。福祉国家の創設を期待しながら、彼らは、老齢年金、無償の教育、無償の学校給食、さらには、国民保険制度の提案に集中しているのである。彼らは、事実上、貧困者を分離すること、浮浪者のための拘留センターを創設すること、貧乏な子供たちを堕落した親たちから引き離すこと、あるいは、どうしようもない者を船で海外へ送ること、といったような同方向の提案を無視したのである。けれども、同時代の人々にとって、双方の提案とも、単一の議論の一部分を構成するものにしか過ぎなかったのであった」[30]。

ビクトリア女王時代は、もしかしたら、追放政策が、最初は「女性賃貸料徴収人」（lady rent collectors）、あるいは、その他の者の監督を通じて、貧困者を、

立派で、援助に値するような人間にすることを試みた、個人的な慈善行為の形態において、そして最終的には、初期の福祉国家の統合的なイデオロギーによって、徐々に統合的な政策に取って代られた時代として思い浮かべられるかもしれない。当然のことながら、刑事司法政策は、より慈深く、そして統合的となったのである。

4．再統合的な恥辱感と家族

このことは、マクロレベルの家族におけるよりも、ミクロレベルの家族において、より一層明確に、再統合的な変容を見いだすことができるのである。たとえば、スターンズ（C. Z. Sterns）＝スターンズ（P. N. Sterns）は、17世紀において、意志をくじくためのテクニックとしての、子育てのための支配的な規範と、両親による怒りへの迎合という事実を見いだしている。ビクトリア女王時代までには、このことは、劇的に変化していたのである。この頃には、子どもたちは、愛情の対象としてみられるようになったのであり、家族関係における怒りや暴力は、恥に関する事柄となったのである。家族のマニュアルは、愛情や家族間における義務の相互関係を、より大きく強調する役割としての、怒りに対する明確な禁止命令を含め始めたのである[31]。

ローレンス・ストーン（L. Stone）は、その記念碑的な研究である『1500年から1800年までのイングランドにおける、家族、性および結婚』（*The Family, Sex and Marriage in England, 1500-1800*）のなかで、彼が考察した時期において、共同社会（Gemeinschaft）から利益社会（Gesellschaft）への、一本線を辿る変容を見いだすことは、間違いであると結論づけている。これは、1500年から1800年の間において、家族が、重要な点において、その秩序づけのために、非個人的で、契約的で、強制的な性質を伴った、より利益集団的なものではなくなり、愛の絆によって、親密に結びつけられた、より共同社会的なものとなったという理由からであるとするのである[32]。

ブレイスウェイトによれば、社会統制が、再統合的な恥辱感と呼ばれるものに基礎を置いたこのような家族の創造は、上層階級の家族生活の記録文書から

充分に立証されるという。しかしながら、労働者階級の家族のなかで起こっていた事柄については、それほど明確ではないようである。同様に、上層階級の家族においては、あきらかな性差があった。すなわち、娘の場合には、家族の調和を確保するために、絶対的に怒りを統制するように社会化されたが、一方、息子の場合は、怒りを表に出してもよい人以外に対しては、怒りを抑圧することを教えられると同時に、怒りを吐き出すことをも教えられたのである。「全米母親会議」(US National Congress of Mothers) の創設者は、「少女は、平穏な家庭を作り上げることや、問題に進んで直面することを教えられるべきである。一方で、少年は、単に、正当な憤りについて教えられるべきである」と述べている。ブレイスウェイトは、「女性は、彼女たちの家族の役割において、私的には、世話をする職業（特にソーシャル・ワーク）としての彼女たちの役割を通じて、公的には、社会統制の再統合的な様相へ向けての変容の先駆的地位にあった」とするのである[33]。

ブレイスウェイトは、再統合的な恥辱感の概念は、産業革命前の農村においてのみ機能し得たものであると主張する批評家たちは、それゆえに、重要な観点を見逃しているという。20世紀の都市における、より多くの家族は、家族が、意志をくじくテクニックや暴力的な処罰に依拠していた17世紀の生活と比べて、正しいことを行う上での自尊心と、悪いことを行う際の恥の、社会統合的な概念に基礎を置いた、愛情のこもった社会化の実践を提示していることを了解していないというのである。ここで、共同社会主義の条件が最大限に満たされている、すなわち、相互依存関係があまりに強いので、家族の構成員が承認や不承認について深く関わるような、最も近い集団内において、恥辱感が、最も効力をもつということについて、この理論が仮定していることを思い出すことは、決定的に重大なことである、とブレイスウェイトはいうのである[34]。

したがって、恥を効果的にかかせるための農村における教会の能力が、17世紀以降下降している一方で、そのようなことを行う家族の能力は、（戦後この能力が、いくらか低下した可能性を考慮した後であっても）増大しているとするのである。けれども、この解釈でさえもが、どこか懐疑的な態度で扱われるに違いな

いとブレイスウェイトはいう。教会は、かつての産業革命前の農村における場合と比べて、より恥をかかせるようなことはないが、異端審問以降、徐々に、教会は、より深刻にキリストの教えを取り入れ、より烙印押し的ではなく、そして、より再統合的に恥をかかせているということを、ブレイスウェイトは指摘するのである[35]。

5．再統合的な恥辱感政策

ビクトリア女王時代の刑務所は、いかがわしい者たちを、きちんとした労働者階級から引き離すと同時に、援助に値しない貧困者を分離する施設であったが、ガーランドは、ビクトリア女王時代の社会政策を、援助に値する貧困者の、英連邦での主流生活への統合へと方向づけられたものであるとみているのである。1834年の救貧法の報告書は、小規模のいかがわしい少数者集団が存在し、その少数者集団の憤りは、心配すべきことではなく、その集団が好むものは、何の価値もないものであることをあきらかにしている。しかし、この道義的な分割は、特に19世紀後半および20世紀初頭において、刑務所の改革者たちが、社会政策の目標は、最もいかがわしい者であっても、常に更生させ、社会復帰させることであると主張したように、だんだんと異議を唱えられるようになったのである[36]。

しかし、もし、再統合的な恥辱感政策が、日曜学校のような施設の台頭や、愛情を抱いた家族、さらにはソーシャル・ワークという専門職を通じて、ビクトリア女王時代の終わりまでには優勢であったとすれば、この政策は、優勢さを維持しなかったであろうとブレイスウェイトはいう。この政策の明白な遺産は、今日では、福祉国家の政策、地域社会内矯正、さらにはコミュニティ・ポリーシングのなかにある一方で、排他的で、烙印押し的な刑事司法政策が、返り咲きを目論んでいるとブレイスウェイトは指摘するのである。少なくとも労働者階級の犯罪者に対する社会統制において、道徳的反省から懲罰的な社会統制への変容が存在した。すなわち、企業を取締まる機関が、ホワイトカラー犯罪者を取り扱うときに、彼らが好んだ方策は、相変わらず道義的な説得による

社会統制であったのである。それにもかかわらず、恥辱感の継続的な歴史的減退も存在しなければ、恥辱感が継続的に台頭している優越性を示すこともないといった点が、残されたままである。貴族階級とブルジョアジーのなかにおいて、あるいは両者の間において、物理的な強制によってとりなされた統制から、恥辱感によってとりなされた統制への移行といった、エリアスが確認したような傾向が存在したのであるが、エリアスは、物理的な強制が増大すると同時に、恥による下層階級の統制が崩れるという事実に、気を配ってはいなかったのである。けれども、1930年の恐慌までの20世紀において、上層階級が、労働者階級に対してより依拠し、より彼等を恐れるようになったときに、統合的恥辱感に対する重大な変化が発生したのである[37]。

　品のある労働者階級は、疑いもなく、ビクトリア女王時代の礼儀作法の主流へと統合された。そして、たとえ、いかがわしい貧困者でも、排他的な社会統制ではなく、内包的な社会統制を受けるべきであるといった主張が、より受容可能となったのである。間違いなく福祉国家は、もはや礼儀正しい社会からの危険な追放者ではない労働者階級へとなるべく、われわれに託しているのである。

　ブレイスウェイトによれば、エリアスによって議論された上層階級の間における新たな相互依存が、いくぶんか下層階級へと拡大されているという。2つの階級間の関係が、烙印押しから相互依存へと移行するときに、階級間の恥辱感が、より心にとめられる傾向にあると仮定することは合理的なことである、とブレイスウェイトは結論づけるのである。

　ブレイスウェイトは、さらに、次のように述べている。

　　「これらの変化が起こったとき、われわれが、信頼を失い始め、そして社会統制の手段としての恥辱感や対話に興味をもち始め、なおかつ、経済学者的で強制的な社会統制への強い関心が、再び焚きつけられたということは、もっともなことである。恥は、市民が、刑罰も単に個別の商品にすぎないような市場において、商品を自由に選択することができるといった、一般に流布している自由論の見解において、その地位が失われているので

ある。われわれが、刑罰という対価を支払う限りにおいて、法を破る権利を有するといったことが、許容される観念となった。旧体制下の強制が、恥と結びつけて考えられる一方で、近代の強制は、かなりの程度、恥から切り離されているのである」[38]。

そして、このように、善悪に対する恥の潜在可能性が、あまり活用されてはいないのではないかと、ブレイスウエイトは指摘するのである。

5　複雑化した都市社会における相互依存性

1．農村と都市の相互依存性

ブレイスウェイトは、『犯罪、恥と再統合』において、われわれが、われわれにとって重要な人から恥をかかせられる場合に、恥辱感は、われわれに対して最も効果を与えるものであることを主張した。つまり、他人との多くの相互依存的な関係に巻き込まれる者は、より多くの効果的な恥辱感の根源にさらされるということになるというのである。一般的な見解に反して、過去千年間にわたって相互依存から離れるといった、一本線を辿る動向は、何ら存在してはいないのである[39]。トリビリアンは、17世紀のイングランドにおける生活について、以下のようにコメントしている。

> 「男性も女性も、頻繁に起こる孤独と孤立の間、自分自身を頼りにしながら、広く島中に散在していたが、それぞれが、単独で野原に枝を広げる樫の木のように、因習的な型に適合するために、あまり多くの苦労をすることもなく、成長する余地があった。いわば十人十色であったのである。自由農民、農夫、さらには、職人によって行われていたような、その時代の典型的な経済生活は、中世の自治都市の住民や農奴といったように、団体生活状態にあったことと比べて、あるいは、現代において、大資本家や、労働者連合の下に置かれた状態にあることと比べて、個々人は、より束縛を解かれた状態で、かつ自立的な状態のままであったのである」[40]。

農村においては、住民たちは、伝統的に強力な相互依存に巻き込まれた一方

で、複雑化した都市社会においては、住民たちは孤立しているといった論争が、しばしばなされている。これは、正しくもあり、間違いでもある、とブレスウェイトはいう。農村において、われわれは、都市におけるよりもはるかに、近所の人による恥の影響を受けやすいのである。しかしながら、彼らの全体的なひとまとまりの相互依存の関係においては、都市の住人は、たとえ彼らが19世紀の都市の住人よりも相互依存性が小さかったとしても、エリアスによって概説されているような理由で、15世紀の農村の住人よりも、より多くの相互依存性を有していたのである。

ブレイスウェイトは、こうしたことについて、以下のように述べている。

「現代の都市の住人は、地理的な拡大家族はいうまでもなく、仕事上で、労働組合において、ゴルフクラブの会員たちの間で、同じパブで会う飲み友達の間で、教職員団体の間で、娘の学校のPTAにおいて、仲間集団を有しているかもしれないが、そこでは、重要な他人の多くが、影響力のある非難を結集することができるかもしれないのである。実際に、19世紀、そして20世紀の都市では、より多くの相互依存性が存在した。すなわち、それらの相互依存性が、地域社会内で、地理的に分離されていないことは、正当であった。もし私が、労働分業における私の役職について考えるのであれば、私に恥をかかせる最も適した地位にある行為者の何人かは、生活ができる限りにおいて、地球上でできるだけ私から離れたところに住んでいる、職業上の仲間であることが、あきらかになるであろう。私は、隣人の承認に対してよりも、ギルバート・ガイス（G. Geis）の承認に対して、より気をもむであろう。いかに私の関心が、外来種のものであったとしても、都市においては、これらの関心が、地域社会を組み立てる基盤となり得るのである」[41]。

2．近代性と相互依存性

さらに、金持ちの特権としてスタートした新たな相互依存性の多くは、階級構造の隅から隅まで広がっている。最も重要なことに、学校は、支配階級の家

族からの選別された集団のために確保されたひとまとまりの相互依存性から、普遍的なものへと、徐々に拡大していったのである。スポーツ・クラブは、かつてはもっぱら金持ちの領域であったが、今日では、多数の労働者階級の会員を有しているのである。

最近の近代性の神話の1つは、資本主義は、型通りの統制に基づき、型にはまらないものの排除へと動くものであるといったことである。事実、われわれが、ウォール・ストリート、東京、さらにはロンドン旧市部において経験するものは、まさに資本主義の中核における、驚くべき共同社会主義的な資本文化であるということは紛れもないことである。

ブレイスウェイトは、これらは、通俗的な様式の再統合であるかもしれないという。けれども、これらは、粗野な地域社会を育成するための実践的な手段でもあるのである。ビジネス文化に関しての文献にみられる標準的な所見は、ロンドン旧市部は、ニューヨークよりもはるかに共同社会主義的であるということである。実際、都市に関するマイケル・クラーク（M. Clarke）の古典的著作の大部分のテーマは、より形式的な規定による統制への移行が、そこでは必要とされたというものである。それというのも、ウォール・ストリートの悪徳業者と、汚いダフ屋は、言葉が契約と同じぐらいに信用のおける場所である、紳士クラブに入ることが許されているということを、全くもって理解していなかったからである。

疑いもなく、農村の仲間たちの非難を阻むことと比べて、現代的な地理とはかけ離れた地域社会の誰かによる非難を阻むことは、より容易である。単に、それは、彼らのもとから引き下がることによって実現できるからである。しかし、逆もまた、時として真である。ある者が引越しをすることによって、その者が所属する国際的な専門的集団社会の反対側に引き下がることはできないのである。すなわち、そうするためには、その者は、新たな職業を獲得しなければならないのである。

現代のコミュニケーションは、われわれの相互依存性をさらに拡大するために、労働分業と互いに作用し合うものである。10年前は通信によって行われて

いた仕事上の取引は、今日では、差し向かいで交渉するものとなっている。すなわち、飛行機での移動とは、仕事が、かつては不可能であったような、親密で対人的な非難にさらされた状態で行われるということを意味したのである。コミュニケーションは、同様に、過去には存在し得なかったような外国的な関心事に基礎を置いた地域社会が、いかにして現代の都市に創られるかについて説明するために重要である。もし、ある人の、時間を浪費するような娯楽的関心が、青いカナリアを繁殖させることにあるとするならば、充分な輸送体系が整った大都市において、その人が、カナリアを繁殖させる人々の団体内で、彼にとって非常に重要なものとなるであろう相互依存関係を形成する機会は、存在するのである。

3．役割の分離と再統合的恥辱感

ブレイスウェイトによれば、恥に対するこの役割の拡散の効果については、実際にさまざまな側面が存在するという。デュエルが指摘するように、一方で、前近代的な社会において、人々は、今日のように、人格の断片というよりは、むしろ、人間全体と対面させられるがゆえに、汚された評判の影響は、総体的なものであったかもしれないのである。しかしながら、この点は、烙印押しの代価という点では、最大限の威力を有するものであることが留意されるべきであるとするのである。

ブレイスウェイトによれば、これは、再統合的な恥辱感の効力については、威力を有しないけれども、この再統合的な恥辱感とは、定義によれば、人の自我全体は善として受け入れられるものであるという。すなわち、その自我は、悪として非難される彼らの振舞いのほんの一部分にしかすぎないのである。われわれのなかで、烙印押しは、逆効果を生じる傾向があると信じている者にとって、烙印押しの効果が、都会における場合よりも、農村における場合のほうがより過酷なものであることは、あまり重要な点ではない。他方において、もののわかる農村の住人たちは、彼らを、都会においては通常のことである、定型的な逸脱者を追い払うことから影響を受けにくくするといった、近所の者た

ちとの複雑な全体性という性質を加味するので、烙印押しは、農村において、より起こり得ないであろうということを指摘することは重要な点である、とブレイスウェイトは述べている[42]。

最後に、ブレイスウェイトは、すべてのことについて、われわれが依拠する単一の集団による再統合的な恥辱感は、われわれが必要とするもののなかの、重要ないくつかの部分の集合について、互いに依拠している多くの集団による再統合的な恥辱感と比べ、より効力があるか、あるいはより効力がないかといったことは、いくぶん開かれた経験的な問いであると思うと論じている。

今日における役割の膨大な拡散は、実際に、このような役割の拡散した世界に特有の方法で、われわれに恥の影響を受けやすくするものである。われわれは、皆、異なった役割において知っている他人と接するようになることについて、わずかばかりのきまりの悪さを経験するものである。たとえば、われわれがコンドームを買った薬局から赴任した日曜学校の先生や、職場の同僚と結婚した医者への予約、レストランにおいて配偶者と個人的な食事を楽しんでいる際に、隣接したテーブルに何人かの教え子が座っている場合に感じる抑制感など、である。

ゴフマン（E. Goffman）は、観衆の分離を、役割の分離と組み合わせる方策により、我々が、いかにこれらのわずかばかりのきまりの悪さを極小化するかについて説明している。すなわち、「他人の信用を傷つけることなく、ある人に対して、それぞれの役割をもった別の人間でいることを許容するならば、その人が、その人の役割の1つを演じている人間とは、その人が他の役割を演じている個人ではない」ということであるという[43]。

しかしながら、ベンスン（M. L. Benson）は、有罪が認定されたホワイトカラー犯罪者へのインタビューを通じて、犯罪に対する有罪認定の結果の1つでさえもが、観衆の分離によって維持されるものではないことを示すのである。犯罪者の仕事や職業的自我の最悪の側面が、彼が普段、教会に通う自我、ゴルフをプレイする自我、父親としての自我をみせている人々に対して、さらされるのである。まさに、根本的に異なる自我を、異なる観衆にみせることを可能に

する方法で、観衆を分離することにより、われわれは、役割が分離された世界において心が安まるのであるのであって、そうしたことから考えれば、われわれの恥は、多方面にわたるものであるかもしれず、役割が分離された世界において、より手に負えないものとなるかもしれないである。農村社会においては、限定的な観衆の分離が存在するものである。近所の者たちは、われわれの人格に対する大部分の側面をみている。そして、その人格の最悪の一面がさらされるとき、それは、それほどのショックではない。分離された自我は、それゆえに、諸刃の剣である。われわれが、別の価値観を有する集団を動き回るときに、この分離された自我が、恥からの日々の保護をわれわれにもたらしているのであるが、悪事をはたらく行為が、これらすべての集団に対して知られるようになるまでに公のものとなる場合、われわれを、非常に影響を受けやすいままにしておくのである。後者の影響の受けやすさは、犯罪に対する恥辱感について最大限の効力を有するものである。それというのも、これが、われわれが有する恥辱感の最も公的な制度化であるからである[44]。

いかに恥が、複雑な産業化社会においてより効果があるものたり得るか、あるいはより効果がないものたり得るかを理解するために、われわれは、この役割分離の含意について理解しなければならないのである。われわれが認めているように、われわれの１つの役割における行動が、他の役割においてわれわれを知る者によって、どのように思われるであろうかということについて、われわれが気にするときに、恥辱感は、より効果のあるものたり得るのである。しかし、他の役割との関係のレンズを通して、われわれがどのようにみられているかを気にすることからわれわれ自身を切り離して、われわれが１つの役割に没頭するとき、恥辱感はより効果がないであろう。そして、この切り離しが起こる重要な定評のある方法が存在するが、それが烙印押しである。

４．ブレイスウェイトの「犯罪、恥と再統合」の論旨

ある人が、中古車の販売人で、中古車の取引が、他のいかなるものよりも、彼にとって重要なものであると仮定しよう。もし彼が、中古車の販売人という

理由で、彼が通う教会、クラブ、さらには彼の拡大家族のなかで、「いかがわしい職業である」と烙印押しをされた場合、彼は、これまでの相互依存から、彼自身を切り離すことによって対処するかもしれないのである。彼は、中古車販売人という烙印押しをされた副次文化へと、引きこもるかもしれない。もし彼が、ギャングの一員として、他のすべての関係において烙印押しをされた若い黒人ギャングの一員であるならば、彼は、これらの関係から、彼自身を切り離しそうである。実際、彼は、彼の先生や家族が彼のことをどう思っているのかについて気にすることから、彼自身を切り離す以上のことをやってしまうかもしれないのである。すなわち、他の者が彼を烙印押しする方法に対する憤りから、彼は、まさに、彼らが是認するであろうこととは反対のことをしようとするかもしれないのである。要するに、烙印押しは、構造的に区別された世界においてわれわれが有する恥に大いにさらされることから、われわれ自身を切り離すだけでなく、法に従うことを恥とするような犯罪副次文化を創り出すのである。

　ブレスウェイトは、『犯罪、恥と再統合』において、ながながと、犯罪副次文化の形成を促進する上での烙印押しの重要性について論じている。ブレスウェイトは、都市化した産業社会における恥辱感の無力さについて、何らの構造的な必然性も存在しないということを主張したかったのである。東京が、その証左である。そしてそのことは、アメリカの都市で、最も暴力的な都市のなかにおける、日本人、中国人、さらにはユダヤ人の地域社会についても、同じことがいえるのである。ニューヨーク市においてでさえ、市民が取得する最善の保護とは、警察に由来するものではなく、効果的に非難する、愛すべき家族に由来するものである。恥辱感がよりうまく機能しない社会への、近代化を伴った歴史的前進など何ら存在しないのである。社会がより役割を区別するようになるにつれ、効果的な恥辱感に対する潜在能力は、重要な点において増大するが、効果的な恥辱感を切り離す烙印押しに対する潜在能力も、また、増大するのである。農村においてよりも、産業社会において、維持されている文化的主流から隔離され、それに反対する副次文化に対するより多くの潜在能力が存在する

のである。いうまでもなく、これは、残酷で、破壊的で、搾取的なものと同様、都会の生活から生じる素晴らしく、活力があり、創造的なものの根源である。

しかし、恥辱感に見切りをつけている地域社会は、残酷で搾取的なものに反対する支持を集めるための、政策的な選択を行えない。そのような地域社会は、同様に、他人を害することのない方法で、逸脱することを望む市民の権利を踏みにじるであろう者たちを、抑制する可能性を放棄するものである。他人の権利を尊重することに何らの誇りもなく、他人の権利を踏みにじることに何らの恥も感じない地域社会において、権利は、金持ちが、裁判所において主張するきわめて稀な場合においてのみ、保護をもたらすものである。

少なくとも、以上のことが、ブレイスウェイトの『犯罪、恥と再統合』の論旨である。

5．ブレイスウェイトの「恥と近代性」の論旨

17世紀前、すなわち、イングランドのように、初期の議会制民主主義が、主要な勢力となり得た時期以前において、世界を横断するような見解とは、専制政治が、効率および経済力の秘訣であるというものであった。自由とは、スイスの州や、オランダの7つの県のような小さな地域社会によって享受される贅沢品であった。20世紀において、われわれは、型にはまった社会統制に関する、同様の愚かな見解に悩むのである。多くの政治家は、型にはまらない統制とは、小さな地域社会のみが、その市民に対する支配権を獲得するためにうまく使うことができる贅沢品であると信じている。大規模な産業化国家においては、共同社会主義に見切りをつけ、型にはまった社会統制という中央集権化された強力な制度のために、我々の自由を犠牲にする以外に、選択の余地はないのである。

ブレスウェイトの「恥と近代性」執筆の目的は、現代の集合的な社会における地域社会の役割に対する悲観論について議論することにあった。実際、われわれは、西洋諸国における恥の歴史について、ごくわずかしか知らないのである、それ以外の国々については、いうまでもない。しかしながら、われわれは、

社会が近代的になるにつれ、恥の有効性から乖離する、一方向の傾向についての論述をはねつけるに充分な知識をもっているのである。さらに、われわれは、犯罪となる違反行為の最も重要な類型のいくつかが、近年であっても、以前の歴史的時期よりも、今日において、より恥ずかしいことであることを知っている。われわれは、間違いなく、現代の企業による環境犯罪や、妻に暴行を加える男たちの羞恥心のなさを嘆いている。さらに、われわれは、間違いなく、これらの犯罪を、搾取的で家父長主義的なイデオロギーにおいて、構造的かつ文化的な深い根源を有しているものであると、認定するものである。しかし、企業の重役は、環境問題が台頭する以前の、わずか25年前と比べて、環境犯罪に対する恥の影響を受けやすいことは事実である。さらに、われわれは、フェミニストの恥辱感の勢力がどうであるかによって制限されるが、15世紀のイングランドにおける男性の暴力に関する以下のような記述が、同時代の状況の正確な記述であるとみなされ得ないかもしれないということを、知っているのである。すなわち、妻を殴打することは、男の権利であるとみなされており、下層階級同様、上層階級においても、恥じることなく行われていたのである。同様に、両親が選んだ男性と結婚することを拒んだ娘は、世間にいかなるショックをも与えることなく閉じ込められ、殴打され、部屋にぶち込まれる責任を負う、とされたのである。妻や娘を殴打することが、今日において多かれ少なかれ一般的であるとは、到底いえないであろう。しかし、われわれは、そのような殴打が、より多くの恥を呼び寄せるということができる。口やかましい妻を懲らしめるための「水責め椅子」（ducking-stool）は、1992年において、イングランドの街中に供えつけられているはずがない。このことは、20世紀後半においては、恥ずべきことであろうから、粗暴な男達は、他人の批判するような凝視から乖離して、秘密裏に彼らの妻を懲らしめているのである。

　公的な非難が、同時に私的な権利を抹殺することなく、他の人間に対して暴力をふるう者の私的な領域にまで浸透するといったような、都会の共和政体へ向かっての政治的努力を定めることは、決して単純な事柄ではない。しかし、もし社会的非難は、われわれが農場に置き去りにした何かであったというよう

な見解によって、そのような努力を思いとどまるのであれば、それは悲劇的なものであるに違いないのである。

これが、ブレイスウェイトの「恥と近代性」の論旨である。

6 おわりに

ブレイスウェイトが、「恥と近代性」において指摘したかったことは、「もし恥辱感（shaming）が、犯罪統制に決定的なものであるとするならば、犯罪を統制するための労苦は、現代の都市化した社会においては絶望的であるということになる。この考えは正しいのであろうか。最近、そうした考えが提起されることがしばしばあるが、このような悲観主義は、人類の歴史における、恥についてのより広範な理解によって、修正されなければならない」ということである。そのために、「恥と近代性」において、最初に、恥が封建主義の終焉に伴い市民の感情構造においてより重要になったという、エリアスの主張について考察しているのである。なぜならば、エリアスは、17世紀および18世紀における下層階級へと方向づけられた犯罪統制のなかで、恥から残酷な刑罰への移行については考察していないからである。この時期は、ビクトリア女王時代およびその後において支持を集める、再統合的な観念への道を切り開くと同時に、烙印押しと懲罰過多の失敗事例の例証において、全盛を極めた時期である。本章で紹介したごとく、ブレイスウェイトは、エリアスの論述内容の検証に多くの頁を費やしている。そして、最後に、ゴフマンの見解を参考にしながら、恥辱感が農村よりも都市においてより効力を発揮し得るといったような、今までに看過されてきたいくつかの問題点について議論しているのである。全般的にみれば、「恥と近代性」において、ブレイスウェイトは、「産業化社会における恥辱感の無力さについて、何らの構造的必然性もないような、換言すれば、近代化に伴う、恥辱感が考慮に値しない社会への不変の進展など、どこにも存在しないことが理解できる」ということを示したかったのであろうと思う。それが、1989年の『犯罪、恥と再統合』で提示した恥の理論を、もう一歩深めるた

めのブレイスウェイトの試みであったといえるのである。

　しかしながら、初期の段階と比べて、「恥と再統合モデル」は、その理論的基盤に対してより多くの批判的見解が展開されていることに注意しなければならない。たしかに、「恥と再統合モデル」が提示するように、被害者と犯罪者を和解させ、和平をもたらすことは大切ではあるが、それよりも大切なことは、犯罪者が犯罪を行うに至った要因をあきらかにし、それを除去することではないかというのである。つまり、社会構造的・制度的要因を解消することなく問題に対応することは、「回転ドア症候群」(revolving-door syndrome)に陥る恐れがあるとするのである[45]。

　「刑罰的ではなく修復的に、応報ではなく損害賠償を、被害者・犯罪者の紛争解決のために、もたらされた損害を最大限に補償し、出来る限り犯罪によって生じた危害を修復する」という「恥と再統合モデル」の基本的な考え方そのものは、「罪を憎んで、人を憎まず」という考え方に通じるものがあり、犯罪者が自らの犯した罪を悔い改め、被害を弁償し、被害者に対して心からの謝罪をすることは、とりもなおさず、犯罪者が社会に再入する機会を提供するものであり、犯罪者の社会復帰に利するものである。しかしながら、そこで追求される目標は、被害者への謝罪と損害賠償、参加者全員が満足する手続と結果、犯罪と犯罪者に対して良き理解を示すこと、犯罪者の地域社会への再統合等であり、これらのすべてを実現することは、不可能というよりは、それらの目標を追求すること事態が相互矛盾であるというのである[46]。

　批判の正当性の是非はともかくとして、こうした批判のなかには、われわれが、修復的司法を展開する上において留意しなければならない重要な視点が提示されていることに、注意しなければならないであろう。

　近時の修復的司法プログラムにおいて代表的な「恥と再統合モデル」(shame and reintegration model)に基づくオーストラリアの修復的司法プログラムと、「家族に基盤を置く補償モデル」(family-based reparation model)に基づくニュージーランドの修復的司法プログラムの、わが国での採用可能性を検討するにあたっては、このような諸点について、充分に検討する必要があるように筆者には思

われる。

1) Braithwaite, J., "Shame and Modernity," *The British Journal of Criminology*, Vol. 33, No. 1, Winter 1993, pp.1-18.
2) Braithwaite, J., *Crime, Shame and Reintegration*. Melbourne : Oxford University Press, 1989.
3) Braithwaite, *ibid.*, 1993, p. 2.
4) *Ibid.*, p. 2.
5) Elias, N., *The Civilizing Process : The History of Manners*. Translated by Edmund Jephcott. Oxford : Blackwell, 1978.
6) Gurr, E. R., "Development and Decay : Their Impact on Public Order in Western History," in Inciardi, J. A. and C. E. Faupel (eds.), *History and Crime*. Beverly Hills : Sage, 1980, pp. 295-353.
7) Eliasからの引用。Elias, N., *State, Formation and Civilization : The Civilizing Process*. Translated by Edmund Jephcott. Oxford : Blackwell, 1982, p. 270.
8) Trevelyan, G. M., *English Social History : Chaucer to Queen Victoria*. London : Book Club Associates, 1973, p. 504.
9) Elias, *op. cit.*, 1978, p. 138.
10) Duerr, H. P., *Nacktheit und Scham : Der Mythos Vom Zivilisationsprozess, Band 1*. Frankfurt : Suhrkamp, 1988.
11) Elias, *op. cit.*, 1982, pp. 233-234.
12) Braithwaite, *op. cit.*, 1993, p. 5.
13) Elias, *op. cit.*, 1982, p. 292.
14) Willett, T. C., *Criminal on the Road : A Study of Serious Motoring Offences and Those Who Commit Them*. London : Tavistock, 1964.
15) Braithwaite, *op. cit.*, 1993, p. 6.
16) *Ibid.*, pp. 6-7.
17) Scheff, T. J., *Microsociology : Discourse, Emotion and Social Structure*. Chicago : University of Chicago Press, 1990, p. 16.
18) Braithwaite, *op. cit.*, p. 7.
19) Weisser, M. R., *Crime and Punishment in Early Modern Europe*. Brighton : Harvester, 1979, p. 100.
20) Spierenburg, P., *The Spectacle of Suffering*. Cambridge : Cambridge University Press, 1984, pp. 130-131.
21) Thompson, E. P., *Whigs and Hunters*. London : Allen Lane, 1975.
22) Spierenburg, *op. cit.*, pp. 176-177.

23) Foucault, M., *Madness and Civilization*. New York : Mentor Books, 1971, p. 66.
24) フーコーの前掲書よりの引用。Foucault, *ibid.*, p. 61.
25) Trevelyan, *op. cit.*, p. 348.
26) Foucault, *op. cit.*, p. 67.
27) Garland, D., *Punishment and Welfare*. Aldershot : Gower, 1985.
28) Ramsay, M., "Two Centuries of Imprisonment," *Home Office Research Bulletin*, Vol. pp. 17, 1982, pp. 34-91.
29) Braithwaite, *op.cit.*, 1989, pp. 49, 111-114.
30) Stedman, Jones. G., *Outcast London : A Study in the Relationships Between Classes in Victorian Society*. Harmondsworth : Penguin, 1984, pp. 313-314.
31) Stearns, C. Z. and P. N. Stearns, *Anger : The Struggle for Emotional Control in America's History*. Chicago : University Chicago Press, 1986, p. 241.
32) Stone, L., *The Family, Sex and Marriage in England, 1500-1800*. London : Weidenfeld and Nicolson, 1977, p. 660.
33) Braithwaite, *op. cit.*, 1993, p. 11.
34) Braithwaite, *ibid.*, p. 11.
35) Braithwaite, *ibid.*, p. 11.
36) Garland, *op. cit.* ; Checkland, S. G., *The Poor Law Report of 1934*. Harmondsworth : Penguin, 1974, pp. 216.
37) Grabosky, P. and J. Braithwaite, *Of Manners Gentle : Enforcement Strategies of Australian Regulatory Agencies*. Melbourne : Oxford University Press, 1986.
38) Braithwaite, *op. cit.*, 1989, pp. 59-61.
39) Braithwaite, *ibid.*
40) Trevelyan, *op. cit.*, p. 317.
41) Braithwaite, *op. cit.*, 1993, p. 13.
42) Braithwaite, *ibid.*, p. 14.
43) Goffman, "Embarrassment and Social Organization," *American Journal of Sociology*, Vol. 62, 1956, p. 269.
44) Benson, M. L., "Emotions and Republican : A Study of Status Degradation Among White-Collar Criminals," unpublished paper, Department of Sociology, University of Tennessee, 1989.
45) たとえば、White, R., "Shame and Reintegration Strategies : Individuals, State Power and Social Interest," in Alder, C. and J. Wundersitz (eds.), *Family Conferencing and Juvenile Justice ; The Way Forward or Misplaced Optimism ?* Camberra : Australian Institute of Criminology, 1994, p. 195.
46) *Ibid.*, p. 182.

第2章
オーストラリアにおける知的障害犯罪者

1　はじめに

　オーストラリアにおいても、知的障害者は、一般的に、刑事司法制度において高い比率を占めているといわれる。この比率の高さは、ある程度、知的障害犯罪者の特性に起因しているのかもしれないが、知的障害者が刑事司法制度内のさまざまな機関から受けるその取り扱いが、こうした状況の一因となっているともいわれるのである。本章で紹介する調査研究は、家族の介護者の視座から、いかにこれらの知的障害犯罪者が刑事司法過程によって不利な立場に置かれているのかをあきらかにしようとするものである。20人の介護者——そのほとんどが家族の構成員である——がインタビューを受け、質問に答えている。そして、本調査結果の分析は、また、いかに知的障害犯罪者がその障害によって不利な立場に置かれ、どのように刑事司法各過程の職員によって取り扱われているかをあきらかにしようとするものである。家族である介護者は、裁判官が利用可能な量刑の選択肢のないことに関心を示し、解決策を模索するため、裁判所に注目している。

　知的障害犯罪者を支援するために利用可能なサービスの水準はきわめて不充分である、ということについては、一般的な同意がある。本研究の結果は、警察、裁判官、矯正職員、ソーシャル・サービス・ワーカー等について行われた過去の調査とも一致しており、そこにおいては、知的障害者は、刑事司法制度とかかわるようになると、かなり不利な立場に置かれることが見いだされているのである。本章において紹介するコックラム（J. Cockram）=ジャクソン（R.

Jackson)=アンダーウッド（R. Underwood）の研究においては、こうした知的障害犯罪者は、刑事司法過程の最も初期の段階から、法的資格所得者によって支援されなければならないということが論じられているのである[1]。

2 刑事司法制度における知的障害者の出現率

一般的にいって、知的障害者に対しては、特別な考慮の必要性があり、とりわけ刑事司法制度との関係のおいてはそうである。なぜならば、さまざまな国の研究において、知的障害者が、刑務所人口において高い比率を占めていることが示されているからである。たとえば、知的障害犯罪者の研究において注目すべき画期的な研究として、ブラウン（B. S. Brown）=コートレス（T. F. Courtless）は、IQ70以下の知的障害者の出現率が、全米の刑務所の2.6％から24.3％に及んでいることを見いだしている[2]。最近では、ロコウィッツ（M. Rockowitz）は、ニューヨーク州のモンロー・カウンティのジェイル（拘置所）人口のうち、知的障害者の占める割合が3.6％であったことをあきらかにしている。オーストラリアの研究でも、刑務所における知的障害犯罪者の比率の高さという点において、同様の結果を報告しているのである[3]。

イギリスにおける研究では、これまでのところ、アメリカやオーストラリアにおけるよりも数値が低いようである。コイド（J. Coid）は、ウィンチェスター刑務所に拘禁中の約10,000人の受刑者からは34人が、平均以下の知能指数であることを見いだし[4]、ガン（J. Gunn）=メイデン（A. Maden）=スウィントン（M. Swinton）は、1,769人の実刑を言い渡された受刑者のうち、7人のみが精神に遅滞があると認めることができると述べている[5]。また、マーフィー（G. H. Murphy）=ハーネット（H. Harmett）=ホーランド（A. J. Holland）は、サウス・ロンドン刑務所で調査したところによると、157人の男性受刑者のうち、33人に知的障害があったと報告しているが、実際に検査をしてみると、精神障害の範囲にある者はいなかったということである[6]。しかしながら、グドジョンソン（G. H. Gudjonsson）=クレア（I. C. H. Clare）=ラター（S. Rutter）=ピアーズ（J. Pearse）

は、ロンドンにおける2つの警察署で留置されている容疑者を調査し、そのうちの8.6％がIQ70以下の者であり、さらに42％が境界線上の範囲にある者であったことを見いだしているのである[7]。

多くの研究者は、出現率が観察された地域毎に差が出ることの理由と、この分野における方法論的困難さについて論じてきた[8]。それらを要約すると、以下のようになる。

(1) 州の量刑、パロール規則、州刑務所の改革の相違。
(2) 知的障害者に利用可能な地域社会内サービスの水準。
(3) 集団知能テストと対比して、個人に用いられる精神鑑定因子の違い。また、知的障害受刑者を分類する上でのテストの実行者の専門的技術やIQ測定法の適切さ。
(4) 適応行動の測定や他の文化的・臨床的測定が、分類過程の一部として用いられているかどうか。
(5) 調査人口の基盤。出現率が、新入受刑者もしくは長期の刑罰を務める受刑者のみを母体にするときよりも、全受刑者人口を母体にするときの方が、出現率が高い傾向にある。
(6) 刑務所人口の標本。全犯罪者が知能テストを受けた場合よりも、標本のみが調査される場合の方が、出現率は低い傾向にある。
(7) 知的障害の操作上の定義。平均以下の2つ以上の標準偏差値について、標準のZスコアが、テスト・スコアよりも、知的障害犯罪者を特定するために用いられている場合、出現率は低い。

単独に、もしくは同時に機能しているかもしれない多くのこれらの要因は、測定された知的障害受刑者の出現率に存在する相違を説明するかもしれない。しかしながら、これらの相違を考慮に入れても、なお、多くの法域では、一般人口における知的障害者の出現率と比べると、知的障害受刑者は、高い比率を占めているのである。

さまざまな法域で生じている知的障害者の比率の高さについては、種々の説明が試みられている。一部の研究者は、衝動性、被暗示性、搾取されやすさ、

気に入られたいという願望等といった個人的特徴が、犯罪の頻度の増大へと導く要因であると説明している[9]。

他の研究者は、犯罪の発覚の確率がより大きいことは、行動を隠すことができないこと、弁護士を利用する態勢が整っていないこと、気に入られたいという願望、柔軟性の乏しさ、誘導尋問に影響されやすいこと等に起因すると結論づけている[10]。

最近の研究では、また、これらの知的障害犯罪者が、刑務所での出現率を高めるように、刑事司法制度において処理され取り扱われていることが、その主たる要因であることを提唱している。たとえば、これらの知的障害犯罪者は、不相応にも、自分が行っていない犯罪について自白することを強要され、逮捕されがちであることを指摘しているし、また、これらの知的障害犯罪者は、彼らが理解できるような方法で説明を受ける権利を充分に行使することができないようである。さらには、これらの知的障害犯罪者は、保釈を拒否される割合が高く、より多く刑務所への拘禁判決を受けがちであるが、それは、犯罪の性質あるいは法廷での自己主張のまずさのどちらかに起因するものであると考えられているのである[11]。

ウルフェンスバーガー（W. Wolfensberger）は、知的障害者は、制度的にステレオタイプ化され、彼らは、「永遠の子ども」、「厄介者」、「病人」あるいは「哀れみの対象」のような役割を与えられ、特徴づけられていると述べている。そして、これらのステレオタイプ化された役割が、次に、社会と知的障害者を関係づける基礎となり、そしてそのことが、結果として、知的障害者をかなり否定的な方法で取り扱う方向へと導く基盤となるのである[12]。このような立場を支持する研究が、スワンソン（C. K. Swanson）＝ガーウィック（G. B. Garwick）による、きわめて低い位置づけをよぎなくされている性犯罪者の研究において提言されている。

「低い位置づけをよぎなくされている性犯罪者は、一般的に、まず無視されるか、警察や両親による叱責を受けながら、わずかな訓練とか治療を受けるといったような、わりと軽い制裁が与えられるというのが、われわれ

の経験である。犯罪が継続した場合には、被害者の家族による鞭打ちから、ジェイルあるいは州立病院への入院へと至る、厳格な刑罰が突如として適用されるに及んで、最終的には、寛容さは消え失せてしまうのである」[13]。

このような説明に基づくのであれば、知的障害者についての刑事司法制度に従事する職員の固定観念そのものが、知的障害者を、他と異なる取り扱いをすることを擁護する決定因子であるということになるのであり、その結果として、知的障害犯罪者が、刑務所人口において高い比率を占めているということになるのかもしれないのである。

おそらく、知的障害者の比率の高さは、少なくとも部分的には、刑事司法制度に従事する職員が、知的障害者と関係をもつ際の相互作用の特性に起因するものであり、そして、知的障害犯罪者の刑事司法制度における高い出現率は、刑事司法制度内で彼らが犯罪者として受ける取り扱いに関係していると思われるのである。コックラム゠ジャクソン゠アンダーウッドは、知的障害者が刑事司法制度のなかに取り込まれるとき、いかに彼らが不利な立場に置かれているかを例証するための一連の研究を進めている。それらの研究の主眼は、警察、裁判官、刑務所職員を含む刑事司法制度のさまざまな利害関係者から、知的障害犯罪者に関する情報を引き出すことにあるのである。これらの研究からあきらかになったことは、刑事司法制度に従事する職員は、知的障害犯罪者の脆弱性、ソーシャル・サービス・ワーカーによって供給される支援の不適切さ、警察や刑務所職員による知的障害についての理解の水準の低さ、裁判官に利用可能な選択肢の範囲が限定されていること、刑事司法制度のプロセスそのもの等、複数の要因によって、知的障害犯罪者は、ひどく不利な立場に置かれているということである[14]。

本章で紹介しているコックラム゠ジャクソン゠アンダーウッドの研究の目的は、刑事司法制度の外にいる利害関係者の視座から、刑事司法制度についての理解を確認することにある。つまり、知的障害者の犯罪行動によって、刑事司法過程に必然的に引き込まれるそのグループとは、主として、知的障害者の介護者である家族の構成員である。そのためここでは、家族の構成員である知的

障害者が、刑事司法制度にかかわるようになったときの介護者としての家族の経験が調査されている。いわば本研究の主力は、刑事司法制度についての介護者の認識を探求することに置かれているのである。

3 研 究 方 法

　本研究は、3つの段階を経て企画されている。
　第1段階は研究標本の特定である。本研究に関する趣旨・概要等についての記事が地方新聞に掲載され、そこで、研究に協力する家族を募集した。そして、それに加えて、知的障害者のサービス機関も、この研究計画に関する特集記事を回報に組み込んだ。他の障害者組織も、また、記事を再録して、多くの者が研究者と接触することを促した。その結果、約20人が研究に協力することを申し出て、全員がインタビューを受けることに同意したのである。インタビューを受けることに同意した者のうち18人は母親であり、1人が知的障害者男性の姉妹であり、残りの1人が知的障害者男性の兄弟であった。すべての犯罪者がウエスタン・オーストラリア州の州政府機関に登録され、そこでは、IQ70以下の者は、ソーシャル・サービスの適格者であるとされている。協力者の16人は都市地域に住み、4人は地方に住んでいた。表1は、インタービューを受けた者によってもたらされた、家族の構成員である知的障害犯罪者に関する関連情報である。
　第2段階はインタビュー方法である。それぞれのインタビューに約1時間かけることで、いくぶん構造化されたインタビューが行われたようである。インタビューでは、なるべく研究者の先入観を排除して、それぞれの協力者の意見を記録するように努めた。都市地域でのインタビューでは、お互いの都合の良い時間を設定して協力者の自宅で行われ、地方でのインタビューは、電話によって行われた。インタビューは、研究者が、研究目的を述べることから始まり、協力者に、研究に協力する意志があるかどうかを確認することから始まった。いったんインタビューの大まかな方向性が確立されると、研究者は、適切な回

表1 インタビューを受けた家族の構成員による知的障害者の記述的データ

知的障害者の記述的データ	
男 性	70%
女 性	30%
年齢の範囲（平均25歳）	20-43
人 種	
ヨーロッパ系オーストラリア人	90%
オーストラリア原住民	10%
居住地	
家族と同居	60%
賄い付き下宿、アパート等	30%
政府の障害者専門の寮	10%
教 育	
すべての者が特殊教育施設に通った経験を持つ	100%
職 業	
犯行時無職	80%
障害者機関職業プログラムでの雇用	20%
薬物・アルコール	
薬物又はアルコール問題をもっていることの特定	65%
登 録	
すべての者が知的障害があると分類され、サービスの適格者であることを意味する、政府の障害者機関に登録されている	
サービスへの関与	
2年以上政府の障害者サービスにかかわっていない	70%
限られた範囲でかかわった	30%
罪（1人につき平均4罪）	
不法目的侵入	25%
窃盗	45%
暴力を伴う窃盗	20%
公務執行妨害	30%
性的暴行	50%
放火	15%
量 刑	
刑務所収容	60%
社会奉仕命令	50%
罰金	20%
善行保証	30%
代 理	
弁護士が法廷に出席	50%
不明	50%
第三者の存在	
12人については、警察の尋問に第三者が関与していない	60%
不明	40%
自 白	
犯行を自白した	65%
不明	35%

資料源：Cockram, J., Jackson, R. and R. Underwood, "People with An Intellectual Disability and the Criminal Justice System : The Family Persepctive," *Journal of Intellectual & Developmental Disability*, Vol. 23, No. 1, 1998, p. 45.

答が得られるように、より広い視野と見識でもって、特定の話題を提供したのである。

　第3段階は質問事項の確定である。インタビューが終結すると、質問表が20人の協力者に手渡されるか郵送され、協力者はそれに記入して研究者に返送するという方法が採られた。質問事項は55の事項から構成され、それぞれに5つの選択肢――「全面的に同意する」、「同意する」、「どちらでもない」、「同意しない」、「全く同意しない」――を用意した。質問事項は、バイアスを最小限度にするために、肯定的事項と否定的事項を、およそ同数とするように、無作為に設定された。しかしながら、この無作為性そのものは、すべての質問事項が容易に理解されなければならないという要求に従って、制限されたものとなった。両極性を担保するために、質問事項を理解することを過度に困難にし、それを克服することができるような言い換えがない場合には、もう1つの質問事項が両極性を担保するために選ばれている。こうしたことは、4つの質問で生じている。特定の領域に関する質問は、同様の領域に関する一連の質問を避けるために、質問事項を通じて非体系的に分配された。また、質問事項そのものは、研究の初期の段階で5つの刑事司法制度に従事する職員によって記入されたものと同様の事項を含み、そしてそれらは、17人の回答者によって記入されている。

4　研　究　結　果

　分析のために、質問事項は5つの主要な標題の下に分類されたが、いくつかの質問は、1つ以上の領域に関係するものであった。質問は、紙幅の関係上編集されている。

1．特　　　性

　表2は、知的障害犯罪者に認められる特性に関係する質問事項に対する回答を示したものである。これらの回答は、家族の構成員が、知的障害犯罪者が刑

表2 特性に関する同意／不同意の割合

知的障害犯罪者の特性

質　　問	同意する／全面的に同意する　%	同意しない／全く同意しない　%	どちらでもない
4　知的障害者は刑事司法制度についてのより多くの教育を必要とする	88	6	6
8　その者が知的障害者であるかどうかは、一般的に認定しやすい	29	71	0
25　刑事司法制度の職員と対峙するとき、知的障害者は証言能力があり、障害がないように見せたがる傾向がある	65	12	24
27　知的障害者は通常の者よりも犯罪を行うことが少ない	35	41	24
33　退屈や空しさは、知的障害者の犯罪の第1の理由ではないと信じている	24	65	12
35　知的障害者は、他者よりも誘導尋問の影響をより多く受けることはない	6	94	0
36　知的障害者は、黙秘権の重要性に気付いているようである	0	100	0
40　知的障害者は、他の周縁化された集団とは異なったニーズを持っているようである	94	0	6
43　重度の知的障害者は、監督されると犯罪を行うことが少ないようである	65	18	18
45　知的障害者は、他者よりも言葉によらない合図にあまり敏感ではない	82	0	18
46　知的障害者は、気に入られたいという願望があるようである	100	0	0
47　中度／境界線上の水準の知的障害者は、重度の知的障害者よりも犯罪を行うことが少ないようである	18	71	12
48　多くの知的障害者の隔離的な養育は、受け入れ可能な行動を学ぶことが欠如していることを意味している	76	18	6
49　知的障害者は、道徳的基盤の発達が乏しいようである	35	47	18
50　知的障害者は、刑事司法当局に対する恐れがあるようである	53	41	6
52　知的障害者は、他の人々よりも容易に犯罪行為に至ることが少ない	24	76	0

資料源：Cockram, J., Jackson, R. and R. Underwood, "People with An Intellectual Disability and the Criminal Justice System : The Family Persepctive," *Journal of Intellectual & Developmental Disability*, Vol. 23, No. 1, 1998, p. 48.

事司法に従事する職員と対峙するとき、気に入られたいという願望を持ち、黙秘の必要性に気づかず、誘導尋問により影響されやすく、言葉によらない合図には敏感でなく、証言能力のある障害のない者として出廷したいと思っている、と強く信じていること表すものである。この後者の見解は、いく人かの母親の関心領域であり、彼女らは、自分の息子や娘の能力について、法律との多くのかかわり合いの後、「世の中の裏を知り尽くす」ようになり、かなり証言能力のある者として出廷していると説明しているのである。このことは、しばしば大きな問題、とりわけ信頼のできない自白を記録することがしばしば見受けられる警察との間で問題をもたらすのである。1人の母親は、インタビューで、次のようなコメントを寄せている。

　「知的障害者は、しばしば、いわれた通りのことを行うように、長年の間訓練されてきているということを、一般の人々は覚えておかなければならないのです。知的障害者に絶え間ない看護を行い、周りの人が彼らの全生活に介入することによって、知的障害者は、自己主張が欠けてしまうのです。あるいは、知的障害者は、ただ単に、理解しないのかもしれません。知的障害者は、愚か者とみられたくないと思っており、しばしば自分が行ったことの結果を理解しません。知的障害者にとって刑事司法制度は、他の人々に対してよりも、よりずっと混乱させるものであり、彼らはただサッサと終わらせたいと思っているだけなのです」と。

　そして、ごくわずかな家族の構成員ではあるが、知的障害犯罪者は、刑事司法当局に対する恐怖があるようだ、と答えている。それらの者は、犯罪は、知的障害者の生活の退屈さや空しさと関係しており、それと同様に、知的障害者の多くが経験する隔離された養育とも関係していると述べているのである。多くの母親は、また、インタビューの間、自分の子どもたちの生活様式となってきた否定的な社会状況、たとえば、無職、孤立、薬物・アルコール中毒等が、法律とのかかわり合いをもつようになった原因であると述べ、いく人かにとっては、そのことが、以下のような事態を招くことになるとするのである。

　「渦巻きに巻き込まれたかのように、私たちは逃れることができなかった

のです。私の娘に関していえば、ここ2年にわたって、刑務所あるいはグレイランズ精神病院にいるのです。その代わりとなるものは他に何もなく、グレイランズ精神病院は、2つの悪のうち、より小さい悪とでもいえるものです。刑務所は彼女にとって最悪の場所です。彼女は、刑務所において、現実に犯罪を学習し、犯罪者となるのです。彼女は、常習犯罪者からその経験を学習し、吸収します。刑務所は、知的障害者にとって、はるかに悪い場所なのです。なぜなら、彼女は見た目には通常の者とあまり変わらず、いつも通常の者であるかのようなイメージで行動しています。彼女の最も大きな葛藤は、それが自分にとって不利になるとも分からずに、妥協してしまうことです。それというのは、もし私があなたに自分でできることをできると証明するならば、あなたは、私が証言能力のある者であると認めるでしょうが、しかし、そうしたことのすべてが、彼女にとっては、刑務所収容へと至らせることになるのです。」

また、インタビューの間、知的障害犯罪者の男性の姉妹は、何年にもわたって多くの犯罪で起訴された、知的障害犯罪者の男性の疎外され剥奪された人生について、次のように述べている。

「私は、彼の人生は絶望的だと思うのです。私たちは、全員、彼を愛しています。でも、私たちは彼に何をしてあげられるかが分からないのです。私の母はうまく対処することができず、未だに彼に知的障害があることを受け入れられず、彼が良くなることを望み続けています。私には世話をしなければならない子どもたちがいるので、彼をここで引き取ることができません。彼は完全に施設化されています。彼はひどい賄い付き下宿で、最もひどい生活をし、彼のできることといったら、眠り、タバコを吸い、コーラを飲むことです。彼は、四六時中薬物を常用しています。私にはそれがなぜなのか分かりません。彼は精神病を患っているわけではありません。彼は、知的障害者であるというだけのことです。私たちは、何年も、ただ次に起こる危機を待ち続けながら生活しています。問題は、もはや刑務所は、彼にとって脅威でも何でもないということです。彼は、時々、刑務所

に帰りたいだけなのです。」

　特性に関係する他の領域では、家族の構成員は、知的障害者が、刑事司法制度についてのより多くの情報を必要とし、また、知的障害者は、他の周縁化された集団とは異なった必要性を持ち、軽度もしくは中度の知的障害者は、重度の知的障害者よりも犯罪を行いやすいと報告している。家族の構成員は、また、その者に知的障害があるかどうかを裁定することは容易でないことを指摘している。さらに、知的障害者が道徳的基盤の発達において乏しい傾向があるのかどうかについて、家族の構成員は、1つの準拠集団として、かなり一様に比較されているのである。

2．刑事司法機関の職員とのかかわり合い

　刑事司法機関の職員とのかかわり合いについて（表3参照）は、しばしば一致した対応がみられるようである。家族の構成員は、補佐人の面前で知的障害犯罪者を尋問する必要性があること、刑事司法制度に従事する職員は、知的障害と精神病を区別することが明確にできていないこと、警察は補助的訓練やガイドラインを必要とすること、知的障害犯罪者は、刑事司法機関の職員によって、自分の行為の重大性を充分に告知されていないこと、

　知的障害者は他の人々と同様に扱われていないといったような見解を強く支持したのである。回答者である家族の構成員は、知的障害者を起訴するかどうかを決めるときに、一貫することは困難であり、警察は、やはり有罪判決を得ることができる場合にのみ、起訴する傾向があると報告している。将来的に、「地域社会を保護する」という政策によって、犯罪者の数は増大するであろうと、家族の構成員は報告しているのである。

　何人かの母親は、障害がある子どもをもつことの孤独感を表明し、法律との問題を抱えるとき、母親は、より多くの孤立と無力感を感じると述べている。母親の1人は、インタビューの間、多くの時間をかけて、自分の経験を次のように要約している。

　　「率直な意見をいうならば、誰も障害のある子どもを欲しくはないので

す。あなたは、時折、非常に孤独で、拒絶されていると感じるでしょう。私の息子が刑務所に入ったとき、それは私にとって衝撃的な経験でした。私はとてもふさぎ込みましたが、でも、それについて語ることは、かえって私にとって良いことでした。私の友人は、次々と去って行きました。彼の兄弟、姉妹、父親は、彼を刑務所に訪ねることを拒んだため、私に任せ

表3 刑事司法職員とのかかわり合いについての同意／不同意の割合

刑事司法職員とのかかわり合い

質　　問	同意する／全面的に同意する　％	同意しない／全く同意しない　％	どちらでもない
9　知的障害者は、他の人々と同様に取り扱われる	35	65	0
10　補佐人の面前で知的障害者に尋問する必要性はない	0	100	0
17　警察は、犯罪を行った知的障害者についてのより良き理解を示すように訓練されるべきである	100	0	0
18　知的障害者を起訴するかどうか決定するときに一貫することは難しい	76	18	6
19　警察は、有罪判決を得られると考える場合にのみ、知的障害者に対して起訴を行う	53	35	12
22　警察は知的障害者を尋問する技術について適切に訓練されていない	94	0	6
24　法と相互作用する知的障害者の数は、おそらく非施設化で増大するであろう	88	12	0
28　知的障害者を取り扱うときに、特別なガイドラインが警察のために出されるべきである	100	0	0
30　刑事司法制度の職員は、精神病と知的障害の区別が明確でない	100	0	0
32　知的障害犯罪者は、刑事司法制度の職員によって、自己の行為の重大性を充分に告知されていない	35	53	12

資料源：Cockram, J., Jackson, R. and R. Underwood, "People with An Intellectual Disability and the Criminal Justice System : The Family Persepctive," *Journal of Intellectual & Developmental Disability*, Vol. 23, No. 1, 1998, p. 49.

きりとなったのです。私には何の支援もありませんでした。私は、非常に無力に感じました。私は刑事司法制度については何も分からなかったし、私の夫は知りたくもないようでした。他の人が息子を大切に取り扱ってくれることをひたすら望まなければならず、他の人を信頼しなければならなかったのですが、その多くの者が、私を落胆させました。私は何が起こっているのか分からなかったのです。私は何年も、バケツ何杯分もの涙を流しました。誰も私の所には来てくれず、何を望んでいるのかすら、尋ねてくれませんでした。」

3．量　　刑

　量刑に関する質問（表4参照）をみる限り、家族の構成員は、現在の刑事司法制度に満足していないのはあきらかである。すべての家族の構成員が、より多くの量刑の選択肢と、社会奉仕命令のより多くの運用を望んでいるようである。家族の構成員は、知的障害者は刑務所において被害を受け、性的暴行を受けやすいという理由でもって、刑務所に不安を抱いているのである。大多数の家族の構成員は、選択肢として刑務所収容が禁じられることを望み、できれば特別の刑務所が用意されることを望んでいるのである。息子が重大な犯罪のかどで拘禁された母親の1人は、インタビューで、次のように述べている。

「私は、知的障害者は、刑務所に入れられるべきではないと強く信じています。私は、自分の息子がとてもひどい犯罪を行ったことを知っています。しかし、私たちは、知的障害者は衝動の統制に乏しく、自分が行ったことの結果を本当に分かっていないということを覚えておかねばならないのです。そうとはいえ、彼は、間違いなく、彼が恐怖を抱くような刑務所以外のどこか他の施設に入れられなければならないのです。私は、彼と刑務所での経験について、立ち向かって話すことができないのです。」

　本研究の協力者は、知的障害者を、裁判所によって許されることが少ない者として、そして、仮に知的障害者が再犯を行った場合には、厳格に取り扱われるであろうということを理解していた。また、これらの協力者の多くが、家族

表4　法に違反して犯罪を行った知的障害者の量刑に関する同意／不同意の割合

質問	同意する／全面的に同意する　％	同意しない／全く同意しない　％	どちらでもない
5　社会奉仕命令は、裁判所によってより頻繁に用いられるべきである	88	0	12
11　知的障害者については、刑務所収容は禁じられるべきである	65	29	6
12　知的障害者については、より多くの量刑の選択肢を望まない	0	100	0
14　刑務所に収容される知的障害者は、他の受刑者よりも被害を受けることはない	0	88	12
15　知的障害者についての裁判所の役割は、刑の言い渡しよりも解決策を決定することにある	88	0	12
16　知的障害者は、他の人々と同じように行為の結果を経験するべきではない	41	53	6
21　刑務所に収容される知的障害者は、他の受刑者よりも性的暴行を受けることはない	12	82	6
23　特別刑務所（あるいは特別収容棟）が、知的障害者に対して求められるべきではない	18	76	6
26　刑事司法制度は、知的障害者が行為の結果を学ぶのに効果的な方法ではない	71	18	12
37　知的障害者は、都市よりも地方において有罪判決を受けることが多いようである	12	53	35
39　知的障害者は、裁判所によって放免されることはない	71	24	6
41　知的障害者は、答弁の不適格者と判定された方が良い	24	29	47
42　繰り返し犯罪を行う知的障害者は、厳しく取り扱われるべきではない	6	88	6
44　知的障害者は、量刑の選択肢を理解しない	94	0	6
55　知的障害者は、自白に基づいて有罪判決を受けるべきではない	82	6	12

資料源：Cockram, J., Jackson, R. and R. Underwood, "People with An Intellectual Disability and the Criminal Justice System: The Family Persepctive," *Journal of Intellectual & Developmental Disability*, Vol. 23, No. 1, 1998, p. 51.

の構成員である知的障害犯罪者は、展望がないという個人的経験に基づいて答えているのである。家族の構成員は、裁判所の役割を、刑の言い渡しよりも、具体的な解決策を提供することにあるとし、そして全体的には、刑事司法制度を、人々が自分の行為の結果を学ぶのに適切な方法を提供する機関としては理解していなかったのである。家族の構成員は、知的障害者は量刑の選択肢を理解しているわけではないが、答弁に不適格であると判定されることがよいのかどうかという点については、定かではないと指摘している。以上の回答から期待されるように、アンケートへの回答者は、知的障害者は、自白に基づいて有罪判決を受けるべきであるとは信じてはいなかったが、少数の者は、知的障害者は、他の人々と同じ行為の結果を経験するべきであると回答しているのである。

4．サービス

特性に関する質問の回答から予期されたように、家族の構成員は、警察とのかかわり合いが始まったらすぐに支援を必要とするという点において、意見の一致がみられた（表5参照）。家族の構成員は、また、ソーシャル・サービスは知的障害者には不充分であるという意見にも同意していた。インタビューにおいて、若い女性の母親は、娘が学校を辞めた後に直面した困難さについて言及している。

> 「娘は学校にいたときは、比較的幸せでした。娘は、実際にはうまく行動できずしばしば学校で問題を起こしていました。でも、少なくとも彼女は、攻撃的ではなかったのです。私は、問題は、その直後に始まったのだと思います。彼女には何もすることがなかったのです。私たちは、仕事、それも酒類を販売している職場での仕事さえも試しています。それはとても嫌な仕事でした。仕事場では何の支援もせずに彼女に任せきりで、結局彼女はうまく対処できず、信頼を失ってしまったのです。そのとき以来、私たちはトラブル続きで、娘は、グレイランズ精神病院と刑務所を出たり入ったりする以外には、何もすることがなかったのです。時々、これは悪夢で

はないかと思うのです。誰も助けてくれそうに思われません。」

　子どもたちが独立することの重要性は、インタビューの間において、家族の構成員によって、しばしば提起された問題である。しかしながら、彼らは、また、自分たちを支援するソーシャル・サービスが充分でなかったために、しば

表5　法に違反して犯罪を行った知的障害者に対する
サービスについての同意／不同意の割合

質　　　　問	同意する／全面的に同意する　％	同意しない／全く同意しない　％	どちらでもない
1　サービス機関は、量刑の選択肢を策定することに関与するべきである	100	0	0
3　オーストラリア原住民の知的障害者は、他の知的障害者よりも、より大きな保護の必要性は存在しない	47	47	6
7　後見関係の立法は、犯罪を行った知的障害者に有益である	35	6	53
20　職員の責任は、第1に、守られるべき法的権利を保証することにある	94	0	6
29　中央連絡職員は、24時間必要とされる	94	0	6
31　AIHとの親密な連絡の必要性	12	76	12
34　知的障害者は、警察とかかわるようになったら、すぐに支援を必要とする	100	0	0
38　職員は、有罪判決を確保する上で、警察を援助しがちである	53	18	29
51　サービスは、知的障害者を刑事司法制度で援助するよりも、知的障害者が地域社会で仲間を得ることに向けられるべきである	65	24	12
53　AIHは、犯罪を行った知的障害者への保護監督を提供すべきである	82	0	18
54　サービスは犯罪を行った知的障害者に不適切である	100	0	0

資料源：Cockram, J., Jackson, R. and R. Underwood, "People with An Intellectual Disability and the Criminal Justice System : The Family Persepctive," *Journal of Intellectual & Developmental Disability*, Vol. 23, No. 1, 1998, p. 52.

しば家族で緊張が生じたことをあきらかにしている。

「私は、息子が家を出て、私から独立することを息子に奨励することが、一番良いと思いました。でも、そのことは実現できませんでした。あなたが知的障害のある子どもをもっているならば分かると思いますが、それは非常に難しいことなのです。しばしば、あなたは、その子どもにとって唯一の頼りになる人間であるのです。彼は、いつも問題を起こします。彼は、1日中とても怠惰で、街をぶらつき、問題を起こす以外に、何もやることがないのです。彼は、下宿人を自分のアパートに泊めて、その下宿人が彼のお金を目当てに生活をしていたために、彼は一銭もお金をもっていなかったのです。彼はとても攻撃されやすく、私は心配でいつも具合が悪いのです。私には、彼がお金を借りた人たちからの電話がたくさんあります。私は常に彼と会わなければなりません。私は、息子がまた刑務所に行くことが耐えられないので、そんなことが起こらないように、防がなければなりません。そうしますと、結局、私は、毎日彼と会わなければならないのです。私はあまりにも恐ろしすぎて、私がいなくなる将来のことを考えることができません。」

サービスに関する他の質問において、家族の構成員は、サービスが法的な量刑の選択肢を拡大することに置かれるべきであり、職員の責任は、第1に、法的権利を守ることであると考えていると報告している。しかし、少数の者ではあるが、職員は、有罪判決を得る上で、警察を援助しがちであることを指摘しているのである。それらの者は、政府のサービスが密接な連携を取っていることには同意しなかった。すなわち、それらの者は、そもそもサービスは、刑事司法制度での援助をすることよりも、知的障害者が、地域社会で仲間を作ることにもっと向けられるべきであると考え、そして、もしできるならば、政府の知的障害者機関が、知的障害犯罪者の保護監督を用意するべきであるという考えに、同意したのである。アンケート回答者は、連絡員（liaison person）は必要であるとしながらも、その連絡員は、他の知的障害者よりも、オーストラリア原住民の知的障害者により必要性が高いということを示唆しており、その数値

も回答者の半数を占めるものであった。後見（guardianship）に関していえば、大多数の家族の構成員は、後見は知的障害犯罪者に有益であるかどうかについて、中立的であったのである。

5. 弁　護　士

　質問事項のなかでも、3つの質問が弁護士に関するものである。家族の構成員は、法定代理人の問題は、知的障害者にとって重要な問題であることに同意しており（76％が「同意する」あるいは「全面的に同意する」、12％が「同意しない」あるいは「全く同意しない」、12％が「どちらでもない」あるいは「無回答」である）。これと同様な重要な問題として、両親や後見人の指図を必要とするとき、弁護士は、知的障害者を同席させるべきかどうか（65％、25％、12％）という問題、そして、弁護士は、知的障害者への質問技術の訓練を必要とするかどうか（100％が同意）、といったような問題があるのである。

5　考　　察

　仮に、知的障害者に家族の構成員によって述べられたような特性があるとするならば、知的障害者が法律とかかわるようになる場合、かなりの不利益を被ることになる。家族の構成員は、知的障害犯罪者は黙秘権を行使せず、しかも、刑事司法機関の関係者に気に入られたいという願望がある、ということに同意しているからである。これら2つの特性の組み合わせだけでも、自白の正当性については、かなり疑いの余地があるといえよう。

　刑事司法制度に従事する職員とのかかわり合いに関する質問において、家族の構成員は、警察の理解と訓練の水準、そして、知的障害者を取り扱うガイドラインの適切性に関して不満を表明した。これらの質問に対する研究協力者の回答そのものが、多くの家族の構成員の経験を反映するものである。家族の構成員は、時として、家族の構成員である知的障害者が逮捕され、家族に知らせられる以前に警察がすでに自白を得ているということを、長い間告知されてい

なかった。それゆえに、家族の構成員は、かなり不利な立場から、自分の家族の構成員の障害を説明しなければならないという事態に直面したのである。概して、家族の構成員は、不公平が生じていることを察知しており、このことは、インタビューのなかで話した知的障害者の生活史を反映したものではないかと主張しているのである。

　これらの関心は、量刑に関する質問への回答にも引き継がれている。家族の構成員は、あきらかに、量刑の選択肢の拡大を望み、そして、裁判制度は単に刑罰を科するための機関であるというよりも、むしろ、具体的な解決策をもたらすようなメカニズムを提供する場であることを望んでいるのである。家族の構成員は、はっきりと、家族の構成員である知的障害者が、刑事司法制度で逮捕される確率と、刑事司法制度、とりわけ刑務所に収容されているときに虐待されるという観点から、極度に被害を受けやすいということを主張しているのである。

　家族の構成員のなかのある者は、警察は、彼が明白な知的障害者であるということが分かると、最初は寛大であるが、次第にその知的障害者が「厄介者」となった時点で、法律の最大限の効果を用いるという方法でもって対応したと報告している。これが事実であるとするならば、警察は、ある時は寛大に処置しようと試みたり、またある時は、不適切な行動について、特定の偶発事件として処理するという方法では対応しなかったりと、その対応がまちまちで、実際のところ、事態をむしろより悪くしているのかもしれないのである。警察からの非効率的な結果を伴う違法行動のいくつかの事例に、犯罪行動を取り込むことは、もちろん有益でないであろう。同様に、犯罪の実行と最終的な刑の言い渡しの期間の大幅なずれは、犯罪と刑罰の認知的関連性は、実は微々たるものに違いないということをも意味しているのである。そのような状況において、現在の量刑の選択肢が、より多くの社会復帰的効果を関係者にもたらすと断定することは困難である。そして、これがインタビューを受けた家族の構成員の経験でもあるのである。

　家族の構成員は、現在のサービスが、知的障害犯罪者に大きな援助をもたら

すことを見いだせなかったことも事実である。概して、家族の構成員は、提供される支援の形態と程度に批判的であり、職員が絶えず、知的障害者の最善の利益のために行動するかどうかは、疑わしいものがあるとしている。他方では、家族の構成員は、政府の知的障害者サービスが、刑事司法の領域で、もっと活性化されることを望んでいるのである。おそらく、このことは、刑務所と精神病院という2つの悪のうちのより小さい悪の選択、あるいは戻るべき場所が他にないということを示唆しているのかもしれないのである。

　インタビューで繰り返し提起された鍵となる課題は、昼間の時間の使い道がないことであった。多くの知的障害者は、学校を辞めてから孤立状態であったのである。彼らは、有意義な仕事や日中の時間の使い道もないので、ただ家や街路で怠惰に過ごしていた。隔離教育の経歴ゆえに、知的障害者は、地域社会との関係性をほとんどもっていなかった。そのような状況下では、問題が生じる蓋然性はあきらかに増大するし、それに加えて、知的障害者サービスは、こうした問題をほとんど克服していないという家族の構成員の一致した意見もみられたのである。

　インタビューと質問事項の回答者は、家族の構成員である知的障害者が、この領域で大きな問題を抱えていることを表明している。つまり、回答者は、家族の構成員である知的障害者を、制度によって堕落させられ、不公平に有罪判決を受け、被害を受けやすい者として考えているのである。知的障害者は、支援のなさを経験し、無力感や孤独を感じているといってよいであろう。

6　おわりに

　以上、コックラム゠ジャクソン゠アンダーソンの研究を手がかりとして、オーストラリアにおける知的障害犯罪者と刑事司法制度へのかかわりについて考察したが、多くのデータが、我が国の知的障害犯罪者と刑事司法の関係においてあてはまるのではないかと思う。今後の我が国の知的障害犯罪者の研究にとって参考となる研究であるといえるであろう[15]。

しかしながら、本研究には、研究対象である標本数が少ないということ、標本の選別と質問事項の選択の過程で起こりうるバイアス等によって、限界があることも確かである。もちろん、そうはいうものの、刑事司法制度以外の利害関係者からの調査結果を基にして分析・考察された本研究は、警察、裁判官、矯正職員、ソーシャル・サービス・ワーカーによって示された回答と一致するのである。

この三角測量形態によるデータの収集は、研究結果の妥当性を支えるものであると私は思う。とりわけ、知的障害者が刑事司法制度にかかわるようになったときに、不利な立場に置かれるという知的障害者のもつ特性については、研究協力者である家族の構成員全員に合意があり、本研究の関係者全員が、現在の制度について、同様の認識を共有していたのである。

また、本研究のように、家族の構成員である知的障害者に生じたことを詳細に述べることは、全関係者によってもたらされた多くの関心を、直接的に認識することになるという点においても、本研究の実証性は担保されているといえる。ビーン（P. Bean）＝ネミッツ（T. Nemitz）の過去の研究においても、知的障害者が警察とかかわるようになったら、すぐに、彼らを支援することを要求しているが[16]、このことについては、本研究においても、家族の構成員による完全な意見の一致がみられたところである。

本研究のデータは、警察署で立会う第三者が、刑務所拘禁率に何らかの影響を与えるかもしれないということを示唆しているが、同時に、制度そのものの有効性が強く批判されていることは改めて指摘するまでもない。また、このような解決策よって、たしかにデュー・プロセスは守られるかもしれないが、知的障害者の特性によって、彼らが今後とも、不利な立場に置かれる可能性があるということについても留意しなければならないであろう。

本研究のデータと調査結果が示すところは、初期段階から、高度に法的資格のある支援者が関与することが、知的障害者によって経験される、著しい被害受容性を相殺するために、より効果的な戦略となるであろうということである。逮捕の際に法的助言を求めることは、一般社会においては通常のことであり、

そのことから考えれば、初期の段階から法的資格をもつ支援者が関与することは、弁護の必要性の多い知的障害犯罪者にとって、より適切な人権保障となるであろうと思われる。しかも、本研究において示された、最初のかかわり合いの時点から生じる被害受容性に関するデータを考慮するならば、この法的資格者、特に弁護士の関与は、刑事司法制度の最初の段階から提供される必要があるということになるのではあるまいか。

1) Cockram, J., Jackson, R. and R. Underwood, "People with An Intellectual Disability and the Criminal Justice System : The Family Perspective," *Journal of Intellectual & Developmental Disability,* Vol. 23, No. 1, 1998, pp. 44-56.
2) Brown, B. S. and T. F. Courtless, *The Mentally Retarded Offender.* Washington D. C. : U. S. Government Printing Office, Department of Health Education and Welfare Publication No. (HSM) 72-9039, 1971.
3) ロコウィッツ (M. Rockwitz) の論文は Santamour, M., "The Offender with Mental Retardation," *The Prison Journal,* Vol. 66, No. 1, Spring/Summer, 1986, pp. 3-18. において紹介されている。
4) Coid, J., "Mentally Abnormal Prisoners on Remand-Rejected or Accepted by the NHS," *British Medical Journal,* No. 296, 1988, pp. 1979-1982.
5) Gunn, J., Maden, A. and M. Swinton, "Treatment Needs of Prisoners with Psychiatric Disorders," *British Medical Journal,* Vol. 303, 1991, pp. 338-341.
6) Murphy, G. H., Harnett, H. and A. J. Holland, "A Survey of Intellectual Disablities amongst Men on Remand in Prison," *Mental Handicap Research,* No. 8, 1995, pp. 81-98.
7) Gudjonsson, G. H., Clare, I. C. H., Rutter, S. and J. Pearse, *Persons at Risk During Interviews in Police Custody : The Identification of Vulnerabilities.* Research Study No. 12. The Royal Commission on Criminal Justice, London : HMSO, 1993.
8) Hayes, S. C. and G. Craddock, *Simply Criminal.* 2nd edition, Sydney : Federation Press, 1992 ; MacEachron, A., "Mentally Retarded Offenders : Prevalence and Characteristics," *American Journal of Mental Deficiency,* No. 84, 1979, pp. 165-176 ; Noble, J. H. and R. W. Conley, "Toward An Epidemiology of Relevant Attributes, in Conle, R. W., Luckasson, R. and G. N. Bouthilet, *The Criminal Justice System and Human Behavior,* Baltimore : Paul H. Brookes, 1992.
9) Clarke, A. M., Clarke, A. D. B. and J. M. Berg, *Mental Deficiency : The Changing Outlook,* London : Methuen, 1985 ; Menninger, K. A., "Mental Retardation and Crimi-

nal Responsibility : Some Thoughts on the Idiocy Defence," *International Journal of Law and Psychiatry,* Vol. 8, 1986, pp. 343-357.

10) Clare, I. C. H. and G. H. Gudjonsson, "Interrogative Suggestibility, Confabulation and Acquiescence in People with Mild Learning Difficulties (Mental Handicap) : Implication of Vulnerability During Police Interrogations," *British Journal of Clinical Psychology,* No. 32, 1993, pp. 295-301 ; Hayes and Craddock, *op. cit.* ; Perlman, L. G., Erickson, K. I., Esses, V. M. and B. J. Isaacs, "The Developmentally Handicapped Witness : Competency as A Function of Question Format," *Law and Human Behavior,* No. 18, 1994, pp. 171-187.

11) Gudjonsson, G. H., "One Hundred Alleged False Confession Cases : Some Normative Data," *British Journal of Clinical Psychology,* No. 29, 1990, pp. 249-250. ; Fulero, S. M. and C. Everigton, "Assessing Competency to Waive Miranda Rights in Defendants with Mental Retardation," *Law and Human Behavior,* No. 19, 1995, pp. 533-543 ; Hayes, S. C., *People with An Intellectual Disability and the Criminal Justice System : Appearances Before Local Courts,* Sydney : New South Wales Law Reform Commission, Research Report No. 4, 1993.

12) Wolfensberger, W., *A Brief Introduction to Social Role Varolisation as A Higher Order Concept for Structuring Human Services,* Syracuse, NY : Training Institute for Human Service Planning, Leadership and Change Agentry (Syracuse University), 1992.

13) Swanson, C. K. and G. B. Garwick, "Treatment for Low-Functioning Sex Offenders : Group Therapy and Interagency Co-ordination," *Mental Retardation,* No. 28, 1990, p. 156.

14) Cockram, J., Jackson, R. and R. Underwood, "Prison Officers' Perceptions of Offenders with An Intellectual Disability," in Cook, S. and R. Slee (eds.), *Socio-Legal Bulletin, Special Edition. Disability Issues in the Criminal Justice System,* No. 15, 1994, pp. 41-46.

15) 我が国の知的障害犯罪者の実態調査については、藤本哲也「知的障害犯罪者の実態調査」『罪と罰』44巻4号 (2007年) 40-47参照。

16) Bean, P. and T. Nemitz, *Out of Depth and Out of Sight.* London : Mencap, 1994.

第 3 章

高齢者虐待に対する修復的司法

1 はじめに

　高齢者虐待は、しばしば「隠された犯罪」(hidden crime) であるといわれ、多くの高齢者が、この悲劇的な虐待という事実を自らの墓まで携えていくといわれている。こうしたきわめて深刻な問題に対して、カナダはオンタリオ州の「高齢者虐待に対する修復的司法アプローチ・プロジェクト」(Restorative Justice Approach to Elder Abuse Project) に関与する人々が関心を示し、高齢者虐待に対する治癒的でかつ安全な修復的司法アプローチを探求している。これは大変に新しい試みである。そこで、本章においては、アーリーン・グロ (A. Groh) の「修復的司法：高齢者虐待に対する治癒的アプローチ」(Restorative Justice : A Healing Approach to Elder Abuse) という論文をもとにして、高齢者虐待と修復的司法の問題について考察してみたいと思う[1]。

2 修復的司法アプローチ・プロジェクトの概要

　この修復的司法アプローチ・プロジェクトは、高齢者虐待に関する関連文献の調査やプロジェクト協力者の専門領域における経験から発展したもののようである。当該領域における調査結果は、以下のような事実を示していた。すなわち、カナダにおいて、虐待やネグレクトが関係していると思われる事例がかなり頻繁に発生していることや、高齢者やサービス提供者双方が虐待に関して報告したがらないということ、および虐待事例に介入した結果、失敗したとい

う経験等が、従来の応報的司法制度を以ってしては、虐待問題を解決することができないという、共通の認識に達したということ等である。

　高齢者に対して身体的・経済的・心理的な危害をもたらすことは、カナダ刑法典に違反する犯罪行為であることはもちろんであるが、これらの虐待事件が報告されることはわずかなようであり、ごく少数の事件しか司法制度の関心の的にはならないようである。これは、何もカナダに限ったことではなく、高齢者の虐待やネグレクトに関する過少報告は、あらゆる国の文献を通してみられる共通した現象である。高齢者が虐待を公にすることを避けるのには、多くの理由がある。彼ら高齢者は、自分に危害を加えている人物との関係性を失うことを恐れていたり、彼ら高齢者が頼りにしている者が虐待を行っていることを恥ずかしく思ったり、あるいは警察やその他の政府機関は助けにはならないと考えているのかもしれないのである。

　専門家や地域社会の他の構成員も同様に、この種の犯罪を隠していることがある。そのようなことがなぜ起こるのかについては、①高齢者の意見を尊重しないことや、②高齢者の話を信じようとはしないこと、③どのような場合が虐待を構成するのか、そしてその場合、どのように介入すればよいのか等に関する知識の欠如、④そして何よりも、こうした問題に対する個人的な不快感等といった、高齢者に対する差別的な態度が、その原因となっているのである。

　高齢者虐待に対する修復的司法アプローチ・プロジェクトは、すべての人々にとって公平かつ公正な方法で虐待に対応するための安全な環境を提供することにより、高齢者のおそれを減少させ、高齢者虐待に対応する地域社会の能力を増加させることを目的としているのである。

　伝統的な刑事司法制度の代替策を追求する必要性は、以下のようなコメントにより強調されている。

> 「高齢者は伝統的な法律上の救済手段を用いることをためらうことから、……ドメスティック・バイオレンスと戦うために講じられたものと類似した手段が、さまざまな高齢者虐待の形態と戦うために講じられるべきである。ポワリエ（D. Poirier）＝ポワリエ（N. Poirier）が推薦するのは、代替措

置を許可しているカナダ刑法典717条の規定の全面的な使用である。仮にこれらの代替措置が適切であり、効果がある領域が存在するとすれば、それは高齢者虐待の領域であるといわれている。ほとんどの場合において、高齢者は、彼らの子供たちが罰せられることを望んではおらず、むしろ自らの財産を取り戻すことや、子供たちとの友好的な和解に達することを望んでいるので、これらの規定、すなわち、「調停」(mediation) の利用が奨励されるべきである」[2]。

このように、高齢者虐待に対する修復的司法アプローチ・プロジェクトは、7つの非常に多様な地域社会の諸機関、すなわち、オンタリオ州南西部のキッチナー・ワーテルロー地域における保健衛生、司法、ソーシャル・サービス、民族・文化・宗教団体、および先住民 (先住民であるインディアンをカナダでは First Nation と呼ぶ) にかかわる地域社会の諸機関による共同プロジェクトである。この地域は大規模な民族的・文化的な地域社会を形成しており、また世界で初めての被害者・加害者和解プログラムの発祥の地でもあり、さらには、1992年以来、高齢者虐待に対する地域社会の対応に関して多大な貢献をもたらした「高齢者虐待に関するワーテルロー地方委員会」(Waterloo Region Committee on Elder Abuse：WRCEA) の本拠地でもある。

共同プロジェクトは、オンタリオ・トリリウム財団が、高齢者虐待に対応するための修復的司法アプローチを企図、実施、評価するために、プロジェクトに資金提供しているが、現在は、その4年半の期限のうちの4年目にあたる年である。レイクヘッド大学 (Lakehead University) のマイケル・ストーンズ (M. Stones) が、修復的司法に関する助言を提供しているマニトバ大学 (University of Manitoba) のリック・リンデン (R. Linden) とともに、共同プロジェクトの評価を担当している。そして、評価のための財源は、カナダ法律委員会 (Law Commission of Canada)、カナダ司法省 (Justice Canada)、国立犯罪防止センター (National Crime Prevention Centre) からのものである。

本章で紹介している論文「修復的司法：高齢者虐待に対する治癒的アプローチ」の著者である、グロは、10年以上に渡り、共同プロジェクトのケース・マ

ネージャーとして、そしてまた、WRCEA のボランティアの 1 人として、虐待を経験している高齢者とともに働いてきた者である。彼は、しばしば高齢者や家族の構成員が虐待を打ち明けたがらないことに落胆し、憤りを感じていたようである。彼は、高齢者やその家族が、同様に、利用可能な選択手段、特に刑事司法制度に対してアクセスすることをためらっていることに苛立ちさえ抱いていたのである。

たとえば、そうした事例の 1 つとして、以下において、「スミス婦人（仮名）の事例」を取り上げてみよう。本事例は、本論文において、種々の基本的概念を説明する事例としても使用されているものである。

　「スミス婦人は独り暮らしをしている 89 歳の未亡人である。私的・公的な資金提供サービスに加えて、彼女の家族の支援が、スミス婦人に自分の家で生活することを可能にさせていた。ある日、婦人は、息子が彼女の銀行口座から 4 万ドルを引き出したことを公けにした。婦人には、警察に通報し、盗難届けを出すなど、さまざまな問題解決のための選択肢があることが、情報として与えられた。しかしながら、婦人は、これらのすべての選択肢を拒否した。『息子は善人である』と彼女はいう。『おそらく息子は、自分よりもお金が必要であったのであろう。さらに、息子は、自分のために食料雑貨類を購入する必要があるし、お使いはしてくれるし、毎週日曜日には、自分を教会へ連れて行ってもくれる。自分にとっては、息子とその家族との関係が、4 万ドルよりも大切である』というのである」。

グロは、ケース・マネージャーとして、長期間にわたってスミス婦人とその家族にかかわってきた。息子は母親に対していつも大変に親切であった。グロは息子を信頼していたという。スミス婦人の虐待の事実があきらかとなったとき、グロは、その波及効果的な影響のなかに身を置いていたというのである。スミス婦人の虐待は、グロの道義的な憤りを煽り立て、この共同プロジェクトに関与する直接的な刺激となったという。

また、地元の高校における争いや暴力に対処するために、「家族集団協議会」(family group conferencing) を用いるプロジェクトを調整していた友人との会話

が、高齢者虐待に対する修復的司法アプローチ・プロジェクトのための種を蒔いたともいう。事例として取り上げたスミス婦人のケースや、グロの直接経験したその他の虐待を受けている高齢者に対して、修復的司法アプローチを用いる可能性に直面したとき、グロは非常に興奮したというのである。

> 「ところで、虐待されている高齢者の必要性に取り組むための、より良い方法は存在したのであろうか。関係性により高い価値を置く、この全体論的なアプローチは高齢者により受け入れられるものなのであろうか。それは虐待の同定に対する障壁を取り除くのであろうか。それは果たして効果的であろうか。そしてまた、地域社会は支持するであろうか」。

このような多くの疑問はあったようであるが、結果として、地域社会の発展過程を通じて、高齢者虐待に取り組むための修復的司法アプローチを企図し、実施し、そして評価して資金を獲得するために、共同プロジェクトが組織されたのである。

3 理論的枠組

これはいうまでもないことであるが、プロジェクトを始動させ前へと推し進めるためには、広範な地域社会の協議が必要とされる。この協議プロセスに関する過酷な第一歩は、高齢者虐待と修復的司法に関して共通の認識と理解が存在することを確認することであり、そのことを確かなものとすることが何よりも必要不可欠な条件である。以下のことは、そのための共同プロジェクトチームの共通理解の一部である。

> 「まず、操作上の定義であるが、共同プロジェクトにおいては、高齢者虐待は、彼らが頼ることができる者、すなわち、配偶者や子ども、その他の家族の構成員、友人あるいは有給介護者 (paid caregiver) による、高齢者に対する虐待である」[3]と。

トロントの「高齢者擁護センター」(Advocacy Centre for the Elderly) のジュディス・ワール (J. Wahl) によれば、刑法犯に当たる虐待のいくつかの例は、以下

のような行為を含むという。すなわち、身体的虐待としては、暴行（265条）がある。これは、つねる、叩く、押し付ける、殴打する、蹴り付ける等の行為である。次に、武器を伴う暴行あるいは身体障害をもたらす暴行（267条）がある。また、不法に身体障害をもたらす行為（269条）、強制的な監禁（279条(1)）（たとえば、家族が仕事に行っている間、椅子に縛り付ける行為）等もある。

さらに、性的虐待としては、性的暴行（271条）があり、経済的虐待としては、窃盗（322条）、委任権限を有する者による窃盗（331条）、詐欺（380条）、故意ある郵便の差し止め（345条）、文書偽造（366条）等がある。

また、ネグレクトとしての、生活必需品を提供する義務の違反（215条）は、意図的または受動的になされるおそれがあり、日々の生活上必要な物品や介護を差し控えること等により特徴づけられるものである。

精神的虐待としては、威迫（Intimidation）（423条）、脅迫（Threatening）[4]がある。

ポワリエ゠ポワリエは、「高齢者虐待、それも特に経済的虐待と戦うことは、なぜそんなにも困難であるのか」（*Why Is It So Difficult to Combat Elder Abuse and in Particular the Financial Exploitation of the Elderly*）のなかで、「264条は、他者に安全に対する恐怖を惹起させるような行動に従事することを禁止し、そのような行動を刑事上の迷惑行為（criminal harassment）とみなしている。264条の1は、暴行を伴う脅迫、私的または現実的な財産の損壊、あるいは、当人の動物（ペット）を殺害または傷つけることを禁止している」[5]と述べている。

共同プロジェクトにより取り組まれる高齢者虐待のカテゴリーは、刑法典のなかに記述されているものばかりであるが、大部分の事例において、何らの告訴も提起なされなかったことを注記しなければならないであろう。

4　高齢者虐待の原因

ところで、高齢者虐待に対する修復的司法の有効性を探求する場合においては、修復的司法の観点から、なぜ虐待が発生したのかを考えることが重要であ

る。以下に掲げる事項は、高齢者虐待の原因のいくつかを示したものである[6]。

(1) 過去における虐待を含め、「困難な家族関係」(difficult family relationships)の歴史が存在する。

(2) 「薬物およびアルコール問題」(drug and alcohol problems)と関連している。高齢者からの財物の摂取は、薬物依存を維持するためかもしれないということである。

(3) 「精神病」(mental illness)の来歴が存在することがある。

(4) 「財政的な依存」(financial dependence)が存在する。高齢者が子どもに依存しているか、子どもが高齢者に依存しているかのどちらかである。

(5) 「社会的孤立」(social isolation)。虐待者は訪問者を家に上げることや、高齢者に対する電話によるアクセスを許さないことがある。また、新たな移民は言葉の障害ゆえに孤立することがある。

(6) 「状況的ストレス」(situational stress)。収入の減少、健康の減退、および友人の死は、虐待の危険性を増加させることがある。

(7) 「暴力の周期」(cycle of violence)。妻が夫に過去数年間にわたり虐待され、現在では虐待された介護者(妻)が夫を虐待している。

(8) 「制度的要因」(systematic causes)。虐待が起こることを許すような制度を、公共政策が生み出している。

(9) 「高齢者差別」(Ageism)。しばしば老化に対する否定的な態度が、高齢者を、か弱く、依存的で、役に立たない存在であると描写することがある。

次に、法的な観点からの考察であるが、カナダでは、連邦レベルおよび州レベルの双方において、さまざまな高齢者虐待の形態と戦うために、適切な法律や法典および立法を有している。しかしながら、カナダ統計局は、「高齢者虐待のごく一部のものだけが、刑事司法制度の注目を引くに至っているにしか過ぎないように思われる」との報告をしているのである[7]。

この点に関して、ボリュウ(M. Beaulieu)ほかの文献においては、以下のようないくつかの理由が述べられている。

(1) 「高齢者差別」(ageism)。特に高齢者を保護することを企図した法律は、

「高齢者を子どものように扱っている。」さらに上述したように、高齢者差別主義者の観点は、高齢者を、か弱く、依存的で、無能であり、それゆえにあてにならない証人であるとみなしているのである。

(2)　「証拠を得ることの困難性」(difficult to obtain evidence)。警察は、虐待事件を裁判所へ送致することに興味がないという苦情は、事件が裁判所に係属した場合の有罪成功率が限定されていることと直接的に関係しているかもしれない。合理的な疑い (reasonable doubt) を超えて有罪を立証するために必要な証拠を得ることはきわめて困難であるからである。高齢者は、不本意に起訴する結果をもたらすような警察への訴えや、裁判所での証言をすることに、あまり乗り気ではないのである。

(3)　[家族の価値観] (family values)。高齢者は、彼らの子どもたちを傷つけることを避けるために、自分への虐待を報告することを意図的に拒否しているのである。彼ら高齢者は、子どもを告訴することは妥当ではなく、一般常識や家族の価値観に反すると感じるがゆえに、子どもたちを告訴しないのである。高齢者は、彼らに対して起こったことに関して罪の意識や恥の意識をもっている。高齢者は、また、不品行 (misconduct) は彼らの子育ての結果であると考える。同様にまた、高齢者は、彼らの子どもたちにお金や財産をわたす願望を申し述べ、盗品を取り戻そうとはしないのである[8]。

(4)　「恐れ」(fear)。高齢者は告訴がなされた場合、関係性が著しく損なわれるであろうことをおそれている[9]。

(5)　「知識の欠如」(lack of knowledge)。高齢者や高齢者と接触している者による警察への通報率の低さは、それが犯罪であるということを認識していないからかもしれないのである[10]。

5　正義とは何か

デニス・クーリ (D. Cooley) によれば、「正義とは、所与の状況において、個々人の行為または行動が、公平、公正で、適切であると思われるような状況を

達成することを意味している」とする[11]。「正義とは、われわれの正または不正の感覚を反映するものである。それは、正しいものとわれわれが理解するものが害される場合、そして、誤りが取り上げられ修復される場合に問題視されるものである」[12]。たしかに、その国の法律は、それがどこの国であろうとも、不正と考えられる一連の行動を列挙するものである。法律は、社会的に不適切な行為を統制するために存在するのである。

　それでは、正義は、高齢者虐待に対する伝統的または当事者主義的なアプローチにおいては、どのように実現されるのであろうか。スミス婦人が、伝統的な刑事司法制度を利用することを選んだ場合、生じたであろう結果を考えてみよう。

　「伝統的な方法または裁判所に訴えるという方法を選んだ場合、スミス婦人の息子は、法律を侵害したものと考えられる。息子は、自分の母親から４万ドルを盗んだことになるのである。これは国家に対する犯罪である。スミス婦人の息子は、刑法の窃盗罪により告訴され、公訴官（Crown Prosecutor）が彼を訴追し、有罪であると認定した場合には、規定された一連の刑罰法規に従って、息子は罰せられることになるのである。そして、スミス婦人は、予備審問および公判廷の双方において、息子に対して罪を証言するように要求されることになる。」

　このプロセスの焦点は、有罪か有罪ではないかを立証することであり、また適切な刑罰を執行することにある。息子は、自分の母親の信頼を侵害したことを理由としてではなく、法律を侵害したことを理由として罰せられるのである。それゆえ、息子は、自分の行動に対して説明責任を取らなくてもよい。また、息子の社会的行動規範の侵害に焦点をあてる裁判過程において、スミス婦人は、単なる証人にしか過ぎないのである。

　裁判所は、賠償（restitution）を命じる裁量権を有している。裁判所は、この犯罪は単なる規則の侵害というよりも、多面的な側面のあることを認めようとはしないのである。当該窃盗の根本原因は複雑であり、なされた害悪の波及効果は深刻である。裁判過程の最後において、結局、スミス婦人とその息子は疎

遠となってしまった。息子は婦人が孫を訪問することを拒否した。家族の他の構成員は、婦人の取った行動を非難し、彼女を締め出してしまった。婦人は、独りで生活していくために必要な支援がなくなったことにより、自宅から介護施設に引っ越すことを余儀なくさせられたのである。

6 修復的司法と高齢者虐待

　修復的司法は以上のような伝統的な方法とは違い、根本的に異なるアプローチを用いる。ハワード・ゼア（H. Zehr）は、その著書『レンズを代えて』（*Changing Lenses*）のなかで、修復的司法を、「パラダイムの転換」と捉え[13]、スーザン・シャープ（S. Sharpe）は、『修復的司法：癒しと変化のための一視点』（*Restorative Justice : a Vision for Healing and Change*）のなかで、修復的司法を、「哲学」あるいは「世界観」であると述べている[14]。修復的司法は、虐待を法律の侵害というよりも、むしろ人間および関係性の侵害と考えるのである[15]。

　修復的司法が、害を償い（repair）、関係性を修復することに焦点をあてていると仮定した場合、それはどのように高齢者虐待に適用されるのであろうか。高齢者虐待およびネグレクト（mistreatment）に取り組むためには、修復的司法に関する以下のような側面が考慮の対象となるであろう。

1．真実を話すこと（speaking the truth）

　虐待とそれを取り巻く嘘や秘密は、関係当事者に羞恥心をもたらし、虐待を永続化させ、癒しを阻害する。何が起こったかについて話すことはもちろん、心の底から何が起こったのかについて真実を話すこと、そして、その影響力について話すことは、修復的司法においては、不可欠な要素である。しばしば秘密（secrecy）は、被害者の話す能力や、行動する能力を抑制するために用いられる。ニルス・クリスティ（N. Christie）は、「残虐行為への解答」（*Answers to Atrocities*）という論文のなかで、「被害者の孤立（isolation）は不法な暴力が用いられるような社会システムにおける主要な特徴の1つである。被害者を沈黙さ

せるための抑圧者（oppressors）による試みは際限がない」と記述している。このことについて、ウィルマ・ダークセン（W. Derksen）は、「それにもかかわらず、我々は真実を知り、語らせる必要がある」と付け加えている[16]。

2．癒しと関係性の修復（healing and restoration of relationships）

　変化と癒しのための機会を提供することは思っているよりも複雑である。信頼の関係性が破壊された場合、当事者を修復的司法サークルや協議会に一緒に合流させる前に、個別的なカウンセリングが、癒しのプロセスとして、開始されることを要求するかもしれないのである。高齢者と危害を加えた者双方は、力の不均衡（power imbalances）を含む、虐待を巡る相互関係についての理解を得る必要があるかもしれない。被害者は、修復に向けて何が必要であるかを同定し、明確に説明することが可能となるために、カウンセリングを要求するかもしれないのである。

　危害を加えた者は、なぜ危害を加えたのかを理解するためや、行動のパターンを変化させるためには何が必要であるかを理解するために、カウンセリングが必要となるかもしれない。各関係当事者が、尊厳（dignity）、平等な関心（equal concern）、満たされた敬意（respect satisfied）に対する権利を有するように[17]、虐待が発生し、それらの関係性を変化させるために要求される洞察について、その文脈を理解することが必要とされるのである。

3．敬　　意（respect）

　各関係者に対する敬意は、修復的プロセスにとっては必要不可欠なものである。このことは、文化的な多様性や価値・嗜好に対する敬意、各参加者の物語（story）や当該修復的司法プロセスの間になされた参加者の選択に対する敬意を含んでいる。

4．平等な意見の供給（provision of equal voice）

　当該修復的司法プロセスにおけるすべての参加者は、平等な意見を述べる権

利を有している。それぞれの意見が、多様な価値ある側面を、高齢者虐待に関する複雑な問題へともたらしてくれるのである。

5．さらなる危害の防止（prevention of future harm）

当該修復的司法プロセスは、将来の危害を防止するために、何が行われることが必要であるかを決定するために、将来について考えるのである。学際的なチーム（interdisciplinary team）構成が必要不可欠である。専門家といく人かの学者の協力や調整が、癒しと変化に向けてのプロセスにおいて、高齢者と危害を加えた者とを支援するために要求される。

修復的司法は、調停（mediation）や量刑サークル、治療的サークル（healing circles）および地域社会協議会（community conferencing）等を含む、さまざまな実践を通して達成され得るものである。

7　プロジェクトの展開

プロジェクトの最初の数か月間に、虐待された高齢者に対して修復的司法を用いるための基盤が用意される。共同プロジェクトのメンバーは、必要な修復的司法アプローチを発展させるために、地域社会のパートナー、高齢者、多文化的な地域住民、宗教団体との相談を重ねるのである。修復的司法に関する大規模な文献調査がこの共同プロジェクトで行われたが、虐待された高齢者に対する確立された修復的司法モデルは存在しないことがあきらかとなった。そのため、共同プロジェクトチームは、高齢者の必要性を満たすためのモデルを開発しようと悪戦苦闘を開始した。ヴェリ・スチュアート（B. Stuart）、マーク・ウェッジ（M. Wedge）、スーザン・シャープ、ルパート・ロス（R. Ross）およびデニス・クーリとの討論の結果、共同プロジェクトは、修復的司法プロセスのためのツールまたはモデルが事例主導となることが必要であることを決定したのである。結局のところ、それぞれの事件に適切であると思われる修復司法的ツールをチームに選択することを許すことによって、実務を指導する原理に関

するコンセンサスが形成されるに至ったのである。これらの原理は、「高齢者諮問評議会」(Seniors' Advisory Council) により再検討され、支持されたものであることは指摘しておくべきであろう。事実、この評議会は、当該プロジェクトの諸活動に関して再検討を試み、勧告を行っている。本評議会の会員は、特定の民族集団、保健医療、企業団体、学会、ソーシャル・ワークおよびコミュニティ・サービス等からのエルダー(コミュニティの代表者)を含んでいるのである。

　ここで採用されている指導原理 (guiding principles) は以下のようなものである。

1. 安　全　性 (safety)

　安全・安心のうちに生活すること（修復的司法プロセスの前後において、すべての参加者が安全であり、安心を実感することを保証するために、どのような計画が行われるのか）。

2. 尊厳と敬意 (dignity and respect)

　個人的な価値や嗜好に対して敬意を払わせること（民族・文化的な価値に対する理解が存在し、それらに敬意が払われているか。参加者の物語が価値判断なしに受け入れられているか）。

3. 自　主　性 (autonomy)

　自らの問題を決定し統制すること（プロセスへの参加は自主的であるか）。

4. 情報へのアクセス (access to information)

　有意義かつ充分な理解に基づく決定を行うために、彼らが必要とするすべての利用可能な情報を受け取ること（すべての当事者集団が、修復的司法プロセスや刑事司法プロセスについて理解しているか。社会的資源について認識しており、かつ、それらへアクセスする方法、またはそれらにアクセスするために援助されるべき方法について知っているか）。

5. 機 密 性 (confidentiality)

他者と共有されるかもしれない個人情報を、自ら決定すること（どのような個人情報が他者と共有されるかを、参加者が自分たちで決定しているか）。

(6) 最も制限的ではない仲裁 (least restrictive interventions)

個人の権利、能力、および個人の自由に関して、最も制限的でなく、生活様式を最も破壊しないような仲裁（支援サービスを提供することにより、高齢者が自宅に留まっていられるための考慮が払われているか）。

以上は、ギャラガー(E. Gallager)ほかと、「ビクトリア高齢者虐待プロジェクト」(Victoria Elder Abuse Project)から転用したもののようである[18]。

8　共同プロジェクトの範囲と方法

共同プロジェクトの任務は以下の通りである。

すなわち、高齢者虐待により影響を受けた人々に対して変化と癒しの機会を提供すること。どのようにこのことがなされるかについて例証するために、仮にスミス婦人が修復的司法プロセスにアクセスした場合、どのようなことが起こるかについて考えてみたいと思う。

まず、ここで注意しなければならないことは、アメリカの「被害者・加害者和解プログラム」(Victim Offender Reconciliation Program：VORP)や「被害者・加害者調停」(Victim Offender Mediation：VOM)のような、被害者と加害者のみの修復的司法プログラムや、ニュージーランドの「家族集団協議会」(Family Group Conference)のような、被害者と加害者、そして、その関係者に限定される修復的司法プログラムではなく、カナダの「量刑サークル」(Sentencing Circle)である、地域社会全体に開かれた修復的司法プログラムが展開されていることである。以下、修復的司法プログラムの段階ごとに検討してみることにしよう。

1. 受　　入 (intake)

まず、「地域社会内司法委員会」(Community Justice Initiatives) に対して照会がなされる。スミス婦人、息子、保健に関する専門家、警察または地域社会の構成員を含む、虐待により影響を受ける者は誰でも照会手続をすることができる。

すべての参加者が、①対話を続行することが安全であると考えているか否か、②危害を加えた者がそのことに対して責任を受け入れるか否か、③すべての参加者が参加することを望んでいるか否か④高齢者は、修復的司法プロセスを理解し参加することができるか否か、等について決定するために、スクリーニングが行われる。この段階で問題が表面化した場合には、「スクリーニング委員会」は、具体的に手続を推し進める前に、事件の再検討が行われることになっているのである。

2. 量刑サークル開始前

スクリーニングの後、2人のファシリテーターが事件のために任命される。1人のファシリテーターがスミス婦人の話を聴き、問題点に関する理解を得るために、スミス婦人と接触する。

>「スミス婦人は、息子が金を盗ったことに対して悲しみ、怒っていると報告するかもしれない。彼女は、息子は信頼できると思っていたと話す。最近、息子はいらいらしており、彼女に対して大声で怒鳴ることが多かったといい、息子は前よりも飲酒している機会が多かったように思う、と話している。」

もう1人のファシリテーターが話を聴くために息子と接触する。

>「スミス婦人の息子は、自分の行ったことに関して非常に残念に思っていると述べるかもしれない。彼は母親を愛しているが、手に負えなくなってきたと思っていた。彼女は以前よりもますます世話をすることが困難となってきており、老人ホーム (retirement home) に引っ越すことをきっぱりと拒否していた。自分の家で暮らすことをかたくなに主張する母親の態度は、

彼の結婚生活にいく分かのトラブルを引き起こしていた。また悪いことには、彼の仕事はスランプ状態にあった。その上、彼の息子が仕事をみつけることができずに、家に戻ってきたばかりであった。これらすべてのストレスが、彼に飲酒を再開させる引き金を与えた。彼はどのようにすれば事態を元通りに戻せるか、その術を知らなかった、と話している。」

委員会の許可を取り、ファシリテーターは、事態に関するより広い知識を得るために、スミス婦人とその息子の支援者にも接触することになる。彼らは、例えば、以下のような事実を見いだすかもしれない。

「スミス婦人の担当牧師は、長い間教会において活発的に行動していたが、この家族を支援する方法が分からずにいた。スミス婦人の妹は息子を信頼しておらず、スミス婦人の娘は彼女の兄が犯罪者であるとは思っていなかった。息子の妻はお金の窃盗に関しては知らなかったが、彼が母親に提供している介護の時間の長さについてはうんざりしていたという」。

このように、高齢者虐待のケースが複雑であることは、一般的なことである。そのため、多数の利害関係者との事前のミーティングが、必要不可欠なものとなるのである。準備をするために、ファシリテーターは、スミス婦人とその支援者、息子とその支援者という具合に、それぞれ別々に会う必要がある。彼らは互いに誰が量刑サークルに来る必要があるかについて決定するのである。たとえば、宗教的な指導者、又は保険の専門家、あるいは高齢者虐待に関して専門的知識を有する者等を必要とするかどうかについて決定することになる。母親が、彼女の置かれた状況について話すことができる権限を付与するような支援グループをみつける必要がある一方で、息子は、「アルコホーリクス・アノニマス」（Alcoholics Anonymous：アルコール依存症者自主治療協会）の集会に、再び参加し始める必要があるのかもしれない。すべての者が修復的司法サークルに一緒に参加することに安全を感じるようになるまでには、数週間または数か月かかるかもしれないのである。

3．量刑サークル

やがてファシリテーターは、全員を一緒に集めることになる。各支援者グループは、自らが支援している者の側に座る。サークルは儀式あるいはお祈りとともに開始される。参加者は、トーキング・ピース（talking piece）（羽やその他の象徴的な物体）を所持している場合にのみ意見を述べることが許される、と教示される。彼ら参加者は、正直に、そして心を込めて話をしなくてはならない。彼らは、ともに、虐待という事態が発生した原因、損害を償う方法、将来においてさらなる損害が発生することを予防する方法についてのコンセンサスを得るように努力するのである。

「スミス婦人は、息子に対する愛情について、そして息子が彼女からお金を盗んだことに対してどれほど悲しんだかについて語ることになる。彼女はしばしば息子に対して恐れを抱いていたことを認める。彼女は以前に受けていた虐待について、そして彼女の夫も息子に虐待されていたことについて語る。彼女は、そのことを防止できなかったことについて後悔していることを話すのである。」

「息子は母親に謝罪する。彼は母親に対して自分の欲求不満をぶつけていたことを自覚していたが、今では自分の生活を取り戻すことを願っている。彼はアルコホーリクス・アノニマスの集会への出席を継続し、彼が盗用したお金を返済するための計画について同意する。」

「多数の支援者が、彼らが手助けし得る方法について話す。たとえば、教会への礼拝者は、毎週金曜日に息子に対して、毎週土曜日には孫に対して、介護者の精神的負担を和らげるための時間を提供することとなり、スミス婦人の妹は、代理人となることを引き受けたのである。」

サークルは祈りとともに終了した。軽い飲物がすべての参加者に提供された。

4．量刑サークル後

参加者にはサークルの3か月後に連絡がとられ、合意が守られていることを

報告する。スミス婦人は満足していた。息子は弁済金を返済するために定期的な支払いを継続している。スミス婦人は、特に孫が毎週彼女を手助けするために来てくれることに対して、非常に喜んでいた。スミス婦人は孫との会話を楽しんでいるのである。

　訓練され、熟練したファシリテーターは、修復的司法プロセスを成功させるためのカギである。ファシリテーターは、すべての参加者に敬意を表し、修復的司法プロセスにおいて信頼と自信を鼓舞し、援助と説明責任のための雰囲気を作り出す能力を有する必要がある。同様に、彼らには、面談、聞き取り、あるいは交渉の技術も要求される。ファシリテーターは高齢者虐待の複雑な問題性について理解し、感受性を有することが必要不可欠である。同時に、感受性それ自体が、高齢者を救済する際に、問題解決の手助けとなるものではないことを肝に銘じておく必要がある。ファシリテーターは、謙虚さを育み、自分がすべての回答を有していると考えることは避け、高齢者虐待により影響を受けた人々に対して解決策を押し付けるようなことをしてはならないのである。最も有効な解決策は、量刑サークル・プロセスにおいて、参加者が合意に達することである。量刑サークルのために参加者を集める能力や、量刑サークル・プロセスを信頼させる能力は、量刑サークルのファシリテーターにとっては必要不可欠な能力であり、効果的な量刑サークル・プロセスのためのカギである。ファシリテーターは、次のような場合には、感受性を以って、即応的な修復的司法アプローチに寄与することが大切である。すなわち、正鵠な質問をすることによりグループの集中力を維持させ、対話が生産的となることを助け、出席しているすべての者の話に耳が傾けられていることを保証し、最終的な合意が適切なニーズを取り扱っているように計らい、実現可能性を確かなものとし、グループ内のすべての関係者が「保護の倫理」(ethic of care) と「正義の倫理」(ethic of justice) との均衡を保ちつつ、犯罪行為を非難する一方で、犯罪を行った者への支持を示していることを表明するような場合である。

9 プロジェクトの評価

　最終的なプログラムの評価は、このアプローチがその目標を達成しているか否かについてフィードバックをする上において重要である。以下のような2つの主要な目的を満たす場合には、高齢者虐待に対する修復的司法アプローチ・プロジェクトの成功を算定する上において、プロジェクト評価は、意味をもつことになるであろう。

(1) 参加者間における新たな知識や態度の変化をもたらすような、高齢者虐待に対する修復的司法アプローチに関して、地域社会内教育を提供すること。

(2) クライアントに対して、修復的司法原則を固執し、クライアントやその他の者に、心理的・社会的利益をもたらすような仲裁を提供すること。

　ここでの方法論としては、プロジェクトの成功を評価するために3つのアプローチ、すなわち、①プロセス評価（Process Evaluation）、②地域社会内教育計画（Community Education Initiatives）の評価、および③クライアント仲裁（Client Intervention）の結果に関する評価を用いている。

　このプロジェクトに関しては、正式な評価が試みられており、以下のインターネット・サイト上において公表されている。http://flash.lakeheadu.ca/~mstones/restorativejustice.html

　できれば、ご一読することをお勧めしたい。

　量刑サークル・プロセスに関する個々の観察に基づいたフィードバックは肯定的である。以下に掲げるものは、プロセスを通じて受領したコメントのサンプルである。

　　「高齢者虐待に対する修復的司法プロジェクトは、非常に私的な側面があり、対応が困難である高齢者虐待やネグレクトに関するケースを取り扱う上で、警察を支援する非常に貴重な資料である。これらのケースは、当事者の関係性を破壊しないような方法において対応されており、同時に、複

雑に絡み合っている相互関係に関しての理解を斟酌したものである」(ジョアン・ヴァン・デュールセン (J. V. Deursen)、ドメスティック・バイオレンス調整官 (Domestic Violence Coordinator)、ワーテルロー地域警察サービス (Waterloo Region Police Services) 等による)。

「量刑サークル・プロセスは、関与者に自分自身や他者に対して素直になることを許容するような強力な地域社会を築いている。ほとんど神秘的ともいえる方法において、家族内に、以前では決して議論されることのなかったようなことを、自由に話す可能性をもたらしているのである。このプログラムは、同様に、関与者に、彼らに対する支援が存在することを認識する手助けをしているのである。「これほど多くの人々が、私のことを愛していてくれたことを、今まで知らなかった」と、この量刑サークルで述べた、年老いた女性のことを私は忘れられない」(量刑サークル・ファシリテーターによる)。

「量刑サークルでは、すべての者が重んじられている。量刑サークルが、対立状況において通常存在する障壁を、完璧に取り除いていることに、私は驚いた。また同様に、最後には、将来について、ユニークでバランスの取れた視点を生み出すために、非常に多様な意見が集まったことにも感激している。それは、われわれを、非常に力づけるものであると思った」(量刑サークル参加者による)。

「地域社会内司法委員会、調停／協議会サービス (Mediation/Conferencing Services) の元プログラム・コーディネーターであるジュリー・フリーザン (J. Friesen) は、当該モデルに多くの有益な点を見いだしている。それはすべてとはいわないまでも、協力的に漸進する多くの利害関係者を得ることができるからである。当該モデルは、虐待されている人々に声を発する機会を与えてくれる。すなわち、さらなる支援者の存在は、特に虐待的であるとみなされてきた個々人に、その声を聞くことを容易にしたのである。修復的司法プロセスは、異なる状況、文化、および嗜好に対して、個々別々に調整することができる。当該プロセスは、虐待で起訴された者を含むすべての者に対して、尊厳と敬意

を与えるのである。当該プロセスは、いくつかのプログラム構成や安全性を提供するファシリテーターとともに、状況を完全に把握する機会を当該関係者に与えるのである。」「こうした機会は稀である。問題に対してすべての利害関係者が、ともに意思疎通を図る機会や時期を、いつ手に入れるのであろうか。」と、ジュリーは、疑問を提起するのである。

10　将来の課題

「修復的司法は、被害者、加害者、および地域社会の正義の概念を満足させる方法であり、行われた害悪を共同で修復するために当事者を和解させるという、紛争に対する応答手段である」[19]。われわれが将来を展望するとき、われわれは基本的な質問を問い続ける。すなわち、「修復的司法は、高齢者虐待に対応する上で、公平かつ公正な方法なのであろうか」と。修復的司法は、すべての参加者の正義の概念を満足させるものであろうか。修復的司法は、高齢者虐待により影響を受けた人々に対して、変化と癒しのための機会を提供するものであろうか。

プロジェクトに関するアーリーン・グロの評価は、従前の応報的刑事司法システムに対する代替策として得られた利点と、修復的司法プロセスに関するいくつかの限界の承認との、双方を含んだものであった。まず、利点に関しては以下のように述べている。

(1) 修復的司法プロセスは、高齢者に対して、効果的な影響力を有している。彼らの話は、何ら予断をもつことなく拝聴される。
(2) 家族の価値に対して敬意が払われる。家族は、関係性が治癒されるような方法において害悪に対処するために、集まることができる。
(3) 高齢者は、修復的司法プロセスに対して余りおそれを抱かない。
(4) 紛争は初期の段階において対応されることから、より深刻な危害へとエスカレートすることを防止することができる。
(5) 修復的司法プロセスは、文化的な多様性、価値、および嗜好に対して敬

意を払う。オンタリオ州では民族・文化的な地域団体からの強い関心と支援がある。
(6) この修復的司法サービスには、財政的な障壁が存在しない。サービスは無料であり、サービスを求める要求に対しては、一営業日以内で対応できる。
(7) 修復的司法プロセスは、高齢者虐待により影響を受けた人々の複雑なニーズに対する支援を提供し解決策をみつけるために、法律、保健医療、ソーシャル・サービス、宗教団体、および文化的な地域集団を取りまとめることができる。

総合的にみると、これらの利点は、従来の正式な法律制度において、人々が経験するいくつかの障壁に対応するものであるように思われる。

一方、修復的司法プロセスの限界に関していえば、修復的司法は、決して「魔法の杖」(magic wand) ではないということである。修復的司法プロセスの利点は、時として、制限されるように思われるし、癒しに向けての道は、長くて、困難なものである。加えるに、すべての状況が、修復的司法プロセスに適切であるわけではない。本章で紹介したプロジェクトにおいては、24事例のうち8事例が、続行するのには不適当であると判断された。事例が不適切であるとみなされたケースでは、伝統的な刑事司法システムに差し戻されるか、あるいは、地域社会支援サービスに委託されたのである。

11 おわりに

伝統的司法と修復的司法の双方が、高齢者虐待に対応するためには不可欠であるというのが、このプロジェクトから得られた経験である。単独のアプローチまたはサービスでは、高齢者虐待により影響を受けた人々の複雑なニーズを満たすことはできないようである。われわれすべての者にとっての挑戦は、法律、保健医療、ソーシャル・サービス、宗教団体、および文化的な地域集団が、高齢者虐待により影響を受けた人々とともに、解決策を見いだすために協働す

ることである。われわれは、①なぜ高齢者が虐待されるのか、②害悪を修復し癒しを促進するためには何が必要なのか、そして、③家族、地域社会、および政府は、高齢者虐待の防止と解決を確実なものとするためには何を行うべきかについて、理解する必要があるのである。そのことが、高齢者がこの恐ろしい虐待という秘密を、墓場まで携えることがない、安全な地域社会を構築する上で、きわめて重要なことである。

　修復的司法プロセスは、高齢者虐待により影響を受けた人々に、変化と癒しの機会を提供する1つの選択手段である。このプロジェクトの経験が、地域社会が特別な対応を始めるための契機となること、そしてこのプロジェクトで蓄積された知識が、他の地域社会の利益となることが大切である。しかしながら、本章で紹介したこのモデルは、本来、他の地域社会の青写真となることを意図したものではないようである。ハワード・ゼアが述べているように、「多くの地域社会や文化地域の試みや実務あるいは慣習が有益である一方で、それらを地域社会または全体社会に単純に移植し組み込むことはできないし、また、そうするべきでもないのである。むしろ、それらは、異なる地域社会または全体社会が、犯罪への対応として、正義を表現する、彼ら独自の適切な方法をみつけ出した一例とみなされるべきである。これらのアプローチは、われわれにインスピレーションを与え、新しい試みを始めるための契機となるかもしれないのである」[20]。

　そうした意味からは、このカナダはオンタリオ州の「高齢者虐待に対する修復的司法アプローチ・プロジェクト」も、カナダ独得の方法であるといえるのかもしれない。しかしながら、われわれは、このカナダのアプローチから新しい知識を受け取ることはできるのである。我が国の高齢者虐待に対する対応を考える場合にも、このカナダの試みは、大いに参考となると私は思うのであるが、どうであろうか。

1)　Groh, A., *Restorative Justice : A Healing Approach to Elder Abuse*. Restoratice Justice Approaches to Elder Abuse Project, Community Care Access Centre of Waterloo

Region, Kitchener, Ontario, Canada, 2003. を基にしたものである。
2) Poirier, Donald and Poirier, Norma, *Why Is It So Difficult to Combat Elder Abuse and in Particular the Financial Exploitation of the Elderly.* 1999. [online article] Available : http://www.lcc.gc.ca/en/themes/pr/oa/poirier/index.html, pp. 68-69.
3) Waterloo Region Committee on Elder Abuse, *Elder Abuse : What You Need to Know.* Waterloo, Ontario : 2000, p. 31.
4) Wahl, J., *The Law Related to Elder Abuse in Canada.* Toronto : Advocacy Centre for the Elderly, 2001, p. 1.
5) Poirier, Donald and Poirier, Norma, *Why Is It So Difficult To Combat Elder Abuse and, In Particular, the Financial Exploitation of the Elderly* [online article] Available : http://www.lcc.gc.ca/en/themes/pr/oa/poirier/index.html, 1999, p. 20.
6) アメリカの高齢者虐待に関する原因論については、拙稿「高齢者虐待に対する議論の活性化を期待する」『罪と罰』43巻4号（2006年）50-56頁。
7) Beaulieu, M., et al, *Older Adults' Personal Relationships and the Law in Canada-Legal, Psycho-Social and Ethical Aspects.* Ottawa, Ontario : Law Commission of Canada, September, 1999, p. 70.
8) Poirier, D. and Pairier, Norma, *Why Is It So Difficult To Combat Elder Abuse and, In Particular, Financial Exploitation of the Elderly, Law Commission of Canada.* July, 1999, pp. 44-46.
9) Beaulieu, M., et al., *Older Adults' Personal Relationships and the Law in Canada-Legal, Psycho-Social and Ethical Aspects.* Ottawa, Ontario : Law Commission of Canada, September, 1999, p. 72.
10) *Ibid.*
11) Cooley, D., *From Restorative Justice to Transformative Justice, Discussion Paper.* Law Commission of Canada, No. JL2-6/1999, p. 17.
12) *Ibid*, p. 17.
13) Howard J. Zehr, *Changing Lenses : A New Focus for Crime and Justice* Waterloo : Herald, 1990, p. 180.
14) Sharpe, S., *Restorative Justice : A Vision for Healing and Change*, Edmonton, Alberta, Canada : Edmonton Victim Offender Mediation Society, 1998, p. 7.
15) カナダの修復的司法については、岸本基予子「カナダにおける修復的司法：沿革、プログラム、及び評価」藤本哲也編著『諸外国の修復的司法』中央大学出版部（2004年）329-361頁参照。
16) Derksen, W., *Confronting the Horror, The Aftermath of Violence.* Winnipeg : Amity Publishers, 2002, p. 135.
17) Liewellyn, J. et al., *Restorative Justice : A Conceptual Framework.* Ottawa,

Ontario : Law Commission of Canada, 1998, p. 39.
18) Gallager, E., et al., *A Guide to Enhancing Services For Abused Older Canadians*, Victoria, British Columbia : The Centre for Aging, University of Victoria, 1995, p. 55.
19) Cooley, D., 1999, *op. cit.*, p. 25.
20) Zehr, H., *The Little Book of Restorative Justice*. Intercourse, PA : Good Books, 2002, p. 62.

第4章
オーストラリアにおける犯罪予防

1　はじめに

　かつて犯罪学の分野において周辺的な地位に置かれていた犯罪予防の問題は、オーストラリアにおいて、過去20年くらいの間に、犯罪学者の主要な関心事となり始めたといわれている。本章においては、「状況的犯罪予防プログラム」、「発達段階にある犯罪予防プログラム」、あるいは「地域社会に基盤を置く犯罪予防プログラム」を含む、オーストラリア連邦システムの犯罪予防プログラムの発展について考察してみることにしたいと思う。そこにおいては、犯罪予防イニシアティブの厳格な評価の重要性について確認することが要求されるかもしれないのである。犯罪予防を運営・実施する者は、自らの投資に対しての効果を実証することが不可能であるという事実は、犯罪予防プログラムに関する科学的な評価や経済的分析が、いかに重要な役割をもつものであるかということを暗示するのである。

　以下においては、カメロン（M. Cameron）＝レイコック（G. Laycock）の論文を手がかりとして、オーストラリアにおける犯罪予防の現状と課題について、検討してみることにしたい[1]。

2　犯罪予防の概念化

　犯罪予防を概念化する方法はいくつか存在する。本章において採用するアプローチは、ブランティンガム（P. J. Brantingham）＝ファースト（F. I. Faust）によっ

て初めて概説されたものであり、通常は医療との対比において描写されるものである。彼らは犯罪予防を3種類、すなわち、第一次的予防、第二次的予防、および第三次的予防に区別している[2]。

健康管理と類似する「第一次的予防」は、問題が発生する前に思いとどまらせることを志向するものである。それは、ブランティンガム゠ファーストによって、「犯罪行為の機会を提供する、あるいは犯罪行為を促進する、物理的・社会的環境の諸条件を同定すること」[3]として定義づけられている。それらの体系をいくぶん簡略化すれば、第一次的予防は2つの部分、すなわち、「社会的犯罪予防」と「状況的犯罪予防」に分けられる。

「社会的犯罪予防」は、犯罪行為に対する危険因子、すなわち、貧困の緩和、保健および教育の改善、および失業の削減等に対処するものである。たとえば、社会的犯罪予防には、遵法的な行動を促進し、または無断欠席を少なくさせるといった、学校を基盤としたプログラムも含まれる。社会的犯罪予防には、また同様に、予防的な措置を講じ、監視と保護を増進するために住人を組織化させるといった地域社会プログラムも含まれるのである。

それとは対照的に、「状況的犯罪予防」は、環境に対処するものである。この状況的犯罪予防は、「環境デザインを通しての犯罪予防」（CPTED：Crime Prevention Through Environmental Design）の原則と調和する、建物の物理的な設計をデザインするだけではなく、犯罪の遂行に関連するリスクの増加、報酬・対価を減少させ、犯罪遂行のための努力を増大させ、口実を除去するといった精神面における犯罪予防に伴う、全域的な商品およびサービスをも企図することを意味するのである。第一次的予防においては、その手法は特定の一部集団ではなく、地域社会全体に応用されるのである。

他方、「第二次的予防」は、「潜在的な犯罪者の早期の発見に従事し、彼らが決して犯罪的な侵害行為を行わないような方法において、彼らの生活に介入する」[4]ものである。それは第二次的な予防医学が、病気に感染することへの高められた危険性に対して、予防接種を行うような方法で、犯罪のリスクに対して、潜在的な犯罪者に対処するものであるともいえる。それはリスクの高い近隣住

民に焦点を絞ることや、犯罪または非行にかかわるようになるリスクについて、子どもに対する早期的な介入プログラムを企図すること、あるいは「近隣紛争解決計画」(Neighborhood Dispute Resolution Scheme)を確立すること等を含むのである。

「第三次的予防」は、本質的に、刑事司法システムにかかわるものである。それは犯罪が生じてから後に対処するものであり、彼らがさらなる犯罪を行わないような方法において、既知の犯罪者の生活への介入を含むものである。それは予防的である限りにおいて、無害化 (incapacitation) や個々人への抑止を通じて行われ、そして、おそらくは刑務所における処遇の機会や、あるいはその他の量刑上のオプションを通じて提供されるのである。

本章においては、第二次的予防に関してもいくつかの言及はなされるが、どちらかといえば、第一次的予防に焦点を合わせることになる。それは、保険産業における市場原理や事実に基づいて展開されている、犯罪予防における新たな施策について議論するものではない。それゆえに、刑事司法システムの運営に関する、本質的には第三次的予防に属する施策については、ここでの関心からは外れることになるのである。

3 オーストラリアの犯罪予防政策

ある意味において、犯罪予防に関しては目新しいものは何ひとつないといってもよいであろう。ここ20年から30年の間、ドアを施錠し、自分自身の所有物に目印を付ける人々は、以前より多くなってきている。しかしながら、犯罪に対する公的な対応は、犯罪者を逮捕し、裁判所を通して彼らを処置することであり、多くの政権は、選挙のキャンペーンの際に、犯罪を厳しく取り締まることを約束し続けている。しかし、近年、このことは、対価の高い不充分なオプションであるという認識が高まっており、まず何よりも犯罪が起こることを未然に防ぐことを第一とする、犯罪を統制するための新たな方法に、政治的な関心が高まっているのである。

1980年代後半において、オーストラリアのいくつかの州政府は、増加し続ける犯罪問題に対する公共政策的対応として、犯罪予防に関心を抱き始め、犯罪予防的アプローチを開発するための方策を模索し始めたのである。有名なビクトリア州等の諸州の州政府がそれほど遅れをとったわけではないが、初めにスターティング・ブロックを蹴った功績は、サウス・オーストラリア州に与えられるべきである。

　サウス・オーストラリア州のアプローチは、一連の国際的な文献の見直しや視察の後に開発され、フランスのエピネ・スル・セーヌ（Epinay-sur-Seine）市長のボーンメゾン（G. Bonnemaison）によって開発され、同市において強く推進されたフランスのシステムに依拠したものである。フランスのシステムは、地域社会に焦点を当てたものであり、地方の市長が重要な役割を果たす、高度に構造化されたフランスの地方政府システムによって促進されるアプローチであった。フランスにおいてこのシステムの実現が可能となったのは、国および地方レベルの双方において、強固な社会主義政権による一致した協力体制があったからである。ボーンメゾン・システムの展開は、住民の社会的必要性を無視し、多くの生産的で価値のある社会的要素からのそれらを排斥することへと導いた、1960年から1970年代に展開された、多くの主要な公営住宅プログラムの観察に基づいたものであった。この観察に対する反応において、地方自治体や近隣住民は、地域社会と警察や住宅、福利厚生、教師、医師、公共交通機関、および民間セクターを含む地方政府機関との間の協力体制が奨励されるべき行動の中心的位置とみなされたのである。ボーンメゾンは、犯罪の予防を成功裏に収めるための3つの不可欠な要素、すなわち、領域の確定（フランスでは地方自治体）、地方レベルでの協力、および地方の犯罪分析に基づいた戦略等を指摘している。そのためには、すべてのパートナーを関与させ、そして、その最初の目的として、地方の犯罪の状況、性質および進展に関する正確かつ文書化された充分な裏づけのある分析をする必要があるのである。しかしながら実際には、フランスのシステムは、地方自治体と、漠然と地域社会と定義されている何ものかを越えて、犯罪の監査（crime audits）や協力体制に対してさえもほとん

ど重点が置かれぬまま、地域社会にのみ焦点を当てていると解釈されているのである。また同様に、フランスにおける中央および地方政府の双方によって、適切な戦略が余りにもあきらかであるがために、地方プログラムの進展は必要ではなく、資金提供もされていないとみなされているのである。

　フランスのモデルに付け加えて、サウス・オーストリア州政府は、より実践的ではあるが、ほとんど宣伝されてこなかったオランダの方策を利用している。オランダにおける当該アプローチは、機会の減少、公共・半公共的な空間における保護・管理の増加、および学校、研修および雇用からの若者の排斥を削減させることによって特徴づけられるものである。オランダ・モデルの最も顕著な成功の１つが、効果的であると主張された政策を実施する能力である。たとえば、1,300人もの新たな「安全、情報および統制官」(security, information, and control officers) が３つの主要都市において、市電および鉄道をパトロールするために雇用されている。もちろん、より多くの評価に値する献身的な努力があったことは確かである。ウイラムス (H. M. Willemse) は、公共交通機関、学校への不登校、公営住宅およびショッピング・センターをカバーする４つの成功を収めた状況的プロジェクト (situational project) について概説している[5]。

　犯罪学者であり、サウス・オーストリア州におけるアプローチの出現において重要な役割を果たしたアダム・サットン (A. Sutton) によれば、そこで開発された犯罪予防体系は、フランスのシステムを利用したものであったという[6]。結果として、いく人かのコメンテータは、たとえば、計画や立案、アルコールに関連した犯罪、そして最近では、犯罪マップ作りなどといった活動がなされていたにもかかわらず、当該アプローチを排他的であるとして特徴づける傾向にあったのである。1,000万ドル（オーストラリア・ドル、以下同じ）の支援金の投入を含む、サウス・オーストリア・モデルに対する初期的願望にもかかわらず、注目の的となった専門的知識や政府間の協力体制を促進するための関心にはほとんど注意が払われずに、比較的優位なテーマとしての「地域社会の開発」に向かって、政策は、いつの間にか変貌を遂げていったのである。若者や不利益な立場にあるグループの必要性に対してより敏感となるよう職員に奨励

することを狙いとした、ワークショップの助けとなるような、問題解決や提携のための警察に対する訓練は、結局のところ、中止されたのである。

サットンの後任者であるミルバンク（S. Millbank）は、一連のワーキング・グループおよび委員会の創設を含むサウス・オーストラリア・アプローチを概説している[7]。彼女は、一般的な形において、当該アプローチが、何に焦点をあてるべきであるかについては説明しているが、彼女らの活動を評価することを可能とする基準として機能するはずであるデータは何も提供されてはおらず、また、彼女らが現場で実際に行ったことに対する詳細も、何ら述べられていないということについて批判している。

サウス・オーストラリア州の施策が発展した過程についてのサットンに対する批判の多くは、ラ・トローブ大学のスタッフによる、サウス・オーストラリア州での活動に関する批判によって確実なものとなった。サットンの辞職に伴い、政策はいくぶん無目的に流れたきらいはあったが、施策そのものは、メディア好みの施策として、一連の注目を集めるような高額の補助金の乱費へと変貌していったのである。

カメロン＝レイコックがサウス・オーストラリア州の施策の進展に焦点を合わせた理由は2つある。すなわち、1つ目の理由としては、サウス・オーストラリア州の施策が、州レベルにおいて、他の施策の多くが基盤とした、1980年代後半におけるモデルを提供していることが挙げられる。2つ目の理由としては、サウス・オーストラリア州の施策が、政治的なレトリックや、犯罪とその統制の原則に関する基本的な理解を欠如していることによって、より一層の影響を与えたことである。熱意と決断力が注がれたにもかかわらず、しばしば知識と専門的技術の不足によって、犯罪防止プログラムの管理において問題が生じた。たとえば、その一例として、地域社会の関与に関連して、サウス・オーストラリア・モデルに重大な問題が生じている。犯罪防止プログラムに関係する実務家は、犯罪防止戦略の開発・展開のために地域社会に対して期待していたが、交渉し、戦略を実践する組織的で緊密に結びついた地域社会は、重大な犯罪問題によって苦しめられている不運な地域社会のなかには、めったに存在

しなかったのである。そのようなグループが存在するような場所においては、地域社会は、犯罪防止戦略を開発することをなおざりにしていたのである。当該グループに犯罪防止プログラムを進展させる術について助言するための専門的知識は、犯罪防止ユニットのなかにはほとんど存在していなかった。クイーンズランド州における調査においても、同様の問題が認識されている[8]。

　1990年代初頭、連邦政府（Commonwealth Government）は、その関心を犯罪予防へと向けていた。しかしながら、連邦政府は、州政府の管轄領域の最たるものであるポリーシング（policing）や刑罰についてはほとんど責任を有しておらず、このことが、犯罪予防戦略が連携不足であり相容れないものになっているという、考察や批判に対する答えである。

　1992年、労働党政府は、連邦政府が犯罪予防を統括する役割を果たすことを示唆するイッシューズ・ペーパー（issues paper：課題報告書）を公表した。そこにおいては、州および地方レベルにおける犯罪予防の断片的な性質について指摘しながら、「本国家政策は、犯罪とオーストラリア社会に対するその影響を減少させるための場当たり的かつ不完全な、そして大部分において連携していない、パッチワーク的な取組を克服するであろう」と述べている[9]。当該イッシューズ・ペーパーは、また、顕著な寄与をなし得る領域についても同様の示唆を試みている。そこにおいては、犯罪は一般的・社会経済的要因により影響を受けており、連邦政府は、この領域において第一次的な責任を有しているという主張を含んでいる。イッシューズ・ペーパーは、「国家経済および社会政策に対する第一次的な責任を理由に、オーストラリア政府は、犯罪活動が生起する社会環境に対処することにおいて、重要な役割を有している」[10]ということを主張しているのである。また、連邦政府は、国家的な犯罪問題に対処することにおいて、最も有効であるオーストラリア連邦、州、準州（territory）、地方政府プログラムの統合を果たす責任が存在することを主張している。犯罪予防に対する広範囲なアプローチを採用することの必要性は、1994年、「国家犯罪対策戦略」（National Anti-Crime Strategy）を開発することに取り組んだ、リーダーズ・フォーラム（Leaders' Forum）においても認識されていたのである[11]。

リーダーズ・フォーラムは、経済的・社会的要因を対象とする包括的で政府的アプローチが、犯罪予防を実施する上で必要であることに同意していた。犯罪予防は、その性質上、関与することが予定されている警察、司法部局、裁判所、矯正および少年司法機関だけではなく、福祉、教育、運輸、住宅および都市開発、地方を基盤とした政府業務、消費者問題および保健といった関係政府諸機関を巻き込むことが必要である。州および準州政府は、犯罪予防の枠組内における政府関係諸機関プログラムを首尾よく調整することを予定していた。当該フォーラムは、犯罪予防戦略を開発することにおいて、地域社会を関与させる必要性についても、また、同様に提唱しているのである。地域社会を基盤としたアプローチは、すべての関連する利害関係者、すなわち、地方の政策決定者、主要な地方ネットワーク、地方のサービス提供者、ビジネス・産業グループ、住民もしくはその代表者等を含むものである。

1997年、自由国民党政府（Liberal-National Government）のもと、法務省（Attorney-General's Department）は、以降「全豪犯罪予防」（National Crime Prevention：NCP）プログラムとして知られる「暴力と犯罪に対する全国キャンペーン」（National Campaign against Violence and Crime）を開始した。法務省は、国家犯罪対策戦略に対して主務大臣によって着手された業務活動を確立するよう試みたのである。連邦政府は1,300万ドルの予算を3年にわたって割り当て、1999年から2000年において、政府は、プログラムに対して、さらに2,100万ドルを5年にわたって投入したのである[12]。

NCPプログラムの目に見える成果には、全国的な調査プロジェクトや国家パイロット・プロジェクト、地方の犯罪予防活動、コミュニケーションおよび研修などを包括する、調査的・実務的イニシアティブが含まれている。あきらかに欠如しているのは、警察が関係するプログラムである。2000年における優先事項は、訓練、評価、犯罪への恐怖、住居侵入強盗、若者と犯罪、先住民族地域社会、および性的暴力に関する領域であった。その開始以来、このプログラムはおよそ12の報告書の出版や、その他多くのガイダンス記録および論評を公けにしている。それらのすべては、印刷物の形において入手可能であり、NCP

のウェブサイトからも印刷可能である (www.ncp.gov.au)。当該施策は、第一次的犯罪予防、それも主として社会的犯罪予防、および第二次的犯罪予防、特に早期的な介入によって特徴づけられるものである。

　NCPの出版物である『研修ニーズ査定』(*Training Needs Assessment*) は、オーストラリアにおける将来の犯罪予防の発展にとって特に重要なものである。たとえば、当該出版物は、すでに言及がなされていた技能不足に関して例証し、そのギャップを埋めることを奨励している。研修ニーズ査定の課題の一部としてアンケートに答えた犯罪予防職員（主として州および地方レベルにおいて雇用されている）のうち、わずか6％の者が、6か月以上の研修を受けている一方で、大部分の者（約80％）は、特定の犯罪予防に関する研修をたったの6日間のみしか受けていなかったのである。彼らの雇用の一部として犯罪予防活動に着手している者（30％未満）は、特に研修条項が無視されていた。その一方で、75％の者が、さらなる研修や専門的な開発を、犯罪予防のための彼らの役割を達成するために重要であるとみなしているのである。さらには、犯罪予防の領域において、多くの経験を有している者は、非常に少数にしか過ぎなかった。約20％の者が10年以上の経験を有している一方で、およそ40％の者は、3年未満の経験しか有していなかったのである。

　理想的には、犯罪予防活動は、犯罪予防関係職員が業務を行い、コンサルタント業務に従事するとともに、犯罪問題に関する体系的な査定に基づき評価されるべきである。なぜならば、参加者のおよそ70％の者が、問題解決、分析技術およびリサーチ・デザインに関する研修の必要性を中程度から高程度に認識していることをあきらかにしているからである。特に、警察関係の86％の者が、リサーチ・デザインに関する研修の必要性について言及しているのである。少ない研修期間のために、犯罪予防関係職員は、地方の犯罪問題に対処する犯罪予防プロジェクトを企図する能力や、プログラムの有効性を評価する能力、およびその成功のための重要な要因を同定する能力が制限されているのである。研修ニーズ査定プロジェクトの参加者は、オーストラリアにおける犯罪予防を、専門的な育成プログラムとはみなさずに、短期の契約、短期の労働計画、

専門職に従事する者のストレス、および機構の内外における活動などを含む、プログラムを基盤とした資金提供のすべての特性を有すものとして説明しているのである[13]。

　連邦の施策は、議論の余地を残しながらも、顕著な重点の変遷に沿って、州および地方レベルにおける興味と熱意の刷新へと導いているようである。ビクトリア州やニュー・サウス・ウェールズ州は、何らかの犯罪予防戦略を開発し実施することにおいて、地方政府を重要な政府機関の拠点とすることによって、地域社会の役割に関する問題について対処しているのである。たとえば、ビクトリア州におけるプログラムは「安全な市と州」（safer cities and shires）として知られ、地方政府のアイディアを取り込んでいるのである。地域社会の安全性を確保するために、政府やNGO、民間セクター、教育機関および地域社会グループをして、協力体制に取り込むことが非常に容易であるがゆえに、地方政府は、重要な参加者とみなされているのである。ニュー・サウス・ウェールズ州の政策決定者も、同様に、地方政府は、地方の犯罪問題の対処に関連する多くのサービスを提供し、地方の地域社会の構成員を集合させることができるがゆえに、犯罪予防戦略を開発し実施するうえで重要な役割を担っていると主張しているのである。

　2001年初頭までに、オーストラリアの州および準州の大部分が、州レベルの施策を開始または再開している。ニュー・サウス・ウェールズ州では、1996年に、「犯罪予防部局」（Crime Prevention Division）が法務省内に設立された。クイーンズランド州では、1998年に、首相府（Premier's Department）と関連する犯罪予防に関する「特別対策本部」（Task Force）を立ち上げた。同様に、ウエスタン・オーストラリア州では、司法省（Ministry of Justice）の一部として「安全なウエスタン・オーストラリア部局」を設立している。また、ビクトリア州では、2000年に設立された「犯罪予防ビクトリア」のための本部を整備しているのである。

　これら近時における犯罪予防策の具現化は、NCPの活動に、より直接的な影響を受けているように思われる、いくつかの共通したテーマがあるようである。

まず1つ目としては、活動を評価し、それらを現在の良き実務に基礎づける必要性に関して、共通の認識を有していることである。次に、データの集積および分析に関して、明確な重点が存在しており、それらがさまざまな形態において、「協力」を要請し続ける一方で、困窮している地域社会は、かなりの割合の支援と、いくつかの財源を抜きにしては、自力で困難を乗り越えることはできないという、それぞれに、異なった認識が存在しているようである。

そして、この近時の一連の流れは、インターネットによって促進されており、すべての州および準州が、犯罪予防や、何らかの形において地域社会の安全性に関するウェブサイトを有しているという状況にあるのである。もちろん、これらのサイトの内容はさまざまであるが、模範的な犯罪予防プロジェクトに関して、何が求められており、資金や助言によって支援する準備が整っていることが明確になっているサイトが良いものであることはいうまでもない。定評のある調査に従って、専門家でない者にとってもわかりやすく作られている、ニュー・サウス・ウェールズ州のウェブサイトは良い例である。概括的にいえば、たとえば、犯罪予防計画は、以下のようになっているものが良いものであるといえるであろう。

(1) 体系的な問題解決アプローチを採用しているもの。
(2) 良い実務および研究調査結果に基づいて行動しているもの。
(3) 現実的であり、達成可能であるもの。
(4) 優先的事項に焦点をあてているもの。
(5) 状況的犯罪予防と社会的犯罪予防を組み合わせたもの。
(6) 現在および将来における犯罪の予防を求めているもの。
(7) 地域社会の支援を駆使しているもの。

推奨される「問題解決アプローチ」は「良き決定は良き情報に基礎付けられる」とする見解に基づいた問題の定義から始まるので、犯罪プロファイルは、以下のような事項を含むべきであろう。

(1) 犯罪:数値、類型および発生地。
(2) 犯罪者:年齢、性別、民族、住居および犯罪に関連する因子。

(3) 被害者：被害者の特徴。

(4) 不法行為：迷惑行為、騒音行為、紛争行為の詳細。

そして正しい決定が検証を基礎としてなされることを確保するために、以下の5つの質問が注記されるべきである。

(1) それはあなたが望んでいることを、達成することを可能とするか。すなわち、どのようなことが結果として生じるか。

(2) どのような方法であなたが望んでいることを達成するのか。すなわち、どのような手法あるいは理論的根拠で達成するのか。

(3) それが機能するためには、他にどんなことが起こらなくてはならないのか。すなわち、その手法が機能するためにいかなる条件が必要であり、またそれらは存在しているか。

(4) それは他の場所においても機能するか。

(5) それは行うに値するか。すなわち、利益はコストを補ってあまりあるか。

これらの質問、そして、それらが一部を構成しているより広範囲な「問題解決アプローチ」のプロセスは、犯罪予防に関する近時の最良の実務に依拠しているのである。しかしながら、それらの実行を確保することは、まったく異なった問題であり、オーストラリア政府が地方レベルにおける犯罪予防を首尾よく提供することに対する障害として認識することが、いくぶん遅かったように思われるのである。こうした不首尾に対する理由の1つは、いまさら改めて指摘するまでもなく、警察に対する注意の喚起と警察の関与の不足である。それゆえに、今こそまさに、警察に目を向けるべき時であるといえよう。

4　オーストラリアにおける犯罪予防とポリーシング

これまでのところ、犯罪予防との関連において、警察の役割については、あまり多くのことを言及してこなかった。したがって、これから論じるポリーシングに関する多くのコメントは、犯罪が発生した際に対応すると地域社会の構成員が期待している、公的に資金提供がなされている政府機関である、州およ

び準州における警察の諸活動に限定されるものであることに注意しなければならない。つまり、ここでは、一般的にオーストラリアで議論されているような、警察以外のその他の多くのポリーシングを担当する政府機関については、議論の対象とはしていないのである。

　オーストラリアでは、これはもちろん他の国においてもそうであろうが、1980年代と1990年代の警察は、犯罪予防に関して協力的であった。この期間における数多くのスピーチのなかで、警察の上級官僚や大臣は、「犯罪予防」における「公的な」利益に対して賛意を示し、犯罪予防に対する彼らの関与を繰り返し述べてきたのである。第一次的予防における警察の関心は、通常、状況的犯罪予防や地域社会に主眼を置くものであった。たとえば、オーストラリア首都特別地域において、警察は、持ち家所有者に対して家の安全性を高め、泥棒が侵入する機会を少なくするように助言している。警察は、自動車や自転車を守る方法や、女性や子ども、そして高齢者が直面する潜在的な危険性を回避する方法などについても助言しているのである。同様に、警察は、近隣監視（Neighborhood Watch）などのプログラムの開発を支援し、隣人にお互い気を配るように推奨しているのである。それにもかかわらず、犯罪予防は、警察にとっては周辺的な活動であった。オーストラリアでは、犯罪予防は、「真の」ポリーシングとはみなされず、「柔軟な」または「専門家の」活動とみなされていたのである[14]。

　オーストラリア犯罪学研究所は、1991年の6月4日から6日にかけてキャンベラで開催された「犯罪予防に関する全豪的概観」（National Overview on Crime Prevention）と題する会議を支援し、その経過は1992年に出版されている[15]。そして、その成果は、グレイカー（A. Graycar）＝グラボスキー（P. Grabosky）共編の『オーストラリア犯罪学に関するケンブリッジ・ハンドブック』（*The Cambridge Handbook of Australian Criminology*）のなかのいくつかの論文において紹介されている[16]。犯罪防止に関する警察から地域社会への責任の転化の意義は、警察によって理解されていないわけではない。たとえば、それはニュー・サウス・ウェールズ州における犯罪予防の将来の方向性として散見されるのである。以下は、ニクソン（C. Nixon）の論文において列挙されているいくつかの成果であ

る[17]。
　(1)　州および州の施設から地域社会への問題の転化。
　(2)　小規模プロジェクトそのものは、地域社会レベルにおいて同定され実行される。
　(3)　犯罪予防は、地域社会が同定し対処し得る問題であるとみなされる。
　(4)　解決を有する政治的なシステムに対するプレッシャーが軽減される。
　(5)　経費を削減することができる。

　これらは、ある意味で、政治家や警察にとっては天からの恵みである。警察から地域社会への責任の転化は、警察を犯罪予防の困難さから抜け出させるだけでなく、経費削減をももたらすのである。このアプローチは、地域社会レベルにおいて、現代社会が直面する最も困難な問題の1つを引き受けるための能力や専門的技能および財源の不足に関する認識を示してはいないのである。最悪の問題を抱える地域社会とは、このような方法において犯罪予防にアプローチすることができそうにもない地域社会である。シャーマン（L. Sherman）はこのことについて、以下のように述べている。

　　「地域社会の犯罪予防プログラムの中心的な意義の1つは、地方の地域社会の指導者に対して、彼ら自身の犯罪予防戦略を企図させ実施させる権限を付与することにあった。この哲学は、人々を海に放り出し、自らの救命具を設計させることに等しいかもしれない。政策や犯罪的な地域社会構造を引き起こす自由市場および文化方式は、近隣住民の手に負えるものではなく、「権限の付与」（empowerment）は、これらの政策を変化させる権限を含むものではない」[18]。

　また同様に、この会議の議事録には、クイーンズランド州、ニュー・サウス・ウェールズ州、ビクトリア州、および、主としてサウス・オーストラリア州における警察主導の犯罪予防イニシアティブの全範囲をカバーする、13のワークショップが含まれているのである。サウス・オーストラリア州の警察本部長は、1995年の報告書のなかで、これらの警察イニシアティブに関して、次のように言及している。

「多くのうまくいっている犯罪予防プログラムに対するサウス・オーストラリア州警察の力強い推進力は、今でも継続している。これらの推進基盤には、近隣監視プログラム、ブルーライト・ディスコ（Blue Light Discos）、保安官クラブ（Deputies Club）、警察レーンジャーズ（Police Rangers）、学校教育、交通安全、運転教育等などを含むものである。サウス・オーストラリア州警察によって企画された、地域社会に基盤を置くプログラムは、実に23にも及んでいるのである」[19]。

もちろん、これらのイニシアティブは、政治的には成功したと判断されるかもしれないが、犯罪の減少に関して、これらイニシアティブの成功を証明するものは存在していないのである。

1980年代および1990年代初頭における警察による犯罪予防の取組みの多くは、政治的・地域社会的な支援を引き付ける一方で、対象となる犯罪の照準が明確ではなく、またデータを駆使したものでもなかった。しかしながら、かなり一般的な基準の付与、ターゲット・ハードニング（標的の防備）に関する助言、および「価値のある（motherhood and apple pie）計画」の運営等を含むものであったことはたしかである。実際に、クイーンズランド州警察における犯罪予防に関する報告書において、データ分析に依拠した強盗犯罪の研究についての説明がなされたが、問題領域を分析するに当たって、警察の犯罪予防を確認するようなデータは、必ずしも提示されていなかったのである[20]。

いくつかの点において、警察がこうした事実を自ら肯定したことは、決して驚くべきことではない。犯罪予防政策の普及に関する主要な責任は、大部分が、首相府、司法部、および法務省とつながっている、何らかの種類の中央に位置する犯罪予防ユニットに帰することができたからである。警察は、犯罪予防の協力者としてみなされてはいるが、これらの協力体制との関連においては、特に定義された役割は有していないのである。こうしたアプローチは、他の法域と対比可能であるかもしれない。たとえば、イギリスにおいては、「犯罪および秩序違反法」（Crime and Disorder Act）は、警察と地方政府が協働し、地域社会の承認とともに、地方エリアに対する犯罪減少戦略を発表することを要求してい

るのである。この戦略は、「犯罪の監査」(crime audit) に基づいていなければならない。アメリカでは、警察と地域社会が「問題解決アプローチ」(Problem-Solving Approach) を採用しつつ協働することが期待されている。たしかに、いわれている政策が実現されるべきことと、これらの国々の実務において、実際になされていることとの間にギャップがある一方で、それにもかかわらず、政策は、データに基づいたイニシアティブの適切性を強調することによって、最善の実務を反映したものとなっているのである。事実、イギリスにおける「犯罪および秩序違反法」のなかで、他の法定の政府機関とともに、警察により収集された犯罪データの共有を容易にするために、特別条項が作成されている。

しかしながら、オーストラリアにおける状況はかなり異なっているようである。たとえば、ビクトリア州におけるチーフ・コミッショナーのもとでは、司法関係局間のデータの往来は首尾一貫していなかったといわれる。このことはオーストラリア全体を通して一般的なことであり、いくつかの他の警察機関は、AIC（それ自体連邦政府によって資金供給されている）が、データの対価を支払うことさえ期待しているのである。これは基本的には所有権の問題であり、リック・サール (Rick Sarre) によって 1997 年に提示された議論に対して、若干のクレジットを与えるものであるといえる。彼は、その理由を、以下のように列挙している[21]。

(1) 犯罪を減少させる役割については、警察による誤解がある。すなわち、警察は、犯罪の減少を、単なる大衆と関係する一活動としてみなしている。
(2) 警察は相談することが難しいものであることを見いだしている。すなわち、警察は犯罪予防の任務のどの側面が共有されるべきかを決定している。
(3) 相談が生じる場合、警察は特に利害関係を有する支配的な社会階層に属する選別されたグループのみに相談するきらいがある。
(4) 警察は決して「彼らの」仕事の共有を許さない。すなわち、政府機関間の協力においてほとんど活動がなされないことは、支配的なプレイヤーが身を引き、二次的な役割を引き受けることに乗り気ではないことを示唆している。

(5) 協力的な犯罪予防の試みの結果はあいまいである。これは警察が、地域社会と責任を共有することは効果がないと、何らかの正当化とともに主張することを可能とさせている。
(6) 警察文化は、進歩を、もし不可能ではないとしたら、困難にしている。すなわち、警察の階級における地位や昇進は、犯罪予防といった漠然としたものではなく、未だに、犯罪との闘争に深く関連づけられているからである。

「必然的に」といっては誤解があるかもしれないが、これら6つの論点は、サールの問題提起を要約するものにしか過ぎない。それにもかかわらず、これら6つの論点は、オーストラリアの警察は、概して協力して働く可能性が低く、あるいは真剣に犯罪予防を講じる可能性が低いという、サールの悲観的な見解を漂わせたものとなっている。たしかにこうした指摘は、あまりにも悲観的ではあるが、首尾よく犯罪予防が、仮に警察以外の他の政府機関によって実行されたとするならば、情報の空白状態（information vacuum）においても機能し得るという前提に基づいているのである。しかしながら、犯罪情報を掌握しているのは警察である。好むと好まざるとにかかわらず、警察は、しばしば、犯罪被害者が助けを求める最初の場所となっているのである。そのことが実に警察の役割において重要な特徴となるのである。結果として、警察は、刑事司法システムにおける門番の役割を果たすのであり、効果的な犯罪予防プログラムの開発や評価に関してきわめて重要であるデータの収集において、主要な役割を演じなくてはならないのである。したがって、このことを念頭に置けば、犯罪予防における警察の関与は、現在のところ議論の余地のないものである。それはもはや警察が関与すべきかどうかの問題ではなく、どのように関与させ得るのかの問題である。サールの分析は、オーストラリアの犯罪予防が直面しなければならない困難さを例証するのに役立つものであるといえるが、おそらくこの問題は、結局のところは、州議会によって対処される必要があるであろう。

このように、データの重要性が必ずしも広く共有されているわけではないが、次第に認識されつつあるいくつかの警察地域において、進展がみられるようで

ある。たとえば、ニュー・サウス・ウェールズ州では、コミッショナーが「法の適用と犯罪評価委員会」(Operation and Crime Review Commission) を設立している。これは、ニュー・サウス・ウェールズ州の警察業務における全地域の定期的な評価を行うものであり、地方の警察署長がミーティングに招かれ、自らの地域における犯罪統計が再検討されることになっている。このプロセスは、漠然とではあるが、ニューヨークのコムスタット・モデル (COMPSTAT Model) を基盤としたものである。各地域ユニットにおける詳細な犯罪データが、コンピュータの大画面スクリーンに映し出され、地方の警察署長には、彼らの地域における犯罪多発地帯において、いかに対処すべきかに関して提案をすることが期待されるのである。同様に、各警察署長は、あらかじめ用意されたテンプレートを用いながら、各地域における特有の問題に対してどのように対処してきたかということに関する報告書を提供するのである。このことは、問題の定義、パフォーマンスの指標、行動計画、実施された施策に関する説明、効果の査定、および評価に関する説明を要求するものである。このプロセスの成果は、初期の段階においてはあきらかに可変的なものであるが、このシステムは、犯罪の減少および問題の解決に対する一連の潜在的に効果のある事例研究の蓄積のためには適切なものである。おそらくより重要なことは、どのような行動が効果的であるのかを明示することと並んで、地方の犯罪データを組織的に検証し、犯罪を減少させるために行動を起こす必要性に対して、警察の関心を引くようなメカニズムが、同様に開発されていることである。やがてこのプロセスは、犯罪防止に関して警察を活躍の場へと引き込む効果を有することになり、そこでは、警察が州および地方レベルの成長過程にある犯罪統制機構において、必ず活動しなければならないということになるのである。

　このような考え方のいくつかは、現在オーストラリアの他の地域へと伝達されつつある。たとえば、クイーンズランド州警察では、「クイーンズランド州刑事司法委員会」(Queensland Criminal Justice Commission) により、ポリーシングに対して「問題解決アプローチ」を採用することが奨励された1995年以来、コムスタット型プロセスの導入を検討している。このことは、警察に犯罪問題の根

本的な原因を探求し、それらに対処することを要求しているということを意味するのである。1999年、クイーンズランド州警察および矯正大臣は、「問題志向型・共同ポリーシングプログラム」(Problem Oriented and Partnership Policing Program) に着手したのである。このイニシアティブは、同様に、その評価を支援する CJC 職員との協議において、開発されたのである。

このように、オーストラリアのいくつかの州において、犯罪予防の実施に関して重要な助言がなされる一方で、警察の役割を増進させるための重要な機会が存在するのである。デイビッド・ブリアトン (D. Brereton) は、以下の5つの領域を取り上げており、彼はそれらを警察資源の新たな任務としてではなく、正当化および効果的な利用の一部として解釈している[22]。

(1) 結果を基礎としたプログラムや実践の評価を伴う、「何が有効か」(what works) というアプローチを採用すること。

(2) 問題があると分かっている場所および時間に対するパトロールに目標を定めることによる、通常のポリーシング業務に対する犯罪予防的な対応を構築すること。同様に、業務要請に対応する警察職員は、犯罪予防に関する助言を定期的に提供し得ること。

(3) 繰り返し被害者となる者に焦点をあわせること。被害化のリスクは各犯罪体験に伴って増加することが調査によって立証されている。警察は被害化の繰り返しを減少させることを目的とした戦略を採用することにより犯罪レベルを減少させることができる。

(4) 繰り返してなされる犯罪および法律違反を同定し対処する、問題志向的アプローチを採用すること。

(5) 地方政府、政府部局、および地域社会グループなどの組織と協働すること。

以上のことを要約し、一般化すると、オーストラリアにおけるポリーシングおよび犯罪予防の役割は以下のようになる。

(1) 犯罪予防は、伝統的に上級幹部によって賛辞されてきたが、実際には定められた目標のない方法において、若手の警察職員によって提供される程

度の低い助言にしか過ぎなかった。
(2)　警察から地域社会に犯罪予防に関して責任を転嫁することは、歓迎されることである。皮肉的にいえば、そうすることによって、警察を窮地から救うことになる。
(3)　犯罪予防政策機構は、州政府に位置づけられており、かなり受動的な協力者に過ぎない警察を含むものであった。
(4)　一方で、警察自体は、問題志向的なポリーシングや問題解決を通じて犯罪予防に貢献しており、犯罪および法律違反に関するデータに対する必要的な関心が、コムスタット型のプロセスを通じて発展している。
(5)　警察はこれまでにみられなかった方法において、調査や証拠に対して関心を払い始めている。クイーンズランド州、ビクトリア州、およびニュー・サウス・ウェールズ州に代表されるように、多くの州において、学術研究者や犯罪学の専門家との連絡や協力的な活動を開始している。
(6)　犯罪予防戦略は、通常のポリーシング業務を構成し、資源の合理的な使用を必要とする。

5　犯罪予防における学問的な関与

　全豪レベルにおいては、オーストラリア犯罪学研究所（Australian Institute of Criminology：以下 AIC と略称する）が、犯罪予防戦略を提唱し開発することにおいて、牽引的な役割を果たしてきた。AIC の最初の名誉所長であるウィリアム・クリフォード（W. Clifford）は、オーストラリア、あるいは世界的にもほとんど関心がなかった時代に、犯罪予防政策について詳細な論述を試みている[23]。大部分が AIC 職員によって起草された 1990 年の「暴力に関する全豪委員会報告書」（Report of the National Committee on Violence）は、暴力の効果的な統制に対する予防の重要性や暴力予防プログラムの有用性を決定することにおける評価の重要性を強調している。1980 年代後半から 1990 年代初頭にかけて AIC は、一連のレポートを作成することによって、犯罪予防を評価する取組みに従事し続

けた。この取組みは、今日においても、①若者と暴力犯罪予防に関する活動、②高齢者による詐欺的事犯の経験とその対処法、③公的セクターの汚職とその統制、④職場における暴力とその予防戦略等において展開されており、その他の出版物としては、最善の犯罪予防戦略に関する事例評価や所長による数多くの公的なスピーチにおける犯罪防止に関するコメント集が、顕著に重要な役割を果たしているのである[24]。

　しかしながら、AICを除いては、犯罪予防に関する学際的な関心はまばらな状態のままとなっている。ティム・プレンツラー（T. Prenzler）は、オーストラリアにおける学問的な犯罪学に関して特に批判的な人物であるが、彼は、「犯罪予防に関する応用犯罪学は疑わしい傾向にある。犯罪学における支配的なアプローチは犯罪原因に関する社会学的な分析であり、相互作用論者は、司法システムにおける欠陥を批判しているだけである」[25]。と述べている。

　近時において、サウス・オーストラリア州における犯罪予防政策の開発に関与した者の1人であるアダム・サットンは、彼の学問的な同僚に対してより批判的であり、次のようにコメントしている。「最近の犯罪予防政策、その運営、および調査研究の歴史は、オーストラリアの犯罪学の学問分野における深刻な欠陥を暴露している。犯罪学が来るべき千年祭において、その存在目的と妥当性を獲得するとした場合、認識され対処される必要性があると思われる脆弱性は、犯罪予防の分野である」ということを強調しているのである[26]。

　たしかに、そうした批判にも一理あるであろうが、しかし、そうかといって、犯罪予防研究に関して、まったく先がみえないというわけではない。オーストラリア全土において、犯罪予防に関する顕著な研究機関が存在しており、各機関の研究者は、国内のみならず国際的な場においても相当な学問的寄与をしているからである。代表的な例として、たとえば、メルボルン大学の各研究センターや、グリフィス大学、ブリスベンの刑事司法委員会、ウェスタン・オーストラリア大学の犯罪調査センター、ニュー・サウス・ウェールズ州の犯罪統計および調査局、オーストラリア国立大学の各研究者たちが含まれるであろう。さらにその上に、その他の大学での多くの個々の研究者や実務家が、犯罪予防

の研究に従事しているのである。

　こうした学問的な関心にもかかわらず、オーストラリアにおいては、残念ながら、犯罪予防戦略の評価には着手されていないようである。オーストラリアにおいて社会福祉を提供する政府機関は、しばしば、何もしないよりは何かしたほうがましであるという思考方法を保持しているようであるが、めったに評価のために資金を用いることはないようである。こうしたやり方に伴う弊害は、たしかにいくつかのプログラムは効果的であったかもしれないが、他のプログラムも、もし貴重な資源を用いることができれば、より一層効果的に機能することが可能であったかもしれないということを、事後に評価できないということである。

　また、評価がなされるところにおいては、しばしば犯罪予防の結果よりも、むしろそのプロセスに主眼が置かれているようである。たしかに、オーストラリアにおいては、事後評価に関してはあまり重要視されていないようであるが、それにもかかわらず、多くの有益な評価が存在することもたしかである。フランシス・グランツ（F. Grant）＝ピータ・グラボスキー（P. Grabosky）は、オーストラリアおよび国際的に実施されている有望な犯罪予防プログラムについて概説している[27]。

　これらの活動のいくつかについては、以下において、4つの表題、すなわち、1．酒場での暴力事犯の削減、2．早期的介入、3．再被害化および不法行為目的侵入の削減、および4．犯罪予防の費用便益、の項目の下で説明することにしたいと思う。

1．酒場での暴力事犯の削減

　オーストラリアにおいては、酒場付近での暴力や犯罪を減少させようとする試みが数多くなされてきた。これらのプロジェクトは、あきらかに警察を巻き込むものである。こうしたプロジェクトで最初に行われたものは、ビクトリア州ジーロングにおけるものである。

　1980年代の後半において、ジーロングの中央ビジネス地区は、酒場をはしご

する者と関連する暴力や犯罪の問題に直面していた。そこでの問題は、未成年者の飲酒、ひどい泥酔状態に陥ること、酒場の外での飲酒、飲酒しながらの酒場間の徘徊や泥酔状態での運転しながらの移動等を含むものであった。酒場は、重度の飲酒を促すような「スペシャル」を提供し、ひどく酩酊している者へ酒を出し、1回入場料を支払えば無制限に再入場を認めるなどして、多くの問題を抱えていた。このような環境は、常連が最も良い待遇を求めて酒場から酒場へと移動することを促していたのである。

1993年、警察、酒類販売免許許可委員会 (Liquor Licensing Commission) およびパブの経営者等が、こうした問題に対処するために、「協定」(Accord) として知られる政策を開発するために、一致協力したのである。「協定」は、入場料を課し、再入場を認めないことによって酒場間の移動を制限し、フリードリンクを提供しないことによって、アルコールの過剰摂取を制限し、プロモーションやハッピーアワーを制限し、一杯あたりの最低価格を統一する規定等を含むものであった。さらに、警察は、未成年者の飲酒を止めさせるために、犯罪者を逮捕するのではなく、違法なカード使用者から身分証明書を押収し、または、酒場への入場の際に写真付の身分証明書を要求することにより、酒場のはしごを制限する法律を執行したのである。若者にとっての魅力の1つは、酒場が提供する質の高いエンターテイメントであることから、合法的な「ナイトクラブ」を若者に利用可能とするために、ディスコを設置したのである。

ジーロングにおける酒場に対する「協定」の統一的適用は、暴力および犯罪の減少へとつながる結果を招来した。若者が早く帰宅するような状況が観察され、多数の若者がもはやビジネス中心街にいないことがあきらかとなった。警察統計も、また同様に、深刻な暴行の減少を記録している。協定前の1988年から1989年では、ジーロング中央ビジネス街は、他の比較可能な繁華街に比べて暴行の程度が52％高いと記録されていたが、協定が導入されてからは、1993年に至るまで暴行率は減少し、比較可能な繁華街に比べて63％も低いものとなっていたのである。

クイーンズランド州においても類似のプロジェクトが実施されている。ジー

ロング協定の主要な関心事が未成年者の飲酒であったのに対して、クイーンズランド州でのプロジェクトは、酒場周辺における暴力および犯罪を減少させようとするものであった。このプロジェクトは、初めに、応答的規制を実現するための「共同体行動モデル」(Community Action Model) を用いながら、サーファーズ・パラダイス (Surfers Paradise) において実施された。当該モデルは、特に、地方の状況に関連させたものであり、アルコールの提供だけではなく、環境の物理的設計や、社会的風潮、あるいは警備員の選別および訓練、マネージャーと監視官の間の隠された「取引」をも考慮したものであった。当該アプローチは、酒場の運営を、法および規則が執行されている地方の地域社会へと統合するものであったのである。

サーファーズ・パラダイス・プロジェクトは、1994年から1996年までの間に、ケアンズやタウンスビル、およびマッケイなどでも再現された。プロジェクトが導入される前後において、これら3つの都市における酒場において観察がなされ、繁華街に関する警察統計も、同様に分析された。この観察研究では、酒場におけるあらゆる攻撃的・暴力的な行動形態が減少したことが見いだされている。タウンスビルのデータは、少ない数値に基づいているために明確な結論を引き出すことはできないが、ケアンズおよびタウンスビルにおいては、実施期間にわたって、ほとんどの種類の街頭犯罪が減少したことを、警察のデータは示しているのである。マッケイにおいては、警察統計に同様の減少がみられなかったことから、プロジェクトはほとんど影響を与えなかったようである。

2．早期的介入

このクイーンズランド州における暴力削減に関するプロジェクトは、現在では状況的犯罪予防論から早期的介入論へとその関心を移行させたロス・ホメル (R. R. Homel) によって検証されている。ホメルは、早期的介入において機能するものは何かについて再検討を行い、割り当てられた任務を実行するために、優秀な間領域的複合チームを設置するための「全豪犯罪予防協会」(National Crime Prevention Association) による資金が、ホメルに、提供されていたのであ

る[28]。1999年に「全豪犯罪予防協会」によって出版された報告書『予防への道筋』(Pathway to Prevention)は、若者は、彼らの人生における特定の段階において、犯罪およびその他の反社会的行動に関与する危険性が高いということを示唆している[29]。当該報告書は、5つの重要な領域、すなわち、幼年期、家庭、学校、生活、および地域社会と文化的要因を抽出しているのである。ここで取り上げられている各領域における危険因子は、以下のようなものである。

(1) 幼年期：気質の調整が困難であり、社会的スキルが貧困である。
(2) 家庭：親の監督やしつけが貧困である。薬物乱用、家族内での暴力および不調和、長期にわたる親の失業、および虐待・ネグレクト。
(3) 学校：学校での失敗、逸脱的な仲間集団、いじめ、不適切な行動監督。
(4) 生活：離婚および家族の離散、家族構成員の死別。
(5) 地域社会および文化：低所得と粗末な住居、隣人の暴力と犯罪、支援サービスの欠如。

『予防への道筋』と関連して、クイーンズランド大学のグループが、子どもの問題行動に対処するための「子育て介入プログラム」(Parenting Intervention Program)を開発している[30]。行動上の問題は、子育ての技術が不足していることや、家族内での争いごと、および婚姻生活の破綻などに起因している。これらは、しばしば、若者が温かみや肯定的な関係が不足し、不安定な愛着や、厳格で堅く、または矛盾した規律、不適切な監督といった環境のなかで育っていることを意味しているのである。3つのP、すなわち、Positive(積極的な) Parenting(子育て) Program（プログラム）は、これらの問題に対して多様なレベルのプログラムを通じて対処するものであるというのである。

(1) レベル1：メディアやプロモーション・キャンペーンを通じて親に情報や資源を提供する。
(2) レベル2：軽度の行動上の問題を伴う子どもの親に対して、1回から2回のセッション（早期に予期される発達上の指導）を提供する。
(3) レベル3：軽度から中程度の行動上の困難を伴う子どもに対して、スキル訓練に関する4回のセッションを課す。

(4) レベル4：より深刻な行動上の困難を伴う子どもの親に対して、8回から10回の訓練セッションを行う。

(5) レベル5：複雑な子育ての困難が、婚姻上の対立、親の鬱、あるいはストレスから生じる場合、拡張された家族介入プログラムが構築される。

当該「積極的な子育てプログラム」(Positive Parenting Program)は、クイーンズランド大学によって20年間にわたって行われた一連の検証された評価を通じて開発されたものである。当該評価は、親が肯定的な子育て戦略を採用し、家庭内での行動上の変化を促進することができることをあきらかにしている。当初の調査の後、当該研究は、婚姻上の対立や鬱などを経験している親に対する訓練を精査している。他の研究では、破壊的な行動を示す3歳児の親に対する訓練を評価している。より近年の研究は、早期に始まった問題行動を伴う子どもの親に対する介入の程度別の効果を比較しているのである。

クイーンズランド州の「平和構築者プログラム」(Peacebuilders Program)は、学校内の暴力を減少させ、予防することを目的としたプログラムである。当該プログラムは、彼ら子どもの環境における思考方法や行動方法を変化させることを企図したものである。反社会的行動の危険因子を同定し、若者や、学校および地域社会内の肯定的な特性を開発しようとするものである。当該プログラムに対しては、4つの重要なメッセージが存在する。

(1) 酷評することはやめよ。

(2) 賞賛せよ。

(3) 思慮深い人々を求めよ。

(4) 痛みや正誤に注目せよ。

1997年に行われた初のパイロット・プロジェクトの評価は、以下のように結論づけられている。

(1) 運動場は幸せで友好的な場所であり、子どもは他の子どもとより積極的にかかわっている。

(2) 放課後の居残りや停学および無断欠席の数に減少がみられた。

(3) 生徒および両親からの満足度が増加したことを学校意見調査は示してい

る。
(4) 学校での学習レベルは、多くの子どもたちにとって、向上したことが認められる。そして、そうした子どもたちは、彼らの読書レベルを、彼らの生活年齢以上に増加させているのである。
(5) 親が学校に対してより大きな関心をもつようになったことを述べている。
(6) 職員の転職が劇的に減少している。
(7) 学校に対する警察の出張サービスが顕著に減少した。

3．不法目的侵入の削減と再被害化の防止

　オーストラリアにおいて近時出現している研究領域は、不法目的侵入の削減と再被害化の防止に関する研究である。この関心は、不法目的侵入後の再被害化は可能性が大であるということを証明した大量の国際的な研究、それも主に英国の研究に影響を受けて進展したものである[31]。特に、オーストラリアにおいては、不法目的侵入の可能性はそれほどでもないのに比べて、一度侵入された家族は、侵入されなかった家族と比べて、再度の不法目的侵入の危険性がより高いのである。この事実は、犯罪予防の取組みに焦点を絞る政策に対して有意義な示唆を与え、オーストラリアの研究者は、オーストラリアにおいて繰り返される、不法目的侵入の空間的・時間的傾向の調査を開始したのである[32]。

　英国の研究も、また、不法目的侵入と再被害化との関係性について、その理由に関する調査を開始している。その理由、すなわち、侵入された家屋はなぜ再被害化の危険性が高いのかは、犯人がそこには盗むに手ごろな物があることを知っているとか、被害家屋周辺の道をよく知っているとか、あるいは、そうした知識を仲間に伝達することから、同様の不法目的侵入が繰り返されるのではないかといったような、「事象の従属性」（event dependency）を理由とするものなのか、あるいは、「リスクの異種性」（risk heterogeneity）といわれる、不法目的侵入の危険性は、住居ごとに一定ではなく、以前の不法目的侵入は、この特定の不動産に従属して存在する、より根本的な危険性を示唆する指標にしか過ぎないのか等が、吟味される必要があるのである[33]。

フランク・モーガン (F. Morgan) は、パース居住地区に対する過去5年間の不法目的侵入および未遂に関する警察記録を分析することにより、この議論に加わり、「リスクの異種性」を認識することの重要性を指摘している。繰り返される犯罪は、繰り返す犯罪者、異なる犯罪者、および犯罪者間のコミュニケーションを可能とする機会的な要因に起因しているのである。「リスクの異種性」は、家屋の物理的場所や時が経つにつれて起こるような再犯の蓋然性を理解することに関連する危険因子を強調するのである。

　モーガンは、ウエスタン・オーストラリア州パース郊外に位置するパークビルにおいて研究を実施した。パークビルは、広範囲な住宅地から成り、家計収入および犯罪率からみても、潜在的な不法目的侵入者にとって多かれ少なかれ魅力的な地域社会となっている。分析のために、モーガンは、「リスクの異種性」の意義を実証するために、低い不法目的侵入率と高い不法目的侵入率によって特徴づけられる2つの領域に、パークビルを類別している。モーガンによれば、再被害化に関する研究の欠点は、短期間の調査期間内での再度の不法目的侵入を考慮に入れることができないというその方法論にあった。再犯の時間的経過を調査するために、モーガンは、「生存分析」(survival analysis) として知られている、犯罪者の再犯研究において開発された方法論を用いている。この統計的アプローチは、異なる地域における「ハザード率」(hazard rate) を証明するための推計値を算出するものである。

　モーガンは、パークビル内における再度の不法目的侵入に関して、異なる傾向が存在することを見いだしている。高い危険性のある地域は、1930年から1940年代に建設された古い住居から構成されている。この地域では、不法目的侵入および再度の不法目的侵入率が高く、特定地域において不法目的侵入が集中するが、しかし、再度の不法目的侵入はすぐには発生していなかった。モーガンによれば、そのような地域においては、犯罪者とその後の不法目的侵入との間には、必然的な関連性は存在しなかったのである。

　パークビルの危険性の低い地域は、1950年代以降に建設された家屋によって特徴づけられている場所である。ここでは、不法目的侵入の危険性は低いが、

最初の不法目的侵入後の何か月か後において、再度の不法目的侵入の危険性が高まっていることをモーガンは見いだしているのである。この地域では、不法目的侵入者は侵入した場所にもう一度戻ってくるか、あるいは、他の不法目的侵入者に情報を与えているようである。再度の不法目的侵入は、住居および場所に付随する因子および不法目的侵入に付随する因子によって発生することがわかるとモーガンは結論づけている。この研究結果は、政策開発および犯罪予防戦略の実施にとって重要である。たとえば、モーガンは、犯罪予防戦略としては、最初の被害家屋の近くに位置する住居に、不法目的侵入を防止するための施策を展開することが重要であることを示唆しているのである[34]。

再度の被害化に関する多くの犯罪予防戦略が、オーストラリア国内において実施され評価されている。近時、ニュー・サウス・ウェールズ州警察は、州内の２つの都市において行われた家宅侵入削減プロジェクトに関する評価を完了させている。当該プロジェクトは、再度の被害化の影響を受けやすい家主に焦点をあて、家屋の安全性を高めるためることを彼らに奨励している。「安全都市家宅侵入削減プロジェクト」(Safer Towns and Cities Housebreaking Reduction Project) が、シドニーのアッシュフィールドとニュー・サウス・ウェールズ州の一部であるミッド・ノース・コーストにおいて、1999 年に打ち立てられた。標準的な警察の対応の一部として、当該プロジェクトは、以下のようなことを目的としているのである[35]。

(1) 家宅侵入レベルの全体的な削減に寄与すること。
(2) 家宅侵入に対する再度の被害化を削減すること。
(3) 家宅侵入を行った犯罪者および財物窃盗に関連する犯罪の捜査を強化すること。
(4) 警察業務の対応（リスク評価、セキュリティに関する助言、被害者支援および標的強化を含む）の質を向上させること。
(5) 犯罪予防の責任を持たせるために居住者間のホーム・セキュリティに関する認知度を増大させること。

同研究は、同等の人口を有する隣接するアッシュフィールドとミッド・ノー

ス・コースト地域を比較することが企図されていたのである。

　当該プロジェクトは、多数の介入策を伴うものであった。警察が、セキュリティの問題と再度の被害化の可能性を同定するために、初動捜査の際に住居に対して用いる、セキュリティ評価が企図された。そして、セキュリティ評価を実施し、初動捜査の際に即座に近隣住民を念入りに捜査するために、警察の訓練が強化された。犯罪者の認知率（rate of detection）を増加させるための指紋採取キットの購入と、職員の訓練をすることによって、指紋採取率を増加させている。同様に、警察の任務は、再犯者をも焦点としている。さらに、犯罪の報告を受けた後の1週間、アッシュフィールドとミッド・ノース・コーストの警察署は、被害者に対して、被害者支援パッケージ（Victim Support Package）を発送している。ポリーシングにおけるボランティア・グループは、行政上の活動やフォローアップ・インタビューのほとんどを引き受けた。警察は、再度の被害化の影響を受けやすい、犯罪多発地帯（hot spot）における住居に対する標的強化作戦を実施し、窓やドアに施錠を導入するための支援を提供している。最後に、家屋の安全性に関する認識を向上させるために、各地域におけるすべての住民に手紙を配布するなどの公共教育が行われたのである。

　評価によれば、いくつかの戦略が効果的であったことを見いだしている。アッシュフィールドとミッド・ノース・コーストにおける住居に対する不法侵入は、1998年から1999年までの間で、それぞれ29％と9％減少している。研究者は、この事実を介入の結果と評価することはしなかったが、それは、ニュー・サウス・ウェールズ州全体で、広範囲の不法侵入事犯の減少傾向がみられたからである。アッシュフィールドでは、名高い犯罪者の拘禁と釈放および警察の捜査活動が、結果に寄与したかもしれないと推測されている。そして、当該研究は、将来の活動において考慮する必要があるいくつかの問題を、同定しているのである。たとえば、ミッド・ノース・コーストにおける警察活動は、町や地方の住宅の多様性が、戦略の実施を困難にさせていたと信じられている。住宅への不法侵入のレベルが低下した一方で、再度の被害化は、予期していた程度には減少しなかったからである。研究者は、再度の被害化を測定すること

の方法論的な困難性を同定しているが、海外で経験したような同様の減少傾向は、再犯に関する概念の相違のために、オーストラリアでは経験しないであろうと主張しているのである。犯罪者の捜査の増加が、指紋採取の増加を理由に予測されたが、当該プロジェクト地域においては、何らの事態も生じなかった。このことは、比較対象地域における指紋の増加に起因するかもしれないのである。

研究者は、介入が顕著な形においては再度の被害化に影響を与えていないのに対して、被害者や警察は対応に満足しているという結果を見いだしている。タプリン（S. Taplin）とほかによれば、「不法目的侵入の被害者や警察は、プロジェクトの介入、特に、セキュリティ評価や被害者フォローアップ、および指紋収集者によるサービスに関しては、非常に肯定的である」とのことである[36]。しかしながら、本研究においては、結果的に有効なのは、警察の助言ではなく、被害者の経験そのものが、家を所有している者をして、彼らの家の安全性を改善させるように導くのではないかということを示唆しているのである。

クイーンズランド州においても、いくぶん類似したプログラムが実施されている。「ビーンリー地域家宅侵入削減プロジェクト」（Beenleigh Break and Enter Reduction Project）は、3段構えの対応、すなわち、①被害家屋への対応、②危険な場所への対応、および③犯罪多発地点への対応から構成されている。

被害家屋への対応は、家宅侵入の現場となった住居に対して、警察が、セキュリティ評価に着手し、予備捜査を行い、家宅侵入歴の評価を行う一方で、居住者に、犯罪予防に関する印刷物を配布することなどを行うものである。同様に警察は、必要に応じて近隣住民に安全性を強化することを促すのである。

危険な場所への対応は、複数の家宅侵入を予防することを目的としており、過去12か月間において家宅侵入の影響を受けた住居に焦点を合わせるものである。このプログラムにおいては、専門的なプロジェクト職員が、いかなる条件が再度の被害化に寄与したのか否かを査定するために被害者宅を訪れる。そして、居住者に対して安全性を改善するための方法をアドバイスすることと並んで、携帯防犯アラーム（portable security alarm）のような装置を貸与するので

ある。近隣住民に対しても、同様に、犯罪予防に関するアドバイスが与えられる。さらには、臨時の警察パトロールが危険地域に対して振り向けられるのである。

犯罪多発地点への対応は、家宅侵入率が非常に高い地域に関心を向けるものである。犯罪多発地点において、警察およびボランティアがすべての居住者に対して無料の住宅安全評価（home-security assessment）を提供し、所有物に対して目印を付けることをアドバイスするのである。警察は、被害にあった地域周辺のパトロールを増やし、居住者は、近隣監視（neighborhood watch）を実施することを奨励されるのである[37]。

評価は2つの側面を中心に試みられた。プログラムに関する再度の家宅侵入の側面からは、12か月間にわたって実施され、先行する12か月間における家宅侵入の度合いとの比較がなされた。同様に、ビーンリー周辺の同規模の地域（研究地域と隣接する地域）との比較がなされている。再度の家宅侵入は、調査期間にわたって減少していたことがあきらかとなっている。被害者に対する再度の家宅侵入は16％減少し、事件数は15％減少していた。その他の対照地域においては、再度の被害化率が18％減少していた一方で、ビーンリー地域に隣接する対照地域においては、86％増加していたのである[38]。

犯罪多発地域研究が、妥当な地域と同定された2つの場所において、3か月間にわたって実施された。そこで用いられた戦略は、たしかに介入期間においては家宅侵入を減少させたが、ひとたび計画が終了してしまうと効果は続かなかったのである。対照地域において、「転移の影響」（displacement effect）は見いだされなかった。プロジェクトの一部が、再度の被害化に費やされた一方で、それはまた、家宅侵入全体の評価を伴うものであった。対照地域においては犯罪の減少がみられたのに対して、ビーンレー地域においては、試験期間中に増加がみられたのである。しかし、この増加は、130回の家宅侵入を行ったと推定される1人の犯罪者によるものであった。そのために、この事実に基づいて修正を加えた後では、家宅侵入率の減少は、2％であったのである[39]。

「刑事司法委員会」（Criminal Justice Commission）によれば、プロジェクトの達

成は、ポリーシングに対して影響を有するものであるということである。たとえば、警察職員は、著しい業務負担の増加なしに、被害者の犯罪予防ニーズに対処することに成功したと結論づけられているからである。

　サウス・オーストラリア州では、自らが不法目的侵入の被害者であったボランティアが、犯罪予防プログラムに中心的にかかわってきた。彼らは被害者宅を訪問し、犯罪予防に関する助言を与えている。この研究は、アデレードの2つの警察部局、すなわち、ノーウッド　およびディ・ツリー・ガリにおいて、1998年11月から2000年1月までの間に実施され、再度の家宅侵入について、対照地域との比較がなされた。不法目的侵入の捜査の間、警察は、不法目的侵入の被害者にプログラムに参加するよう要請した。被害者は、彼らの地域における介入戦略を実施するために訓練され、それは以下のようなことを含むものであった。
　(1)　非公式的な被害者支援。
　(2)　ボランティアによって行われた安全性検査に基づく、安全性に関する助言。
　(3)　所有物に対して目印を付ける場合の、目印を付けた者同士の連携。
　(4)　特に、不法目的侵入を防ぐ道具の支給を通じての近隣住民との接触。
　(5)　他の政府機関への照会・委託。
　さらに、ディ・ツリー・ガリ地域における不法目的侵入の被害者には、無料で、200ドルの価値のあるドアロックの支給および取付けがなされた。
　当該プロジェクトは、再度の被害化を減少させることに成功したのである。対照地域において、再度の被害化が段階的に増加した一方で、介入地域においては、安定したままであった。しかしながら、介入は、必ずしも不法目的侵入の件数を減少させてはおらず、介入地域における不法目的侵入率は、対照地域に比べて、むしろ増加していたのである。警察は、ノーウッドよりもディ・ツリー・ガリのプロジェクトにおいて、不法目的侵入の被害者に対して介入することに成功しており、このことは、再度の被害化の削減の程度において反映されていると、モーガンは報告しているのである。また、同様に、当該研究は、

ノーウッドにおける不法目的侵入の増加に関して説明することは不可能であるが、上記において議論したビーンレーおよびミッド・ノース・コースト地域のように、当該地域において活動している不法目的侵入者数の増加がその原因であったかもしれないということを示唆していると、モーガンは述べているのである。最後に、被害者に焦点をあてた再度の不法目的侵入に関する戦略は、達成目標を支援するものであったと、モーガンは結論づけているが、プロジェクトの成功は、プロジェクトへの被害者の委託を促進する警察活動の成功に依存しているように筆者には思われるのである[40]。

サウス・オーストラリア州の家宅侵入プロジェクトにおけるボランティアの関与の有効性に関しては、もちろん、正当な評価を受けなければならない。プログラムの評価は、プロジェクトにおけるボランティアの関与の程度、ボランティアの訓練、彼らの介入および介入により推奨したことに対する被害者の反応等について調査がなされた。事実、46人のボランティアが訓練され、993人の被害者に対して介入がなされた。不法目的侵入の被害者のおよそ76%が、受け取った安全性に関する助言を実行した（たとえば、ディ・ツリー・ガリは56%、ノーウッドは44%である）。介入の着手に加えて、ボランティアは評価調査を実施している。彼らが無償奉仕した1,500時間は、プロジェクトに顕著な貢献を果たしたといえる。彼らの貢献の価値は、1つの介入ごとに36.53ドルと見積もられ、当該プロジェクトの運営に対してボランティアが働いた1時間当たりでは、23.22ドルと見積もられている。犯罪予防におけるボランティアの関与は、おそらく地域社会の至るところに負担を分散させ得るが、地域社会を基盤とするプロジェクトの成功は、訓練や運営を可能とする資金に依存しているとウォルター(C. Walter)は主張している。さらに、うまくいく介入は、法務省(Attorney General's Department)のような政府機関の権威を必要とするのである[41]。

4．犯罪予防の費用便益

これはきわめて珍しいことであるが、以上において論じてきたようなプログラムが、厳密に評価されてきたのにもかかわらず、どのプログラムも費用便益

分析を受けてこなかったのである。経済的合理主義の時期においては、プログラムが効果的であるかどうかを知ることや、いずれのプログラムが、同等の費用でもって、最善の利益を達成することができるかということを知ることは、重要なことであった。犯罪予防に関する分野の費用便益評価は、開発途上の分野に属するものであり、費用便益を構成する因子は、簡単には定義されないものである。犯罪予防の費用便益に関する評価方法の提案が、近年、より一般的ないくつかの犯罪に関連して、包括的な勧告となって提言されている。たとえば、デイリ（S. Dhiri）とブランド（S. Brand）によって、犯罪予防の費用便益効果の再検討がなされている。

また、犯罪予防の費用便益に関するより一般的な説明は、ウェルシュ（B. C. Welsh）ほかによる『犯罪予防の費用便益』（*Costs and Benefits of Preventing Crime*）が著名である。この著書には、その議論に、オーストラリアの視点を持ち込んだチーザム（J. Chisholm）による論考も含まれているのである。すなわち、オーストラリアにおける刑事司法の領域、特に、発達途上にある、初期の幼年期における介入の有効性、あるいは、少年への介入策や犯罪予防の分野において実施されているプログラムに対して、いかに費用便益分析をもたらすことができたのかについて、チーザムは詳細に検討しているのである。彼は、また、同様に2つのプログラム、すなわちオーストラリアにおける性犯罪者処遇プログラムと強盗予防プロジェクトの費用便益を調査している。そして、これらの調査結果から、費用便益を考慮した犯罪予防戦略を、政策立案者や実務家が認識し企図することを手助けする物差しが、いずれ開発されるであろうと、結論づけているのである。

6　将来への展望

オーストラリアにおける犯罪予防の研究は発展を続けている。肯定的な側面として、州および地方レベルの活動は、1980年代初頭の頃よりも洗練され、世界の最善の実務を反映しているようである。よい実務の例として、1999年に

は、世界の舞台に自らの立場を置くような、「全豪犯罪予防協会」が出版した『予防への道筋』を含む、いくつかのすばらしい報告書が生み出されているのである[42]。しかしながら、結果的にみると、より一層の研究が必要な４つの特定分野があるように思われる。すなわち、それは以下の４つである。

(1) 州および地方レベルにおけるレトリックは、正しく、最善の実務を反映しているように思われるけれども、実施の際には、注意が払われる必要がある。言及されていることが、実際に行われていることに反映されているかどうかは明確ではない。

(2) 犯罪予防に関係する職員は、ほとんど訓練されていないか、さもなければ充分に支援されていないように思われる。キャリア構築のためのシステムが存在せず、資金は、不確実性を伴うプロジェクトを基盤としている。

(3) 犯罪予防政策の公式化と、路上における犯罪予防の実務への、警察のより良き統合のための緊急の必要性が存在する。警察がデータを所有していることはあきらかであり、犯罪予防活動は、犯罪分析と問題解決アプローチによって行わなければならないということも、多くの州の犯罪予防政策においてあきらかにされていたけれども、警察が実際にこのプロセスを支援しているのかどうかは定かではない。

(4) 犯罪分析を通じて開発された新しいアプローチは評価される必要がある。地方レベルにおけるデータ分析、および犯罪への証拠に基づいた対応策の開発における、技能の欠如を考慮に入れると、実務家と研究者にとって新たな施策を開発し、引き続き評価を行うための事例が存在するはずである。この種の活動研究は、「何が、どこで、なぜ機能するのか」といった一連の知識を形成することを助け、そのすべてが、一般大衆に対するサービスを向上し、犯罪を統制下におくために、必要不可欠な要素となるのである。同様に、納税者が犯罪予防への投資に関して見返りを受けることを確保すること等を伴う、費用便益に関するいくつかの考慮すべき点も、その評価においては含まれなければならないのである。

このように、オーストラリアにおける犯罪予防政策には、将来の課題がいく

つか残されているものの、政府が率先してリーダーシップを取っているところに特色があるのである。我が国においても、再犯防止の必要性が、刑事政策上の最重要課題となっている折柄、オーストラリアを初めとする諸外国の犯罪予防政策を参考にしながら、政府がイニシアティブを取って、刑事政策関係者を総動員した形での、犯罪予防政策の樹立と展開が必要なのではあるまいか。

1) Cameron, M. and G. Laycock, "Crime Prevention in Australia," Graycar, A. and P. Grabosky, *The Cambridge Handbook of Australian Criminology*, Cambridge, U.K., Cambridge University Press, 2002, pp. 313-331.
2) Brantigham, P. J. and F. L. Faust, "A Conceptual Model of Crime Prevention," *Crime and Delinquency*, Vol. 22, No. 3, 1976, pp. 284-298.
3) *Ibid.*, p. 290.
4) *Ibid.*, p. 290.
5) Willemse, H. M., "Developments in Dutch Crime Prevention," in Clarke, R. V. (ed.), *Crime Prevention Studies*, Vol. 2, Monsey, NY : Criminal Justice Press, 1994.
6) Sutton, A., "Crime Prevention : Policy Dilemmas — A Personal Account," in O'Malley, P. and A. Sutton (eds.), *Crime Prevention in Australia*. Sidney : Federation Press, 1997, p. 27.
7) Millbank, S., "Crime Prevention : A South Australian Perspective," in McKillop, S. and J. Vernon (eds.), *National Overview on Crime Prevention*. Proceedings of a conference held 4-6 June 1991, Camberra : AIC, 1992.
8) O'Malley, P., "The Politics of Crime Prevention," in O'Malley, P. and A. Sutton (eds.), *Crime Prevention in Australia*. Sydney : Federation Press, 1997, p. 262.
9) Federal Justice Office, *Creating a Safer Community : Crime Prevention and Community Safety into the 21st Century*, Camberra : AGPS, 1992, p. 39.
10) *Ibid.*, pp. 41-42.
11) Lead Ministers' Paper, *National Anti-Crime Strategy*, Adelaide : Crime Prevention Unit, SA Attorney General's Office, 1995, p. 2.
12) NCAVAC (National Campaign Against Violence and Crime), *Fear of Crime*. Canberra : NCAVAC Unit, Commonwealth Attorney General's Department, 1998.
13) Wyatt, F., Harris, R., Tedmanson, D., Carson, E., Edwards, G. and J. Bone, *Training Needs Assessment : Crime Prevention (Full Report)*, Canberra : National Crime Prevention, Commonwealth Attonery General's Department, 1999.
14) Brereton, D., "Policing and Crime Prevention : Improving the Product," in Chapell,

D. and P. Wilson(eds.), *Crime and the Criminal Justice System in Australia : 2000 and Beyond*, Sydney : Butterworths, 2000.
15) McKillop and Vernon, *op. cit.*.
16) Graycar and Grabosky, *op. cit.*.
17) Nixson, C., "New South Wales : Crime Prevention Directions for the Future," in McKillop, S. and J. Vernon (eds.), *National Overview on Crime Prevention*. Proceedings of a conference held 4-6 June 1991, Canberra : AIC, 1992.
18) Sherman, L. W., Gottfredson, D., MacKenzie, D., Eck, J., Reuter, P. and S. Bushway (eds.), *Preventing Crime : What Works, What Doesn't, What Promising*, edited for the National Institute of Justice, Washington, DC : US Department of Justice, Office of Justice Programs, 1997, pp. 2-3.
19) Hunt, D. A., "A Safer Australia," Paper presented at Crime Prevention Beyond 2000, the 17th Biennial National Conference of the Australian Crime Prevention Council, Adelaide, 19-24 November 1995.
20) Dalglish, C., "Overview of Crime Prevention in Queensland," in McKillop, S. and J. Vernon (eds.), *Natinal Overview on Crime Prevention*. Proceedings of a conference held 4-6 June 1991, Canberra : AIC, 1992, p. 94.
21) Saree, R., "Crime Prevention and Police," in O'Malley, P. and A. Sutton (eds.), *Crime Prevention in Australia*. Sydney : Federation Press, 1997.
22) Brereton, *op. cit.*
23) Clifford, W., *Crime Prevention and the Community, Whose Responsibility ? A Report on the Seminar held in Canberra, 10-14 June 1974*, Canberra : AIC, 1974. ; Clifford, W., *Planning Crime Prevention*, Lexington Books, 1976.
24) www.aic.gov.a.
25) Prenzler, T., "Guest Editorial," *Security Journal*, Vol. 10, No. 2, 1998, pp. 57-58.
26) Sutton, A., "Crime Prevention : A Viable Alternative to the Justice System ?," in Chappell, D. and P. Wilson (eds.), *Crime and Criminal Justice System in Australia : 2000 and Beyond*, Sydney : Butterworths, 2000, p. 320.
27) Gant, F. and P. Grabosky, *The Promise of Crime Prevention*. 2nd edition, Research and Public Policy Series No. 31, Canberra : Aic, 2000.
28) Homel, R. R., "Risk and Resilience : Crime and Violence Prevention in Aboriginal Communities," *Australian and New Zealand Journal of Criminology*, Vol. 32, No. 2, 1999, pp. 182-196.
29) National Crime Prevention, *Patyways to Prevention : Developmental and Early Intervention Approaches to Crime in Australia*. Canberra : National Crime Prevention, Federal Attorney-Genreal's Department, 1999.

30) Sanders, M. R., "Triple P-Positive Parenting Program : Towards An Empirically Validated Multilevel Parenting and Family Support Strategy for the Prevention of Behavior and Emotional Problems in Children," *Clinical Child and Family Psychology Review*, Vol. 2, No. 2, 1999, pp. 71-90.
31) Pease, K. and G. Laycock, "Revictimisation : Reducing the Heat on Hot Victims," *Trends and Issues in Crime and Criminal Justice*, No. 128, Canberra : AIC, 1999 ; Plovi, N., Looman, T., Humphries, C. and K. Pease, "Repeat Breal-and-Enter Victimisation : Time Course and Crime Prevention Opportunity," *Journal of Police Science and Administration*, Vol. 17, No. 1, 1990, pp. 8-11 ; Farrell, G. and K. Peace, *Once Bitten, Twice Bitten : Repeat Victimisation and Its Implications for Crime Prevention*, Crime Prevention Unit Paper No. 46, London : Home Office, 1993 ; Pease, K., *Repeat Victimisation : Taking Stock*, Police Research Group Paper No. 90, London : Home Office, 1998.
32) Townsley, M., Homel, R. and J. Chaseling, "Repeat BurglaryVictimisation : Spatial and Temporal Patterns," *Australian and New Zealand Journal of Criminology*, Vol. 33, No. 1, 2000, pp. 36-63.
33) Bottoms, A. and P. Wiles, "Environmental Criminology," in Maguire, M., Reiner, R. and R. Morgan, *The Oxford Handbook of Criminology*, Oxford : Clarendon Press, 1997.
34) Morgan, F., "Repeat Burglary in a Perth Suburb : Indicator of Short Term or Long Term Risk?," in Farrell and K. Pease(eds.), *Repeat Victimisation*, Crime Prevention Studies Vol. 12, Monsey, NY : Criminal Justice Press, 2001.
35) Taplin, S., Fletcher, W., Mckenzie, D. and B. Flaherty, *Safer Towns and Cities Housebreaking Reduction Project*, Evaluation Report, Ashfield and Mid North Coast Area Commands, Sydney : NSW Police, 2001, p. 3.
36) Taplin, et al., *ibid.*, p. 64.
37) Criminal Justice Commission Qld, *Lighting Strikes Twice : Preventing Repeat Home Burglary*, Canberra : National Crime Prevention, Commonwealth Attorney-General's Department, 2001.
38) *Ibid.*, p. 16.
39) *Ibid.*, p. 19.
40) Morgan, F., *The South Australian Residential Break and Enter Project : Outcome Evaluation*, Adelaid : Crime Prevention Unit, SA Attorney-General's Department, 2001.
41) Walter, C., *South Australian Residential Break and Enter Project : Program Evaluation*, Adelaid : Crime Prevention Unit, SA Attorney-General's Department, 2001.

42) National Crime Prevention, *op. cit.*.

初出一覧

第Ⅰ部　近代的刑務所の起源
　　　　近代的刑務所の起源
　　　　　　「近代的刑務所の起源(一) 英国のブライドウェル懲治場の歴史的展開」『法学新報』第 108 巻第 5・6 号（2001 年）77-125 頁。
　　　　　　「近代的刑務所の起源(二) 英国のブライドウェル懲治場の歴史的展開」『法学新報』第 108 巻第 7・8 号（2002 年）25-77 頁。
　　　　　　「近代的刑務所の起源(三・完) 英国のブライドウェル懲治場の歴史的展開」『法学新報』第 108 巻第 11・12 号（2002 年）53-92 頁。

第Ⅱ部　現代の刑務所
　　　　第 1 章　我が国の PFI 刑務所
　　　　　　「我が国の新しい PFI 刑務所の試み」『法学新報』第 115 巻第 1・2 号（2008 年）1-46 頁。
　　　　第 2 章　スペインの行刑制度
　　　　　　「スペインにおける行刑制度の現状と課題」『法学新報』第 114 巻第 7・8 号（2008 年）1-34 頁。
　　　　第 3 章　オーストラリアの民営刑務所
　　　　　　「オーストラリアの初期の民営刑務所の実情と課題」『比較法雑誌』第 41 巻第 2 号（2007 年）1-24 頁。

第Ⅲ部　最近の刑事政策の新しい動向
　　　　第 1 章　ブレストウェイトの恥の理論
　　　　　　「ブレストウェイトの恥の理論：恥と近代性」『法学新報』第 114 巻第 1・2 号（2007 年）27-70 頁。
　　　　第 2 章　オーストラリアにおける知的障害犯罪者
　　　　　　「オーストラリアにおける知的障害犯罪者と刑事司法制度」『比較法雑誌』第 42 巻第 3 号（2008 年）1-27 頁。
　　　　第 3 章　高齢者虐待に対する修復的司法
　　　　　　「高齢者虐待に対する修復的司法アプローチ」『比較法雑誌』第 40 巻第 4 号（2007 年）1-28 頁。

第 4 章　オーストラリアにおける犯罪予防
　「オーストラリアにおける犯罪予防の現状と課題」『法学新報』第 115 巻第 7・8 号（2009 年）1-47 頁。

索　引

事項索引

ア 行

アムステルダム懲治場　3-5, 8, 39, 108, 109
アルコホーリクス・アノニマス　288, 289
安全都市家宅侵入削減プロジェクト　327
石川島人足寄場　108
一時帰休　168, 172, 174, 177-179, 184
ウィルダーネス・プログラム　195

カ 行

改善院　46
開放処遇施設　172-177, 179-182, 184, 185
家族集団協議会　276, 286
監獄送致裁判　74
議会制定法　53, 61, 67, 76
救貧法　43-45, 48, 49, 67, 81, 88 ,90, 102, 104
教会裁判所　35, 69
矯正刑務所　33, 103
矯正サービス法　199
矯正所　77
強制労働　14
近代的自由刑　3, 4
クイーンズランド州刑事司法委員会　316
空位期間　72
警察法　103
刑事慈善院　40
刑事司法委員会　330
刑事労役場　38, 65
刑務所PFI事業　124, 139, 141, 143, 145, 146, 152, 153
ケネディ報告書　193
構造改革特区制度　141
高等法院　70, 71, 73, 74
高齢者虐待　273-295
―――に関するワーテルロー地方委員会　275
高齢者諮問評議会　284
高齢者擁護センター　277
国王裁判所　17
子育て介入プログラム　323
国家犯罪対策戦略　305, 306
混合運営施設型　124

サ 行

三振法　128
四季裁判所　42, 52, 58, 74, 78, 84, 99
社会的犯罪予防　300, 307
社会内処遇センター　128
ジャスト・デザーツ　230
修復的司法　273-295
―――アプローチ　275, 290, 291
―――プログラム　286
―――プロセス　283, 284, 286, 290, 293-295
修復的プロセス　283
主従法　15, 16, 103
巡回裁判所　74, 78
―――判事　42, 50, 55, 56, 87
荘園裁判所　17
少年処遇施設　127
職人規制法　45, 48, 90
人身保護令状　70
人的用役権　16
全豪犯罪予防　306

事項索引　343

─── 協会　322, 323, 334
善時制　162, 180
1989年量刑法　199
1740年浮浪者規制法　81
全米母親会議　233

タ　行

大内乱　12, 13, 60, 61, 75
治安裁判所　103
治安判事　41-44, 47, 49-57, 60, 61, 69, 70, 76, 78-80, 82, 84-86, 89, 99
─── 小法廷　89
地域社会内司法委員会　287, 292
地方監獄　10, 102, 103
懲治監法　87
賃金裁定　99
独居拘禁　166, 168, 170, 200

ナ　行

ネイゲル報告書　204

ハ　行

ハーフウェイ・ハウス　128
パロール　162, 163, 172, 174, 175, 180-184, 199
犯罪および秩序違反法　313, 314
犯罪防止プログラム　304, 305
犯罪予防プログラム　299, 312, 315, 320, 331
ハンドレッド裁判所　43
ビーンリー地域家宅侵入削減プロジェクト　329
PFI　123, 129, 130
─── 刑務所　123-155

─── 手法　129, 138, 139, 143
─── 法　123, 139
BOT方式　145
被害者・加害者調停　286
被害者・加害者和解プログラム　286
貧民監督官　49
ブライドウェル慈善院　24-26
ブライドウェル懲治場　3-109
ブラック法　226
浮浪者規制法　102, 103
平和構築者プログラム　324
保安処分施設　5
暴力に関する全豪委員会報告書　318
暴力予防プログラム　318
保護者委員会　80

マ　行

未決拘禁施設　165
民営刑務所　125-130, 132-136, 144, 189-191, 193, 197, 198, 200-205, 207-209
─── 型　124
民事裁判所　103
問題志向型・共同ポリーシングプログラム　317

ラ　行

量刑サークル　286, 287, 289, 290, 292
労役場　5, 6, 38, 45, 61, 65-67, 79-81, 102
─── 法　80
労働者規制法　50
労働貧民　10, 98

人名索引

ア行

朝倉京一　6
アンダーウッド（R. Underwood）
　　250, 253, 269
アンダーソン　269
市川秀雄　7
イニス（J. Innes）　105, 108, 109
井上正治　5
イリーブ（J. Ilive）　90
岩本浩史　154
ウイラムス（H. M. Willemse）　303
ウェッジ（M. Wedge）　284
ウェブ（B. Webb）　82, 88
ウェブ（S. Webb）　82, 88
ウォルター（C. Walter）　332
ウルフェンスバーガー
　　（W. Wolfensberger）　252
エドガー（D. Edgar）　70
エリアス（N. Elias）
　　216-220, 222-225, 235, 237, 245
エリクソン（T. Eriksson）　10, 23, 39
小河滋次郎　7
小川太郎　6
小野坂弘　4, 8
小野清一郎　6

カ行

ガー（E. R. Gurr）　217
ガーウィック（G. B. Garwick）　252
ガーランド（D. Garland）　229, 230, 234
ガイス（G. Geis）　237
魁生由美子　154
カメロン（M. Cameron）　299, 304

ガン（J.Gunn）　250
ギャラガー（E. Gallager）　286
ギルバート（T. Gilbert）　81
キルヒハイマー（O. Kirchheimer）　28
クーリ（D. Cooley）　280, 284
グドジョンソン（G. H. Gudjonsson）　250
クラーク（M. Clarke）　238
グラボスキー（P. Grabosky）　311, 320
グランツ（F. Grant）　320
クリスティ（N.Christie）　282
クリフォード（W. Clifford）　318
クレア（I. C. H. Clare）　250
グレイカー（A. Graycar）　311
グロ（A. Groh）　273, 275-277, 293
ケネディ（J. Kennedy）　193, 203
コイド（J. Coid）　250
コーク（E. Coke）　51
コートレス（T. F. Courtless）　250
コックラム（J.Cockram）　249, 253, 269
小沼杏坪　155
ゴフマン（E. Goffman）　240

サ行

坂田仁　7, 8, 9
サットン（A. Sutton）　303, 304, 319
シーズ（J. Cid）　159, 162, 164, 175
シェフ（T. J. Scheff）　225
シャープ（S. Sharpe）　282, 284
シャーマン（L. Sherman）　312
ジャクソン（R. Jackson）　249, 253, 269

人名索引 345

シュピーレンバーグ（P. Spierenburg）
　40
ジョージ（A. George）　198
ジョンズ（S. Jones）　231
スウィントン（M. Swinton）　250
スターンズ（C. Z. Sterns）　232
スターンズ（P. N. Sterns）　232
スチュアート（B.Stuart）　284
ストーン（L. Stone）　232
ストーンズ（M. Stones）　275
スワンソン（C. K. Swanson）　252
ゼア（H. Zehr）　282, 295
セリン（T. Sellin）　108

タ　行

ダークセン（W. Derksen）　283
瀧川幸辰　3, 8
田嶋義介　123, 154
タプリン（S. Taplin）　329
ダルトン（M. Dalton）　51
チーザム（J. Chisholm）　333
デイリ（S. Dhiri）　333
デュールセン（J. V. Deursen）　292
デュエル（H.P. Duerr）　225
土井政和　155
ドゥアー（H. P. Duerr）　219
トリビリアン（G. M. Trevelyan）
　219, 236

ナ　行

ナシュ（B. Nash）　218
仲里達雄　9
ニクソン（C.Nixon）　311
ネミッツ（T. Nemitz）　270

ハ　行

ハーディング（R. Harding）　189, 195
バーネス（H. E. Barnes）　7
ハーネット（H. Harmett）　250

パヴァリーニ（M. Pavarini）　13
長谷川永　154
ハワード（J. Howard）　90, 227
ピアーズ（J. Pearse）　250
ビーン（P. Bean）　270
ヒッペル（R. v. Hippel）　3-5, 8, 108
ファースト（F. I. Faust）　299, 300
ファインドレイ（M. Findlay）　195
フィールディング（H. Fielding）　228
フーコー（M. Foucault）　227, 229
福田平　5
藤岡淳子　155
ブラウン（B. S. Brown）　250
ブランティンガム（P. J. Brantingham）
　299, 300
ブランド（S. Brand）　333
ブリアトン（D. Brereton）　317
フリーザン（J. Friesen）　292
ブレイスウェイト（J. Braithwaite）
　213-246
プレンツラー（T. Prenzler）　319
ベッカリーア（C. Beccaria）　227
ベンスン（M. L. Benson）　240
ホーキンス（G.Hoakins）　195
ホーランド（A. J. Holland）　250
ボーンメゾン（G. Bonnemaison）
　302
ホメル（R. R. Homel）　322
ボリュウ（M. Beaulieu）　279
ボルテール（Voltaire）　227
ポワリエ（D. Poirier）　274, 278
ポワリエ（N. Poirier）　274, 278

マ　行

マーフィー（G.H. Murphy）　250
牧野英一　4
正木亮　4
マペッリ（B. Mapelli）　171
三宅孝之　155

ミルバンク（S. Millbank）　　304
メイデン（A.Maden）　　250
メロッシ（D. Melossi）　　13
モイル（P. Moyle）　　200
モーガン（F. Morgan）　　326, 331, 332
モンテスキュー（Montesquieu）　　227

ヤ　行

安平政吉　　5

ラ　行

ラ・ブルイエール（La Bruyére）　　217

ラター（S. Rutter）　　250
リンデン（R. Linden）　　275
ルッシェ（G.Rusche）　　28
レイコック（G. Laycock）　　299, 304
ロコウィッツ（M. Rockowitz）　　250
ロス（R. Ross）　　284

ワ　行

ワール（J. Wahl）　　277

藤　本　哲　也
<ruby>ふじ<rt></rt></ruby>　<ruby>もと<rt></rt></ruby>　<ruby>てつ<rt></rt></ruby>　<ruby>や<rt></rt></ruby>

1940 年 12 月 18 日　愛媛県に生まれる
1963 年　　中央大学法学部法律学科卒業
1965 年　　同大学院修士課程法学研究科刑事法専攻修了（法学修士号取得）
1969 年　　同大学院博士課程法学研究科刑事法専攻単位取得満期退学
1970 年　　フロリダ州立大学大学院修士課程犯罪学部修了（犯罪学修士号取得）
1975 年　　カリフォルニア大学大学院博士課程犯罪学部修了（犯罪学博士号取得）
現　在：中央大学法学部教授，日本刑事政策研究会理事

〈著　書〉

『Crime and Delinquency among the Japanese-Americans』中央大学出版部（1978年）／『犯罪学講義』八千代出版（1978年）／『新講犯罪学』（共編）青林書院新社（1978年）／『犯罪学入門』立花書房（1980年）／『新しい犯罪学』八千代出版（1982年）／『演習ノート刑事政策』（編著）法学書院（1982年）／『犯罪学緒論』成文堂（1984年）／『講義刑事政策』（共編）青林書院新社（1984年）／『刑事政策概論』青林書院（1984年）／『刑事政策』中央大学通信教育部（1984年）／『社会階級と犯罪』勁草書房（1986年）／『犯罪学要論』勁草書房（1988年）／『児童救済運動』（共訳）中央大学出版部（1989年）／『刑事政策あ・ら・かると』法学書院（1990年）／『刑事政策の新動向』青林書院（1991年）／『現代アメリカ犯罪学事典』（編）勁草書房（1991年）／『刑事政策20講』青林書院（1993年）／『うちの子だから危ない』集英社（1994年）／『Crime Problems in Japan』中央大学出版部（1994年）／『青林法学双書　犯罪学』（共編）青林書院（1995年）／『犯罪学の散歩道』日本加除出版（1996年）／『諸外国の刑事政策』中央大学出版部（1996年）／『続・犯罪学の散歩道』日本加除出版（1998年）／『ホワイトカラー犯罪の法律学─現代社会における信用ある人々の犯罪』（監訳）シュプリンガー・フェアラーク東京（1999年）／『民衆司法─アメリカ刑事司法の歴史』（監訳）中央大学出版部（1999年）／『刑事政策の諸問題』中央大学出版部（1999年）／『犯罪学者のひとりごと』日本加除出版（2001年）／『犯罪学者のアメリカ通信』日本加除出版（2002年）／『犯罪学原論』日本加除出版（2003年）／『犯罪学の窓』中央大学出版部（2004年）／『諸外国の修復的司法』（編著）中央大学出版部（2004年）／『犯罪学研究』中央大学出版部（2006年）／『犯罪学の森』中央大学出版部（2007年）／『性犯罪研究』中央大学出版部（2008年）

刑事政策研究
日本比較法研究所研究叢書（78）

2010 年 3 月 30 日　初版第 1 刷発行

著　者　藤　本　哲　也
発行者　玉　造　竹　彦
発行所　中央大学出版部
〒 192-0393
東京都八王子市東中野 742-1
電話 042-674-2351・FAX 042-674-2354
http://www.2.chuo-u.ac.jp/up/

© 2010　藤本哲也　　ISBN978-4-8057-0577-3　　㈱大森印刷

日本比較法研究所研究叢書

1	小島　武　司　著	法律扶助・弁護士保険の比較法的研究	A5判 2940円
2	藤本　哲也　著	CRIME AND DELINQUENCY AMONG THE JAPANESE-AMERICANS	菊判 1680円
3	塚本　重頼　著	アメリカ刑事法研究	A5判 2940円
4	小島　武司／外間　寛　編	オンブズマン制度の比較研究	A5判 3675円
5	田村　五郎　著	非嫡出子に対する親権の研究	A5判 3360円
6	小島　武司　編	各国法律扶助制度の比較研究	A5判 4725円
7	小島　武司　著	仲裁・苦情処理の比較法的研究	A5判 3990円
8	塚本　重頼　著	英米民事法の研究	A5判 5040円
9	桑田　三郎　著	国際私法の諸相	A5判 5670円
10	山内　惟介　編	Beiträge zum japanischen und ausländischen Bank- und Finanzrecht	菊判 3780円
11	木内　宜彦／M・ルッター　編著	日独会社法の展開	A5判 (品切)
12	山内　惟介　著	海事国際私法の研究	A5判 2940円
13	渥美　東洋　編	米国刑事判例の動向 I	A5判 5145円
14	小島　武司　編著	調停と法	A5判 4384円
15	塚本　重頼　著	裁判制度の国際比較	A5判 (品切)
16	渥美　東洋　編	米国刑事判例の動向 II	A5判 5040円
17	日本比較法研究所　編	比較法の方法と今日的課題	A5判 3150円
18	小島　武司　編	Perspectives on Civil Justice and ADR : Japan and the U.S.A	菊判 5250円
19	小島／渥美／清水／外間　編	フランスの裁判法制	A5判 (品切)
20	小杉　末吉　著	ロシア革命と良心の自由	A5判 5145円
21	小島／渥美／清水／外間　編	アメリカの大司法システム(上)	A5判 3045円
22	小島／渥美／清水／外間　編	Système juridique français	菊判 4200円

日本比較法研究所研究叢書

23	小島・渥美・清水・外間 編	アメリカの大司法システム(下)	A5判 1890円
24	小島武司・韓相範 編	韓国法の現在(上)	A5判 4620円
25	小島・渥美・川添・清水・外間 編	ヨーロッパ裁判制度の源流	A5判 2730円
26	塚本重頼 著	労使関係法制の比較法的研究	A5判 2310円
27	小島武司・韓相範 編	韓国法の現在(下)	A5判 5250円
28	渥美東洋 編	米国刑事判例の動向Ⅲ	A5判(品切)
29	藤本哲也 著	Crime Problems in Japan	菊判(品切)
30	小島・渥美・清水・外間 編	The Grand Design of America's Justice System	菊判 4725円
31	川村泰啓 著	個人史としての民法学	A5判 5040円
32	白羽祐三 著	民法起草者穂積陳重論	A5判 3465円
33	日本比較法研究所 編	国際社会における法の普遍性と固有性	A5判 3360円
34	丸山秀平 編著	ドイツ企業法判例の展開	A5判 2940円
35	白羽祐三 著	プロパティと現代的契約自由	A5判 13650円
36	藤本哲也 著	諸外国の刑事政策	A5判 4200円
37	小島武司他 編	Europe's Judicial Systems	菊判(品切)
38	伊従寛 著	独占禁止政策と独占禁止法	A5判 9450円
39	白羽祐三 著	「日本法理研究会」の分析	A5判 5985円
40	伊従・山内・ヘイリー 編	競争法の国際的調整と貿易問題	A5判 2940円
41	渥美・小島 編	日韓における立法の新展開	A5判 4515円
42	渥美東洋 編	組織・企業犯罪を考える	A5判 3990円
43	丸山秀平 編著	続ドイツ企業法判例の展開	A5判 2415円
44	住吉博 著	学生はいかにして法律家となるか	A5判 4410円

日本比較法研究所研究叢書

45	藤本哲也 著	刑事政策の諸問題	A5判 4620円
46	小島武司 編著	訴訟法における法族の再検討	A5判 7455円
47	桑田三郎 著	工業所有権法における国際的消耗論	A5判 5985円
48	多喜 寛 著	国際私法の基本的課題	A5判 5460円
49	多喜 寛 著	国際仲裁と国際取引法	A5判 6720円
50	眞田・松村 編著	イスラーム身分関係法	A5判 7875円
51	川添・小島 編	ドイツ法・ヨーロッパ法の展開と判例	A5判 1995円
52	西海・山野目 編	今日の家族をめぐる日仏の法的諸問題	A5判 2310円
53	加美和照 著	会社取締役法制度研究	A5判 7350円
54	植野妙実子 編著	21世紀の女性政策	A5判 (品切)
55	山内惟介 著	国際公序法の研究	A5判 4305円
56	山内惟介 著	国際私法・国際経済法論集	A5判 5670円
57	大内・西海 編	国連の紛争予防・解決機能	A5判 7350円
58	白羽祐三 著	日清・日露戦争と法律学	A5判 4200円
59	伊従寛他 編	APEC諸国における競争政策と経済発展	A5判 4200円
60	工藤達朗 編	ドイツの憲法裁判	A5判 (品切)
61	白羽祐三 著	刑法学者牧野英一の民法論	A5判 2205円
62	小島武司 編	ADRの実際と理論 I	A5判 (品切)
63	大内・西海 編	United Nation's Contributions to the Prevention and Settlement of Conflicts	菊判 4725円
64	山内惟介 著	国際会社法研究 第一巻	A5判 5040円
65	小島武司 著	CIVIL PROCEDURE and ADR in JAPAN	菊判 (品切)
66	小堀憲助 著	「知的(発達)障害者」福祉思想とその潮流	A5判 3045円

日本比較法研究所研究叢書

67	藤本哲也 編著	諸外国の修復的司法	A5判 6300円
68	小島武司 編	ＡＤＲの実際と理論Ⅱ	A5判 5460円
69	吉田　豊 著	手付の研究	A5判 7875円
70	渥美東洋 編著	日韓比較刑事法シンポジウム	A5判 3780円
71	藤本哲也 著	犯罪学研究	A5判 4410円
72	多喜　寛 著	国家契約の法理論	A5判 3570円
73	石川・エーラース グロスフェルト・山内 編著	共演　ドイツ法と日本法	A5判 6825円
74	小島武司 編著	日本法制の改革：立法と実務の最前線	A5判 10500円
75	藤本哲也 著	性犯罪研究	A5判 3675円
76	奥田安弘 著	国際私法と隣接分野の研究	A5判 7980円
77	只木　誠 著	刑事法学における現代的課題	A5判 2835円

＊価格は消費税５％を含みます．